会计学教学理论与实践探索

傅飞娜◎著

中国原子能出版社

图书在版编目 (CIP) 数据

会计学教学理论与实践探索 / 傅飞娜著 . -- 北京 : 中国原子能出版社 , 2021.7 （2023.1重印）

ISBN 978-7-5221-1483-5

Ⅰ . ①会… Ⅱ . ①傅… Ⅲ . ①会计学－教学研究－高等学校 Ⅳ . ① F230-4

中国版本图书馆 CIP 数据核字 (2021) 第 136293 号

会计学教学理论与实践探索

出版发行	中国原子能出版社（北京市海淀区阜成路 43 号 100048）
责任编辑	杨晓宇
责任印刷	赵　明
印　　刷	河北宝昌佳彩印刷有限公司
经　　销	全国新华书店
开　　本	787 * 1092　1/16
印　　张	13.25
字　　数	223 千字
版　　次	2021 年 7 月第 1 版
印　　次	2023 年 1 月第 2 次印刷
标准书号	ISBN 978-7-5221-1483-5
定　　价	78.00 元

网址 :http//www.aep.com.cn　　E-mail:atomep123@126.com

发行电话 :010 68452845

内容简介

《会计学教学理论与实践探索》是一本系统研究会计教学理论及其实践的专著。本书在全面理解财务会计课程教学目标的基础上，从现实性与可行性、理论性与实践性相结合的角度，对会计学课程教学的基本理论进行了深入探索，并分析了会计专业开展实践教学的必要性。同时，本书还对当前会计专业实践教学的现状进行了深入分析，总结在开展实践教学过程中存在的问题，并提出相应的解决策略，旨在为提高我国会计学教学水平提供理论上的指导。

目　录

第一章　会计教学环境与会计教学

第一节　我国会计教学环境现状分析

教学环境就是影响教学活动的各种外部条件。在现代教育技术条件下，教学环境包含了以下两个方面的要素，那就是各类资源和递授系统。会计教学环境是一个多层次、多方位的复杂系统，它纵横交错，相互制约，对会计教育有着重要的影响。特别是在全球化、网络化、高新技术化和知识化的新经济时代，会计教育环境具有构成复杂、变化快速等特点，会计教师只有重视对环境因素的分析和研究，根据环境的发展变化，合理组织会计教学，才能增强会计学生对环境的适应能力、应变能力和利用能力，从而培养出合格的会计人才。当前，我国大学会计教育要特别注意以下环境因素的变化和影响。

一、社会环境变化对会计教学的挑战

经济环境是会计业务赖以生存的基础，经济越发展，对会计的要求越高。随着企业管理体制及组织形式的变革，会计活动范围早已由传统的经营方式，涉及承包、租赁、联营、兼并、破产等领域；会计业务的内容也不断扩大到投资、无形资产、债务重组、或有事项、非货币交易、关联方交易等，这些都是因为经济环境内部矛盾的激化使原来会计赖以生存的基础发生了变化，原有的经济业务领域得以扩展，促使会计理论和会计核算方式发生了变化。随着政企关系的调整，政府职能将向基础性产业和公益性事业方面发展，社会福利和社会保障制度将进一步完善，环境保护将真正提到议事日程并在加大投入和争取环境效益方面取得明显成效。与此相适应，非营利组织会计、社会保障会计和环境会计将进一步发展，并将成为大学会计教学的重要内容。

政治环境是一个国家在一定时期制定的各项路线、方针、政策和整个社会的政治观念，它属于上层建筑范畴，对会计发展的影响是具体而直接的。在不同的政治体制下，政府对经济资源的配置与管理的要求和侧重点不同，对资产的确认和计量、会计的核算和处理方法也不尽相同。随着市场经济体制的确立，改革开放进程的加快，金融市场更加重要，随着我国金融市场的发展，产业资本与金融资本的联系将更加紧密，金融资本的作用将大大加强。这样，金融业会计如银行会计、证券公司会计、保险会计等将越来越重要，大学会计教学必须相应地增添和充实这方面的教学内容。

二、经济全球一体化对会计教学的挑战

经济全球化是指资本、商品、劳务及信息超越国界自由流动，从而实现资源的最佳配置。世界贸易组织（WTO）的一个重要目标就是实现世界经济的一体化，会计则是资本跨国界流动中的“润滑剂”。因为在世界经济一体化进程中，会计作为通用的商业语言，已经不满足于在一国之内“通用”，而要在全球范围内“通用”。然而摆在日益频繁的国际贸易面前的一个难题是各国会计准则之间存在的巨大差异，无疑会增加贸易的成本，造成不必要的资源浪费，这就使得协调各国的会计准则和会计制度成为必然。全球经济一体化是会计国际化的根本动力，我国加入 WTO 以后正在融入会计国际化进程当中。全球经济一体化将给我国的会计教育带来巨大的挑战。跨国公司的大量进入及其本土化经营，将大大增加对高新技术人才及熟悉世界贸易规则的金融、管理、贸易、法律、会计等方面的高级经营管理人才的需求。许多国家看好中国教育市场，采取多种措施吸引中国学生出国留学，不仅如此，国外机构进入我国合作办学的条件也将放宽。这些高等教育机构具有较强的吸引力，并在我国境内直接与我国现有学校竞争，必将对我国高等教育形成挑战。同时，会计教育市场的争夺，这对我们来讲，无疑又是一次难得的发展机遇。通过引进来的办法，有利于我们学习先进国家的经验，并且结合我们的国情，促进我国会计教育，尤其是高校会计教育的发展。

三、信息技术革命对会计教学的挑战

以计算机、通信和网络技术为核心的现代信息技术发展使整个社会经济的

运行方式发生了根本性的变化。首先，基于现代信息技术的会计信息系统是建立在网络环境基础上的高效率、智能化的信息管理系统，不仅使会计业务处理高度自动化，能够主动和实时报告会计信息，而且使会计信息系统成为一个开放的系统，可以实现会计信息的高度共享，同时实现会计功能的拓展，将会计信息系统的功能从核算功能拓展到控制功能和管理功能。其次，信息技术将改变会计主体的组织结构，新的网络组织将取代传统的金字塔式的组织结构，上层组织与基层组织的联系将更加密切、更加直接，中层管理将逐步被淡化。会计主体的这一变化势必提出建立什么样的会计模式才能正确反映和监督企业经济活动的问题。信息技术发展对会计产生的影响、带来的变化，必然要求会计教育与之相适应，无论是教学内容，还是教学方法、教学手段等，都要进行相应的变革。

四、知识经济对会计教学的挑战

在知识经济社会中，经济的发展和社会的进步越来越依赖于知识的积累和人们对有效信息的运用，依赖于人的智慧和创新。据中科院《知识创新工程》专题研究报告提示，世界经济合作与发展组织主要成员国国内生产总值的50%以上是以知识为基础创造出来的。知识经济的发展对会计赖以生存的环境产生了重大影响，会计人员作为会计这一记录与反映经济发展的工具和手段的实际操作者和使用者，需要更新和变革自己的工作方法、工作手段，以适应变化了的会计环境。会计教育体系正是培养和教育会计人员的摇篮和基地。

在知识经济社会中，尽管农业和工业依然存在，但从事以无形资产投入为主要特征之一的新型经济的人员会越来越多，可供拥有更多知识的人获得高报酬的服务性工作岗位和业务种类也会越来越多。这不仅为充分发挥会计的职能作用提供了良好的机遇和广阔的空间，而且为会计教育改革营造了良好的氛围，并为之创造和提供了充分的物质保证和经济支撑。知识经济时代信息技术的发展为会计教学手段和教学方法的创新提供了技术支持，电子计算机和网络技术将成为会计教学的基本手段，衍生的信息技术工具将丰富和完善会计教学方法。

五、教育机构的竞争对会计教学的挑战

近年来，国内一些著名高校纷纷与国际职业组织合作，将国际会计从业资

格培训与学历教育有机结合起来，既培养了国际水准的会计学专业人才，又改造了传统落后的会计教育。而且，许多国家也看好中国教育市场，采取办教育展、放宽签证、给予优惠工作条件等多种措施吸引中国学生出国留学。不仅如此，国外机构进入我国合作办学的条件也在放宽。这些高等教育机构具有较强的吸引力，与我国境内的高校形成了直接的竞争。此外，网上教育也使教育国际化成为现实，这对各地高校也产生了巨大的竞争压力。国外教育机构对我国教育市场的渗透，特别是对会计教育市场的争夺，一方面给我国会计教育提供了难得的发展机遇，使我们有机会学习国外的先进经验，在会计教育领域引入竞争机制，促进我国会计教育改革的深化和发展；另一方面，也对我国会计教育形成了挑战。如何顺应会计教育国际化发展潮流，如何适应会计教育市场竞争的要求，是当前我国会计教育必须认真研究的一个重大课题。

第二节　会计环境变化对会计教学的新要求

会计教育环境的变化及其对会计教育的影响，必然对会计教学提出新的要求。

一、重视和加强对学生创新能力的培养

会计本科学生不仅要有较强的处理会计实务的能力，更重要的是要有创新能力。其既表现为对会计核算、会计监督等具体会计工作的变革与创新能力，又表现为适应社会需要去改革和完善企业内部经营管理的各种规章制度，创造有效的内部控制制度。随着会计的不断发展，社会对会计人才素质的要求将越来越高，创新能力在会计人才智能结构中的地位将愈加重要。

二、加强学生应变能力的培养

会计本科学生不仅要系统地掌握管理学、经济学、会计学等方面的基本理论、基本知识和基本技能，具备从事本专业工作的能力，更重要的是要具有适应未来复杂多变会计环境的能力。学会如何根据已经变化的客观实际，运用所学的专业

理论知识和基本原理去分析、解决实际问题，探索新的工作方法和工作领域。也就是说，衡量学生的质量不能仅看对现有工作的适应能力，还要看其从现有知识中引入新知识的能力，即看学生的潜在能力及其发挥状况。

三、研究能力的培养

会计本科学生不仅要有较强的语言与文字表达能力、人际沟通能力和信息获取与处理能力，还要掌握文献检索、资料查询的基本方法，具有一定的研究能力。为此，就应该将提高能力贯穿于教学的全过程，目的是培养学生的创新思维和探求新知识的能力。

四、综合知识的培养

会计本科学生不仅要熟悉国家有关方针、政策及法规，还应具备相当的国际经济交往所需的知识，尤其是会计、税收、金融、贸易等方面的知识，了解国际会计惯例，具有较高的国际经济交往所需的公共外语与专业外语水平。而且还必须掌握信息技术知识，即必须掌握计算机操作技能，包括计算机网络信息系统的设计、使用和维护技能，利用计算机软件建立各种分析模型进行预测、决策、控制、分析等会计管理的技能，以及利用计算机进行审计的技能。

五、培养通用型会计人才

会计本科生毕业后要能够胜任各种行业、各种组织形式、各种所有制企业的会计工作。不仅如此，还要能够胜任与会计相关的管理工作，乃至其他管理工作。各行各业的会计以及满足各种特殊业务需要的各种特种会计，虽然各有其特色，但基本原理是相通的，会计教育的重点应当放在其基本理论和方法的掌握上，而不去追求课程设置是否与行业划分相一致。

第三节　会计教学的主要方法

一、启发式教学

启发式教学是指根据教学目的、教学内容、学生的知识水平和知识规律，运用各种教学手段，采用启发诱导的方法传授知识、培养能力，使学生积极主动地学习，以促进其身心发展。

（一）导入

这一阶段，从教育教学目标上，否定了以传授知识为目标的注入式教学，变教师讲授知识为学生探求知识，把教学的基点定位于发展思维和培养能力方面。从教学内容上讲，教师创设的情境和显现的内容，必须与教学的重点内容相关联，但不是提供结论性的答案，而是在基本结论的一定范围内，留有余地，以便充分发展学生探索问题的能力。从教学结构上讲，这一阶段以学生观察、联想活动为主，教师通过媒体显示或实物显现，激发学生学习的兴奋点。

（二）讲解

教师通过讲解勾勒出知识结构的轮廓，教师处于主导角色的位置。教师若要成为“主导”，重点应放在如何启发学生的“学”上。那么，教师必须转变备课是熟悉教材内容、上课是“照本宣科”这种轻备课、重授课的教学思路，确立重备课、活课堂的教学思路。教学大纲和教材所规定的教学内容，仅仅为教师提供了教学的基本线索，教师在备课过程中，不仅要熟悉教学内容，而且要着重掌握教学大纲所规定的学生的认知和能力培养目标。围绕这一目标，广泛收集现实的材料，设定使用的媒体和教学方法，并使之与教学内容有机结合。扎实、科学、全面的备课，将会使课堂教学厚积薄发、游刃有余。从这个意义上看，教师备课的工作量要远远超过授课的工作量。

（三）设问

启发式教学模式以发展学生的能力、提高学生的素质为目的，传授知识仅仅是实现这一目标的一个过程。引导学生观察、发现、分析、解决问题是课堂教学的轴心，在教学结构上，师生之间、学生之间形成一种合作关系，既可以是师生之间的个别或群体讨论与对话，又可以表现为学生之间的个别或群体讨论与对话。这一过程是启发式教学模式的灵魂，教师要尽可能地有意制造认知过程中的障碍，如提供正反两方面的立论、故意误导等，从而使学生在迂回曲折、历经坎坷的多向思维之后，获取知识。在教学技巧上，教师要尊重持不同观点或者是错误观点的学生，要保护好学生的积极性。

（四）小结

在经过前三个阶段的教学过程之后，教师要抓住学生急于鉴别自己探索结果的心理，回到主导地位中去，剖析错漏，归纳、推导出正确的结论，具体、准确、系统地讲述知识内涵和构成。课程的小结，也是启发式教学模式的一个重要环节。这一过程带有总结的性质，与传统教学总结不同的是，教师不是对自己的分段讲述进行自我总结，而是在学生自我发展的基础上，通过梳理学生认识结果，推导出结论，是学生由形象思维能力向抽象思维能力的迈进。

二、行动导向教学法

行动导向教学法是指通过师生共同确定行动目标来引导的教学组织过程，学生通过主动和全面的学习，达到脑力劳动和体力劳动的统一的学习方式。其基本特征体现在“完整的行动模式”和“手脑并用”两方面。通过行为的引导使学生的脑、手共同参与学习，在学习活动中提高学习兴趣，培养创新思维、团结协作的能力。

会计专业的课程实践性强，为了缩短实践和理论的距离，让学生理解全部业务操作过程，了解和弄清各环节之间的联系，出现了会计模拟教学。在会计模拟教学中，学生可以进行会计凭证、账簿、出纳、材料、工资、成本费用等各岗位的模拟教学，也可进行综合会计岗位模拟教学等。“银行结算方式”是会计专业教学中的重要内容，如何在教学过程中实施行动导向教学法，下面就以“银行结算方式运用”为例进行具体的阐述。典型的学习任务来源于企业生产或服务实践，能够建立起学习和工作的直接联系，是用于学习的任务，但并不一定是企业真实工作任务的忠实再现。因此，学习可以是自我管理的个体学习，也可以是小组合作学习。在学习中有独立学习的手段和媒体，如教材、工具书、计算机辅助学习程序，还有与教师交流的可能性，也可随时打断工作进行学习。在“银行结算方式运用”中，确定的学习任务是学生以小组形式，根据7种银行结算方式的特点和适用范围，以教师提供的材料购销业务为工作实例，进行小组角色定位，是材料的采购者还是材料的销售者，结合企业的资金周转与发展的实际情况分析讨论，选择合适的银行结算方式。在选定的银行结算方式下，按照规定的结算程序，填写原始凭证并传递，作出相关的账务处理。记录已完成的工作，要符合现行《银行支付结算办法》的规定。

确定有效的学习目标是教学活动所追求的、学生在学习过程结束以后应实现的最终行为，它是预期的教学效果。表述学习目标可以使教师和学生都明确自己的努力方向，有效评价学习效果，并帮助选择合适的学习内容、方式方法和手段。在“银行结算方式运用”中，学生以小组的形式，通过教师讲解银行结算方式等资料，选择最适合本小组角色的结算方式，完成相应的结算程序，并写出相关的账务处理，对已完成的任务进行记录、阐述、存档和评价反馈。学习银行结算方式后，学生应当能够了解企业发生的货币资金收付业务可采用银行结算方式的种类，熟悉各种银行结算方式的特点及适用范围，掌握在实例中的不同角色并选择结算方式的不同策略，能够写出相关的账务处理。

设计合理的学习情境，制定工作与学习内容的学习情境是在典型工作任务基础上，在考虑学校教学资源、教师和学生等实际情况的前提下，由教师设计用于学习的“情形”和“环境”，是对典型工作任务进行“教学化”处理的结果。一个典型工作任务可以划分为几个学习情境。在“银行结算方式运用”中，根据学习任务的难易度及业务的发展顺序进行合理的排序，划分为三个学习情境，并分别制定工作与学习内容。一是银行结算方式的选择。教师给定企业的材料购销经济业务和企业财务状况情况表，学生根据对银行结算方式各种类的理解和掌握，考虑小组的角色是材料的采购方还是销售方，围绕给定的材料购销业务实例，从企业的资金周转、材料需求或库存、对方企业的信誉等情况，组内成员之间沟通，对应组之间协商，选择小组的银行结算方式，签订简要合同并记录。二是银行结算方式的结算程序。教师准备好各种银行结算模拟原始单据、财务专用章、预留银行印鉴，要求学生小组在选定的银行结算方式下，能够按照现行银行结算制度的规定填写好原始单据，按照规定的路线和时间进行传递结算，掌握银行结算的流程。三是单据的账务处理。教师准备好记账凭证和账簿，要求学生小组能按照记账凭证的填制方法正确填写记账凭证，根据填好的记账凭证登记到相应的账簿中。

采取合适的学习组织形式与方法学习过程在教学中占据核心地位。学生以小组为单位，模拟企业操作，接受并完成学习任务；教师是学生的专业对话伙伴，组织并帮助学生顺利完成工作任务。因此，在“银行结算方式运用”中，全班学生可分成五大组，每大组 8 ~ 10 人，分别给出不同的企业财务状况表。每大组又分成两小组，每小组 4 ~ 5 人，分别扮演材料的采购方和销售方。以小组学习讨论为主，以正面课堂教学和独立学习为辅，三种学习组织形式交替进行。为了给学生提供解决问题和“设计”的空间，在学习过程中可以贯穿多种教学方法，如在给定材料购销经济业务和企业财务状况表时，用引导课文教学法引导学生获得必要的信息和资料，避免学习的盲目性；在选择银行结算方式时，强调合作与交流，为照顾学生的兴趣和经验，用“头脑风暴法”引导学生就银行结算方式的特点及适用范围自由发表意见，教师不对其正确性或准确性发表评价，但共同分析实施或采纳每一种意见的可能性，并归纳总结；在掌握银行结算方式的结算程序时，用角色扮演法让每大组的两小组学生分别扮演材料购销业务的采购方和销售方，让学生在完成学习任务的同时，感悟职业角色、体验职业岗位；通过迁移应用建立理论与实践的联系，形成一定的职业认同感等。整个学习过程以学生自主和合作学习为主，教师更多地以“师傅”“导演”身份出现，行动导向教学法始终贯穿教学全过程，留给学生尝试新的行为方式的实践空间。

三、案例教学

案例教学是以案例为基本教学材料，将学生引入教育实践的情境中，通过师生之间、学生之间的多向互动、平等对话和积极研究等形式，提高学生面对复杂教育情境的决策能力和行动能力的一系列教学方式的总和。在会计教学中应用案例教学需要四个步骤。

（一）课前准备

会计专业知识抽象、枯燥乏味，学生由初中毕业后直接升入职业学校，从来没有接触过会计专业方面的知识，会计专业对他们来说是一片陌生的领域，怎样使学生能够理解并掌握这些生涩的理论基础知识呢？在教学中笔者通过案例分析来进行阐述，把抽象的理论寓于生动具体的案例教学之中。在教学中，案例题材的选择非常广泛，可以从教材中提炼，也可以是经过多年的教学实践经验的积累，还可以深入企业收集实际工作中的案例。总之，每一次都要对所讲述的案例进行精心编排，尽量选取学生能通俗易懂的案例，紧紧扣住教材中的知识点，不凭主观臆造，同时结合当前的会计准则、会计法规对所收集的案例进行归纳、整理，在课前拟好教学提纲，做好教学前的准备工作。

（二）以案施教，提出问题

这个阶段主要由教师根据给出的案例提出问题，要求学生思考后回答。

（三）案例讨论，分析探究

会计案例分析旨在分析其存在的问题，提出解决问题的办法和措施，引导学生从不同角度来剖析这一会计案例，阐述学生自己的看法，并通过自己的观察、思考、分析、去探究教师布置的问题。

（四）案例启示，巩固知识点

对案例思考与讨论后，要求学生写出案例分析报告，从案例中总结、归纳、得出启示：在物价持续下跌时，企业宜采用先进先出法，先进先出法能够较好地适应存货管理、存货估价及业绩评价的要求，使企业利润减少，从而减少企业的本期应纳税所得额，把减少的应纳税额延期到以后年度缴纳。经过这一案例教学使学生既巩固了所学知识点，又提高了综合分析能力，案例教学不只是单纯教授学生学习某一知识点，而是教会学生如何根据自己所学知识，去全面分析企业的各个环节。

因此，每次案例教学后笔者都要求每个学生撰写案例分析报告，这样既可以加深对会计知识的理解，又可以提高学生的语言文字表达能力。

四、多媒体教学法

多媒体教学是一种以多媒体传播媒体为手段，以人的感官为通道，以呈现模式的多样化为特征的现代化教学途径和方式。其最大的特点是图文并茂，使课堂教学生动化、形象化。正因为如此，多媒体教学越来越多地为广大教师所接受并广泛使用。多媒体教学不仅能创造教学氛围，激发学生学习的兴趣，提高学生的学习积极性和主动性，而且能提供大量的信息，丰富教学内容，提高教学效率。

会计学具有内容复杂、图表数据多、操作性强等特点，大量的图表给会计教学带来了一定难度，此时运用声形并茂立体辅导会计教学法的作用十分明显。它可以增强学生获取与处理信息的能力，有利于培养学生的抽象思维和逻辑思维能力，特别是根据会计现象建立模型的能力。比如《基础会计》中讲述会计账簿内容时，如果只是照本宣科来讲解，学生根本不了解账簿到底是什么，采取多媒体以后，我们就可以将不同账簿的实物和账页扫描至多媒体课件中，展示企业的各种账簿，并配合讲解企业常设的现金、银行存款日记账和总账、明细账的设置原则和填写规范，将抽象的东西变成具体的实物，提高学生的认识能力和感官能力，让学生在认知过程中始终积极主动地参与学习，在轻松愉快的环境中完成学习，这样既提高了教学质量，也提高了学生的学习效率。

在设计多媒体课件时应做到以下几点：明确教学目的，突出教学重点，搭配适当的声音、图画及色彩，收集广泛素材，精心设计课后练习题。多媒体教学要在把握教学内容、明确教学目标的前提下，以其媒体多样、形式灵活等优势为课堂服务。课堂上把握讲课的时间和节奏，及时调整课件演示速度，充分发挥多媒体教学的优势。在使用多媒体进行声形并茂立体辅导会计教学法时，必须做到“三要”：一要适时把握教学节奏。由于运用多媒体进行会计教学，信息量大且变换快，学生要做到听课、记笔记、消化三不误有一定困难，如果教师在讲课时不把握好节奏，有可能让学生顾此失彼。二要强化师生互动交流。运用声形并茂立体辅导会计教学法进行教学时师生之间缺少互动交流，因此，要防止由过去摒弃的“人灌式”变成现在的“机灌式”。三要整合优化课堂资源。既要利用现有网络上的会计教学课件，又要整合一切力量，成立会计专业核心课程多媒体课件制作小组，研究制作一批高质量的教学课件。

五、分层次教学

分层次教学，是指根据受教育者在一定阶段内的认知水平、知识基础、发展潜能、兴趣爱好、抱负指向等方面的客观差异，在尊重主体意志的前提下，学校依据资源配置条件而实施的教学形式。其教育理论的核心是因材施教原则，其施教理论基础是具体问题具体分析，一切从实际出发。目前，分层次教学已在很多学校的不同专业中得到开展和推广，而会计专业是一门技术性强、应用面广的专业，市场需求更是有不同的层次，因此探讨会计专业的分层次教学具有重要的意义。

（一）做好教学对象分层

要做到客观地把握学生层次，必须深入地了解学生。学生是整个教学活动的主体，由于其智力、能力、兴趣、动机、学习方式等方面的差异，接受教学信息的情况也有所不同。因此，单纯地以学习成绩为依据来简单机械地划分学生的层次往往偏差较大，所以对学生的层次应采用相关分析、客观分析、动态分析等方法，进行科学的分析研究。分层前教师应重视对学生的思想教育，使每个学生都舒心乐意地排到相应的层次里。分层后还应根据学生的学习情况定期地做调整，合理地进行组织教学。

（二）做好教学目标分层

学校要依据学校师资水平、社会需求、就业意愿等因素，根据不同层次的学生制定相应的分层教学目标。（1）培养研究型、高级实务型会计人才。这一层次的培养目标一方面是让有志于理论研究的学生能够进一步入学深造，攻读会计硕士、博士；另一方面是向国内外有名的会计师事务所输入高水平的实务型人才。（2）培养大众化会计人才。这一层次的培养目标主要是夯实学生基础，让他们能够胜任中小型企业的会计工作。

（三）做好教学内容分层

要根据不同层次学生的实际情况，有针对性地制定教学内容和进度。培养研究型、高级实务型会计人才的教学应选择内容全面，有一定难度、深度的教材。如有些课程的教学可选择注册会计师考试用书，同时加强某些课程的双语教学、加强实务培训，一些特别重要的课程可适当延长教学时间，以便老师能讲解更透彻，学生也能学得更扎实。对于这部分学生我们要求他们能“知其然并知其所以然”。大众化会计人才的教学应选择内容相对简单的教材。这一部分学生的教学应轻理论、重实务。在他们掌握基本的会计核算知识的基础上适当加以提升，适当延长财务会计、成本会计等教学时间。对该层次学生的作业练习难度要降低，以模仿性、基础性为主，要求学生们毕业时能通过会计从业、初级资格等考试。

第二章　会计专业课程体系与教材建设

第一节　会计专业课程体系建设

大学专业课程体系是一个专业的所有课程按照其内在规律组成的一个有机整体，它是专业培养方案的核心内容，是专业培养目标和培养模式的具体实施程序。这个体系以专业培养目标为主线，以培养模式为导向，通过基础课与专业课，理论课与实践课，必修课与选修课互相配合，达成有机联系，从而为培养专业人才提供保障。专业课程体系如何设置是大学专业教学中头等重要的问题，其之所以重要，是因为它直接关系到怎样引导和灌输学生去组织合理的知识结构，最终关系到为社会主义市场经济建设培养什么样的人。

会计专业课程体系是会计专业教育的重要组成部分，其设置是否合理也直接影响着我们给社会提供的会计人才具有什么样素质和能力。自 20 世纪 70 年代末改革开放以来，我国会计专业课程体系经历了从计划经济时期分部门、分行业的会计课程体系到以市场经济为背景的基础会计、中级财务会计、高级财务会计、管理会计、财务管理、审计为核心的专业课程体系的转变，特别是近 10 多年来，通过借鉴发达国家的经验和不断自我创新，我国不少高校在会计课程体系建设方面已经取得了不少可贵的经验，形成了几类具有代表性的具有我国自身特点的会计专业课程体系。这其中既有成功经验也有失败教训，还存在这样那样的问题和困惑。但纵观近 20 年，我国专业教育研究热点呈现出一种重宏观导向及理论思辨、重具体问题研究的“两头重”，轻过程研究和体系研究的“轻中间”问题，笔者把这称为“热两头现象”，因而专业课程体系虽然作为专业教育的核心部分，但对其的研究基本上都是从属于培养目标、培养模式、培养方式以及课程结构与比例、具体课程教学研究等问题的研究中，而直接对课程体系问题的研究相当少，为什么这个问题被长期忽视了，究其原因：一是各级教育部门的领导人置身于教学之外，多从宏观角度、导向角度、培养人才的目标及模式角度看待教育问题，也许体会不到课程体系在教学实践活动中的重要性；二是任课教师只是从自己的专业课程出发，注重某些专业课程的研究或某些相互关联专业课程之间的关系研究，基本上也不会从专业课程体系整体性上看问题。在这种大背景下，会计学专业课程体系的相关研究也被长期忽视。因而对于我国会计学专业本科教学课程体系设置的现状进行审视，发现问题，总结经验，本着发展、提高、创新的精神，进一步探讨完善我国高校会计学专业课程体系的思路、对策及措施，对引起各界人士重视课程体系问题，促进我国会计学专业课程体系的研究有着很重要的理论意义，同时对如何更好地培养社会需要的会计人才也有重要的现实意义。

一、会计专业本科教学课程体系设置的现状

自 20 世纪 80 年代中后期以来，国内不少高校陆续开设了会计学专业本科，特别是近 10 年，国内各层次的高校都纷纷开设会计专业，根据教育部 2007 年公布的本科专业招生目录统计，全国 678 所本科高校中开设会计学专业的有 382 所（占 57%），位居我国开设数量最多的十大专业第六位。但值得注意的是，从现实状况看，我国会计学专业课程体系呈现两大特点：一是国内除了清华、北大、厦大、上海财经大学等几所著名大学外，其他高校，特别是非财经类重点大学及普通高校的会计学专业课程体系基本是相互学习模仿，无论是具体课程的设置衔接，还是教学大纲的内容及课程课时安排，以及使用的专业教材或自己编写的教材都存在雷同现象，很少有自己的创新之处，这不仅没有有效发挥各自学校特点和专业优势，也无疑背离了现代高等教育提倡个性化教育和差异化教育的发展要求；二是把培养应用型会计专门管理人才作为主要目标。这是因为长期以来，我国大学会计学专业本科教育把培养从事教学和科学研究人才作为主要目标，而进入 20 世纪 90 年代以来，我国逐步建立了社会主义市场经济体制，并加入了 WTO，为了适应我国经济和社会发展需要，各大学开始对会计学专业进行教学改革，特别是进入 21 世纪，教育部发布《关于加强高等学校本科教学工作提高教学质量的若干意见》（教高〔2001〕4 号）、《2003—2007 教育振兴行动计划》，并在 2007 年颁布的《普通高等学校本科专业介绍》中，明确将会计专业培养目

标规定为："培养能在企事业单位、会计师事务所、经济管理部门、学校、科研机构从事会计实际工作和本专业教学、研究工作的德才兼备的高级专门人才。"在这种会计学专业教学改革进一步深化的背景下，各大学也积极转变观念，与时俱进，把会计学专业的培养目标从过去培养高级"研究型"专门人才逐步转到为培养适应性"应用型"高级会计人才上。

在明确专业培养目标的基础上，开展会计学专业培养模式的研究与探讨，并选择适合自己学校特点的培养模式，是一个专业课程体系形成的基础，也就是说有什么样的培养目标就会产生相适应的培养模式，才会产生相应的课程体系，因而在分析探讨会计学课程体系现状之前，有必要首先分析一下我国会计学专业培养模式的现状。

（一）培养目标指导下的培养模式分析

从现状来看，各个高校在会计学专业人才培养定位上已基本统一到培养"应用型人才"为主的培养目标上来了，但由于各高校的自身特点不一样、学科基础条件不一样，在具体选择培养模式及设计课程体系上还是存在不少差异。笔者认为，从我国各高校会计学专业培养模式上看，主要有四类不同的模式：专业导向型模式、学分约束性自主型模式、理论实践兼顾型模式及应用型模式。

1. 专业导向型

这种模式的特点主要是：注重厚基础、强调专业基础理论素质培养和会计专业导向的培养，相对轻视实践教学。这种模式主要是某些重点财经大学采用，也就是著名研究型大学采用，如上海财经大学、厦门大学就是采用这种培养模式，并且取得了较好的效果，这是与两所著名研究型大学会计学学科基础和学生素质，以及学生的毕业去向相适应的。但很多其他院校往往在模仿这两所大学的模式，在这两所大学课程体系设置的基础上进行一定调整形成自己的课程体系，结果是大多无法达到预期效果。究其原因主要有下面几点。

（1）厦门大学或上海财经大学有很强的会计学科基础作保证，从而有能力落实培养学生专业素质和专业导向的目标。而其他大学很难在整体学科水平上到达这两所高校的高度。

（2）这两所大学教师的整体水平，无论是在会计学科研究水平上还是在教学能力上都比较强，能保证课程教学目标的实现，而其他院校除了部分教师能到达要求外，大部分教师的素质和能力存在一定欠缺。

（3）这两所大学的会计学专业招生的起点素质和能力很高，学生有接受该种培养模式的条件和意愿，这种培养模式也与该校毕业去向相适应，而其他院校是不具备这种条件的。

所以，其他院校如果不根据自身特点和办学条件，刻意模仿和强行推行这种模式只会适得其反。

2. 学分约束性自主型

这种模式的特点主要是：大一和大二注重厚基础、宽口径，强调人文和自科基础及管理学科基础，只有学科导向而专业没有明确导向，学生在大三开始自主选择专业导向并通过完成必需的学分来约束毕业要求，也就是“2–2”模式，并且相对厦大来说，教重视实践教学。这个模式的典型代表是清华大学，国内很少有大学效仿，究其渊源应该是借鉴美国及其他国外知名院校的培养模式进行改造而来。清华大学采用这种模式，有其自身的特点、条件及优势。一是清华大学虽然是会计学科的后起之秀，但学校的声誉能快速集聚吸引会计研究及教学的高端人才，为会计学专业培养创新人才提供了最核心的保证，二是清华大学一直是以工科学科著名的知名大学，有着良好的科学传统、创新精神、实践条件，也不缺乏良好的人文精神和人文基础，因为在会计学专业培养模式上的创新是很自然的要求和结果。

3. 理论实践兼顾型

这种模式的最主要特点顾名思义就是理论教学和实践教学兼顾的“两条腿走路”模式，也就是所谓科研与教学并重型大学多采用的一种模式，当然绝大多数采用该模式的高校都同时强调宽口径、厚基础、重素质、强能力的目标。这种模式被绝大部分高校会计学专业采用，实施的方式可能有所不同，可能模仿厦大的专业四模块模式或从形式上模仿清华“2+2”模式。究其原因也有如下几点。

（1）绝大部分高校的会计学专业学科基础不强，并且长期在传统的课堂教学为主的会计专业教育方式进行教学活动，实践基础也比较缺乏，采用这种理论教学和实践教学兼顾的培养模式，是一种新时期培养目标导向下被迫的行为也好还是一种自我调整的结果也好，总之是必须走的一步。

（2）这种模式也是绝大部分高校会计学专业最合适的方式，改革开放以来，我国高等教育有了飞速的发展，即使是普通院校的综合实力也有了很大的提高，各高校的会计学专业在学科建设的各个方面都打下了很好的基础，特别是近年来教育部强调实践教学的重要性，各个高校在这个方面也下了很大力气，实践实验教学条件有了很大的改善和一定积累。虽然理论教学或是实践教学水平，乃至学科建设整体水平都还无法与知名重点大学相比，但发挥现有能力，把理论教学和实践教学同时重视起来，把高校的自身具备的基础和条件充分利用起来，无疑是现阶段最好的选择了。

当然采用这种模式，实施的效果还是有好有坏，有适应的也有不适应的，这方面的原因就是看高校是否按照自身条件合理设计课程体系及其有机关系了，如果不刻意强调形式主义的“两条腿走路”，而是按照条件和规律办事，顺势发展，应该是会取得不错的实施效果。

4. 应用型模式

这种模式注重实践能力的培养，一切理论教学都是为了实践服务。这种模式被职业技术学院本专科会计学专业、各高校的二级学院或独立学院的会计学专业广泛采用，这也是这类高校在条件有限或发挥其自身的特点的基础上的明智选择。由于这个模式不属于本书讨论的主要问题，不再展开。

（二）会计专业课程设置的基本状况

不同模式下，会计学专业课程体系的设置思想和课程构成情况有所差异，但总体来看，无论哪种模式，会计学专业课程体系的构成基本可以分为四大板块：公共课板块（或通识课板块）；专业基础课（或学科基础课板块）；会计学专业课板块；会计学实践课板块（包括实验室实验课及在校内外实习基地进行的实践和实习课），体现了“宽口径、厚基础、强能力、重素质”的应用型人才培养观念。从这个意义上说，会计学专业课程体系主要反映在公共课、基础课、专业课和实践课设置及比例构成上，还进一步反映在基础课和专业课、必修课和选修课、理论课和实践课的设置和构成比例上。

在专业课的设计中，专业必修课学分是专业选修课的两倍多，从国外先进国家的教育发展趋势看，我们应当逐步削减专业必修课的数量，增加专业选修课的比重，给学生以更大的自主权。

二、会计专业现有课程体系建设存在的问题

通过对我国会计学专业课程体系现状研究的文献进行检索分析，以及通过对各个高校会计学专业培养方案及其课程体系和课程设置进行查阅统计，我们至少能发现以下几个问题。

（一）缺乏专门的会计课程体系研究

经我们查阅发现，专门研究会计学课程体系的文献非常少，大多涉及该问题的研究也多是在专业培养模式、学科建设或质量工程建设等问题研究之中，顺带研究课程体系问题，这说明大多数相关领导、教育学者及教师不是太重视课程体系的专门研究。可能的原因，一是本书前面提到的，领导不熟悉具体教学课程体系而多关注培养目标、模式等导向性问题，教师关注具体课程教学研究也不关注整个课程体系的研究；二是相关研究者大多认为课程体系是和培养目标、培养模式密切联系的问题，从属于上述问题，并且课程体系是培养模式的直接实现方案——专业培养方案（或计划）的重要组成部分，不宜或不必要单独研究。

其实这个认识是有偏差的。首先，课程体系是实现培养目标、贯彻培养模式导向的具体实施体系，它不是简单地从形式上去迎合培养目标，也不仅仅是按培养模式及课程设置模块去随意把各类课程拼凑在一起，课程体系应该是一个培养目标贯穿始终，在培养模式的导向和模式化要求下，把各类课程联系在一起，形成一个前后衔接，基础课和专业课、理论课与实践课程相互融合，必修课与选修课相互配合，课内学分要求与课外实践活动学分要求相互支持的一个有机体系，所以说一个好的课程体系是有生命力的体系。其次，课程体系一般随着培养方案的修订会相应进行修订，大多高校是四年一个周期进行这项工作，在专业教学方案修订的期间，四年内一般是不会改变课程体系具体设置的。但社会环境在变，学生在变，最重要的是会计学的专业环境在不断变化并且知识更新的速度越来越快，如果课程体系的具体内容及其实施四年完全不变，其实是违反教学规律的。课程体系并不仅仅是一个实现培养目标、履行培养模式的机器，而应该是一个“有

呼吸”的有机体，在大方向和主要核心内容不改变的情况下，在一个修订周期内应该根据环境变化的要求，出陈纳新，以适应形势的变化而培养更符合社会需要的会计人才。

所以，在现在这种除了几所著名大学或重点大学在课程体系建设上有自己独特和适合本校发展的体系外，其他高校基本都是还在摸索，而且对课程体系普遍共性问题的研究也缺乏的情况下，对课程体系进行独立研究不是不必要或不适宜，而是非常必要和非常急迫的。即应使课程体系研究成为大家广泛认可的一个独立研究方向，其研究不仅是必需的、而且是非常重要的。

（二）课程体系的优劣缺乏评价标准

课程体系研究作为一项重要的内容，已经形成了几种典型的体系，各个高校在建设课程体系上也根据自己特点和条件做了很多努力，都形成了自己的风格，并且在培养合格会计人才上取得了不少有价值的经验，也或多或少取得了应有的效果。但也应该看到，这种特点和风格更多是表现在形式上和某些功能上，课程体系的实施效果或好或不好，缺乏一个合理的评价标准和机制，更缺少调研分析及实证检验的过程，做得好或不好，大部分评价基本靠感觉或几个大家认同的指标，如课程模块的结构形式是否合理，课程配置、衔接形式是否合理，具体课程的教学效果、就业率等。在课程体系的知识整体作用、各类课程相互支持和融合、理论实践课程融合方面，这些需要通过课程体系的实施重点关注的基础问题，倒是没有多少研究。只有专门开展课程体系研究，才能解决这些关键问题，使课程体系真正成为实现培养目标和完成培养模式的重要工具。

（三）课程体系的研究流于形式

仅有的一些专门进行课程体系研究的成果，大多也是就事论事，关注于课程体系中课程模块的比重问题、实践课程模块的比例是否合理、专门对理论体系模块研究或专门关注实践课程体系结构，很少能意识到课程模块及其比例构成仅仅只是课程体系的形式，而课程模块之间的有机联系，以及课程体系实施后对学生知识结构及能力结构的影响才是课程体系研究的本质问题、关键问题。

三、会计专业本科教学课程体系建设的对策

我们认为加强会计学本科课程体系的建设和专门研究很有必要，也是亟待开展的工作。由于课程体系研究尚未形成气候，加上笔者对此问题的认识尚感肤浅，下面仅就会计学课程体系建设及研究提出几点看法。

（一）开展课程体系专门研究的基本思路

课程体系是各个高校专业培养方案的重要组成部分，进行课程体系研究离不开会计本科人才培养目标和培养模式的约束。刘道玉教授认为，课程体系从层次上来说，可以分为宏观、中观和微观三个层次。宏观的课程体系是指一所大学，根据本校制定的培养目标而设计的课程整体模式，它从课程模块、各类课程学分及学时要求，课外创新创业学分要求等方面进行总体规范。中观课程体系是指一个系的课程体系，它们不应当是相互割裂的，而是互相联系而构成的整体，体现了一个学科的培养要求和培养模式规范。而微观课程体系是指一个专业或一门课程的结构体系。会计学专业本科课程体系当然就是属于第三层次的微观课程体系，必然要受制于其上层次的要求。所以，进行会计学本科课程体系的专门研究，不是一个“专门”的独立研究，必然会和各类高校的人才培养目标、培养模式以及院系的发展状况及现实条件联系起来，不能空泛地研究课程体系。同时，不要因为课程体系服务于培养目标、受制于培养模式的要求，就重蹈覆辙，把课程体系研究从属于培养模式等研究之中。正确的思路应该是，围绕培养目标和培养模式定位，进行专门的会计学专业课程体系的研究。建立合理的反馈机制，采用多种评价方法进行课程体系实施效果的检验，从而达到不断调整课程体系，监控实施效果，实现培养高质量合格会计人才的目标。

（二）课程体系研究与建设需要开放式的参与和协作

课程体系是实现人才培养目标和完成培养模式导向的工具和手段，也是一个多层次结构的有机系统，课程体系的实施过程及其效果评价需要各方广泛参与和配合，才能顺利完成。

课程体系研究和建设不仅是教学管理领导的事情，也是专业教学教师的事情，而且还是本专业学生可以参与的事情。因而，特别是在教学培养方案修订的

过程中，对在课程体系设计和教学环节的设计上，不能仅仅是学校教学管理部门、各院系领导和各个专业负责人决定就可以了的。在这个过程中，应鼓励教师积极参与课程体系的研究工作，并广泛听取专业教师的意见和建议，还应广泛听取本专业在校学生，特别要听取有财会实践工作经验的往届毕业生的意见和建议，以及听取用人单位财会部门领导和校外实习基地企业的合理建议和意见，采用开放式的参与和协作方式，更好地做好会计学课程体系的研究和建设工作，为会计学课程体系优化和教学创新服务。

（三）形式与本质的有机结合是课程体系研究和建设的关键

课程体系常常以一种结构方式出现，比如分成公共平台（或通识平台）课程模块、学科平台课程模块、专业平台课程模块以及实践平台课程模块四大模块，每个模块内再分成必修课程和选修课程，并规定完成一定学分的全校公共任意选修课程及创新学分。构建课程体系通常就转化为选择各个平台的需要开设哪些课程，每门课程的学时学分设计多少合适，课程的开设先后次序等问题。多数情况下，形式上符合既定的结构，而很少关心专业教学课程体系的本质问题——那就是更有利于培养具有专业素质的社会适应性人才。

因而，在会计课程体系研究和建设上，我们必须把课程体系的结构形式与课程体系设计内容有机结合起来，每个模块并不是孤立的部分，而是整个课程体系中的一部分，各个模块之间应该互相联系、互相支持，都是形成学生专业素质和社会适应能力的重要组成部分。必修课程也不要简单理解为学校强制性规定学生去学习的课程，而是培养专业素质形成和发展必须具备的基础知识和能力的课程。特别是会计学本科专业是一个应用型、实践性非常强的专业，实践教学不可或缺，但如何理解实践教学的目的和作用也是个问题，我们认为实践课程应该是理论课程的自然延伸，实践课程模块也是整个课程体系模块的有机部分，不是理论课程体系的附属。实践课程应该是理论课程基础理论和方法讲解、案例分析教学的有机补充，是构成一门完整会计学课程的有机内容。如果按这个思路去理解各个模块和不同种类课程之间的关系，我们不仅能构建整体统一的课程体系，也才能从整体上去把握、协调每个模块和课程设计的具体问题。

（四）课程体系建设要兼顾稳定性和灵活性

会计学是一门经济管理的基础性应用型学科，紧密与社会经济管理的发展动向相联系，随时都在更新学科的发展趋势以适应社会经济发展的需求，高等学校会计学本科教学就是为培养适应社会经济发展需要的合格专业人才服务的。因而在会计学专业本科课程建设中，应该在保持整个课程体系完整稳定的同时，适当兼顾灵活性。按照惯例，会计学专业人才培养方案一般是四年修订一次，所以会计学课程体系的修订也是四年一个周期，在四年周期之内，难免有些课程或课程的某些内容会“过时”，因而在课程体系建设上，修订课程体系的时候要有一定的预见性，设计选择必修课程应该是基础性的和核心性的课程，以保持整个课程体系的整体目标完成以及通过该课程体系培养学生质量的稳定性，而在设计选择选修课以及实践性课程时，应该设计多于学分计划的课程并能适当选择一些代表学科发展趋势和国家政策导向要求的课程，适时进行更新和替换，这样才能保证学生学到的知识和技能是紧跟社会经济发展趋势的，增强了会计学专业毕业生适应社会的能力。

（五）学生的知识结构和能力结构是评价课程体系效果的最佳途径

高等学校的目标就是培养合格的毕业生，如何衡量学生是否合格其实是一个很复杂的问题，同样一个会计学本科课程体系是否能完成培养合格毕业生也是个复杂的难题。如果学生通过一个课程体系的整体学习，能尽快地就业、能很快获得专业资格考试的通过或能顺利地考取会计学研究生，是不是就说明这个课程体系就是个好的系统呢？其实不然，以就业升学指标作为衡量标准不失为一个客观的标准，值得肯定，但仅仅以这个指标为导向进行课程体系设置会给学生长期发展带来的种种负面影响。以升学就业率的高低为标准会导致在课程体系的设计上注重实用主义，会出现轻视学生人文素质和科学素质的培养、轻视基本理论和方法论的灌输，重点培养学生的基本技能和应试能力，最终结果是看起来学生毕业时的就业“能力”较强、应试能力较强，但学生其实缺乏长期职业发展的能力基础和综合素质。

我们认为，培养学生的合理专业知识结构和能力结构才是考核一个会计学本科课程体系是否优劣的标准，如果一个课程体系能给予学生合理的知识结构和能力结构，就业升学率高就是个必然的结果，反之，即就业升学率高，也并不一定代表学生的知识结构和能力结构是合理的。学生通过四年大学会计学本科课程体系的学习，塑造了合理的知识结构和能力结构，不仅能很好地适应毕业就业升学的短期要求，而且能很好地适应社会经济环境的变化带来的新要求以及具有后续学习能力，为长期的职业规划和个人生涯发展提供保障。

当然如何去考察一个课程体系是否能给学生提供合理的知识结构和能力结构还是个需要探讨的问题，需要在技术上解决评价的途径和方法。把课程体系的评价和教学质量评估结合起来也是一个不错的解决途径，但如何结合也还需要进一步探讨。

总之，我们提出了一些解决问题的路径或对策，但要真正解决会计学本科课程体系建设问题及促进会计学课程体系研究，还是一个需要长时间花大力完成的系统工程。

中国作为世界上最大的发展中国家，随着经济的发展，会计工作越来越受到高度重视。大学所培养的会计人才是否能满足社会需要，从微观看是学校学科的建设水平的标尺，同时也决定了学校的生存与发展的命运，从宏观看会影响我国社会主义市场经济对会计人才需求，会影响会计人才在国际上的竞争力。美国会计学会 1989 年成立的“会计教育改革委员会”（AECC）在其第 1 号公报《会计教育的目标》中指出：会计教学的目的不在于训练学生毕业时成为一个专业人员，而是要使他们具备一个专业人员应有的素质。中国会计学专业本科教学培养方案和课程教学体系应以市场为导向，以学生为本，吸取国际先进教育理念、培养模式，使课程设置、教学内容具有前瞻性、生命力，培养国际化、专门化、通识化的高素质社会适应性会计人才。

第二节　会计专业教材建设

教材是体现教学内容和教学要求的知识载体，是进行教学的基本要素，是提高教学质量的重要保证。会计专业的办学思路、课程体系、教学内容和教学方法都在发生深刻的变化，教材建设必须适应教育教学改革、人才培养目标、学科专业建设、课程体系、课程内容改革的需要，编选出有创新特色又切合教学实际需要的新教材。在知识体系上注意理论深度和广度，并反映现代科学水平；在实施步骤上，教材建设必须与会计专业建设、课程建设同步规划，同步实施，同步发展，从而适应学院创新型、应用型人才培养的要求。

一、会计专业人才培养的目标

根据企业和劳动力市场对会计人才的需求，以服务经济建设为宗旨，坚持以就业为导向、以能力为本位的教育理念，建立多样性与选择性相统一的教学机制，通过综合、具体的职业实践活动，帮助学习者积累实际工作经验，突出会计专业教育特色，全面提高学生的职业道德、全面素质和综合职业能力。

根据我国会计发展的客观要求及劳动力市场的特点，考虑我国经济领域各行业发展水平，以及不同地区经济、技术、社会以及职业教育的发展水平和区域特点，着力提高学生的操作技能和综合职业能力。会计专业人才培养应体现以下原则。

（一）根据市场需求，明确人才培养定位

以会计领域的分析、人才市场的分析为前提，以生源分析和办学条件分析为基点，以用人单位对毕业生的满意度和学生的可持续发展为重要检验标准，按照适应与超前相结合的原则，培养各行业和各企业有关市场营销岗位需要的、能胜任相关职业岗位群工作的、技能型应用性中高级专门人才。

（二）以全面素质为基础，提高学生综合职业能力

技能型人才的培养，应加大行业分析、职业分析、职业岗位能力分析的力度，构建以技术应用能力或面向工作过程能力为支撑的专业培养方案，加强实践性教学环节，以提高综合职业能力为着眼点，以致力于人格的完善为目标，使受教育者具有高尚的职业道德、严明的职业纪律、宽广的职业知识和熟练的职业技能，成为企业生产服务第一线迫切需要的、具备较高职业素质的现代人和职业人。

（三）以社会和企业需求为基本依据，坚持以就业为导向的指导思想

将满足社会和企业的岗位需求作为课程开发的出发点，提高五年制高等职业教育的针对性和适应性，探索和建立根据社会和企业用人要求进行教育的机制，根据社会和企业用人需求，调整专业方向，确定培养规模，开发、设计产学结合、突出实践能力培养的课程方案。职业学校应密切与相关行业、企业的联系，在确定市场需求、人才规格、知识技能结构、课程设置、教学内容和学习成果评估方面发挥企业的主导作用。

（四）适应行业技术发展，体现教学内容的先进性和开放性

会计专业应广泛关注行业新知识、新技术、新方法的发展动向，通过校企合作等形式，及时更新课程设置和教学内容，克服专业教学存在的内容陈旧、更新缓慢、片面强调学科体系完整、不能适应行业发展需要的弊端，实现专业教学基础性与先进性的统一。在课程中还应融入如何去学习专业知识、寻找获取专业相关信息的途径与方法等思维训练及方法训练的内容，在学习与掌握职业知识过程中强化学习方法与创新意识，培养现代社会从业人员所必须具有的方法能力与社会能力，使学生通过学习能适应时代发展的需要。

（五）以学生为主体，体现教学组织的科学性和灵活性

充分考虑学生的认知水平和已有知识、技能、经验和兴趣，为每一个学生提供劳动力市场需要和有职业发展前景的模块化的学习资源。力求在学习内容、教学组织、教学评价等方面给教师和学生提供选择和创新的空间，构建开放式的课程体系，适应学生个性化发展的需要。采用大专业、小专门化的课程教学模式，用本专业职业能力结构中通用部分构筑能力平台，用灵活的模块化课程结构和学分制管理制度满足学生就业的不同需要，增强学生的就业竞争力。

二、会计专业教材建设的现状

会计专业人才培养目标具有多元化和动态性的特点，社会对职业人才的综合素质的要求不断提高，教育教学改革的实施对职教教材的标准也在日益提升。因此，教材的建设要能满足会计专业人才培养目标，但我国现阶段会计专业教材建设还略显不足。

（一）我国会计专业教材建设内容上存在的问题

1. 理论性内容过多，实践技能性内容过少

会计专业培养的人才大部分应该是专业基础扎实，实际操作技能较强的应用型人才，要达到这个培养目标，就需要学生学习和实践相应的专业技能，以培养学生的职业能力。因此，学生所用的教材要能体现专业职业能力的培养。而现行的会计专业教材大部分过于注重理论知识以及知识的系统性，而能体现操作技能、操作方法和业务流程的内容过少，教材内容与职业标准脱节，不能满足职业能力培养的需要。

2. 教材内容缺少德育渗透

会计职业的特殊性需要会计从业人员必须具有相应的职业道德，能做到诚实、守信、守法，他们更是需要德育文化哺育的群体。而当前会计专业教材突显的主要是职业的理论知识和操作方法，对于德育渗透考虑得过少，不利于学生德育教育的培养。

3. 教材建设的立体化程度不够

随着信息化普及，纸质教材不再是教材的唯一形式，网络课件、CAI 课件、音像媒体、教学素材库、电子教案、试题库及考试系统、多媒体教学软件等媒介已经成为传播知识、传授技能、提高学生学习兴趣的有效手段，从而成为教材建设中不可分割的重要内容。目前这些手段虽然在计算机类教材中应用比较广泛，但在其他专业教材中的应用还相对薄弱，会计专业教材建设的立体化程度有待进一步加强。

4. 各教材之间缺乏连贯性和系统性

会计知识有初级、中级、高级之分，而且不同课程之间有一定的连贯性。在国外，比如伊利诺斯大学会计系则按照会计信息的生成、利用及控制的特点，组织编写和采纳了会计与注册会计师（Ⅰ、Ⅱ）、会计计量及其结果、注册会计师决策、会计组织及其规则、会计控制系统、承诺与鉴证、财务报告准则、税收制度与税收规则、审计准则与审计实务、公营部门会计、国际会计、会计制度设计、简明信息控制系统、管理信息与控制系统、信息控制系统的组织与开发等新教材。这些教材与会计课程新体系相适应，具有较强的逻辑性和内在一致性，注

重强调会计作为一个信息系统,应当对受托财务责任和管理责任予以计量和报告。而我国现有各系列会计专业教材显然特色不足，在我国现有教材建设中，会计专业初级、中级、高级教材内容混杂，知识的模块划分不够明确。而且不同教材之间内容重复多，也没有连贯性，使得学生对会计知识缺乏系统性的框架概念，而同时对各教材的内容也模糊不清。

（二）我国会计专业教材编写与管理方面存在的问题

1. 教材编写庞杂

由于会计专业不断地扩大，急需大量适合会计专业教育的教材。在这一形势下，许多出版社和高校争相加入会计专业教材的组织建设中。通过近几年的努力，确实出版了一批能够反映会计专业教育特色的优秀教材、精品教材。同时，由于出现“抢时间、拼速度、争效益”的短期行为，编写内容庞杂重复，或者成为剪辑拼凑的低水平教材，目前会计专业教材出版品种丰富，国家级规划教材、地方教材、校本教材并重，教材内容质量良莠不齐，不少会计教材的推出缺少对教学的研究和支持，功利性太强，影响了会计专业人才的培养工作。无论是系列教材还是单种教材，其编写队伍普遍比较庞大，少则 3 ～ 5 人，多则 10 人以上，看似分工明确，能够体现团队精神，实则很可能将教材变成“拼盘”——中看不中用。

2. 教材编写人员业务能力不强

随着会计岗位群的知识与技能要求在不断发生变化、会计相应法律法规的补充和修订，对会计专业教材建设提出了新的要求。而当前许多会计专业教材的编者在编写教材时主要依据的是现有已经出版的教材，编写人员既没有直接接触生产、管理和服务第一线的活动，也没有掌握新颁布的会计法律法规，一直沿袭旧学科知识体系编排的体例，教学内容陈旧滞后，从而导致会计专业教材内容的滞后和脱离实际。

三、会计专业教材建设的具体要求

（一）我国会计专业教材建设的原则

1. 教材立足于实际运用

从岗位实际出发阐述会计知识和技能，强化学生的关键职业能力，突出基本能力点的操作，加强学生适应能力、创新能力；根据企业用人订单进行教育的机制，根据企业用人需求，开发产学结合、突出实践能力培养的教材；根据市场需要，加强岗位针对性训练，加强实务案例内容，倡导案例式教学；围绕会计专业核心课程编写出版五年制高职会计专业核心教材，并扩充会计专业专门化方向教材。

2. 突出以能力为本位

参照职业资格认证标准，以国家职业技能鉴定和职业资格考试中会计人员应知应会知识与能力为编写出发点，适应产业结构调整和科技进步的需要，反映新知识、新技术、新工艺、新方法。

3. 以就业为导向的思想

以学生为主体，打破原有学科教学体系，结合实践教学，以任务、项目为中心，提高学生就业上岗的适应性；为提高学生的学习兴趣和掌握有效的学习方法，采用图文并茂的形式，深入浅出地介绍基本技巧。

（二）我国会计专业教材建设的内容

1. 强调会计专业教材的实用性

强调教材的实用性，贴近生活实际和学生今后将要从事的职业需要，这是会计专业教材编写的理念，也是成功进行教材建设的关键。根据当前会计专业教育的目标以及高校行动导向教学改革的需要，会计专业教材的编写开发必须体现基于工作过程为导向的课程设计理念，受学科体系的传统观念束缚下编写出的教材始终不能适应职业工作的需要，工作导向的课程结构可以使学习者的心理顺序与学习的顺序、工作的顺序一致，达到事半功倍的效果。这样就能够把理论教育和技能教育及相关的知识结合起来。在工作过程中集成技能和技能所需要的知识，使其成为一种融合过程，使知识排序的方式发生变化，最后升华变成能力存在。工作过程导向的课程开发思想要求学校课程设置应遵循企业实际工作任务开发“工作过程系统化”的课程模式。这要求我们的教材编写要遵循行动导向教学理念。

2. 教材编写中应注重德育渗透

在经济全球化、信息网络化、价值多元化的现代社会，财经类德育教育显得更为重要。教材编写中如何渗透德育教育是每个教材编写者都应该考虑的问题。而在强调突出专业理论知识、操作技能、操作流程、操作方法的职业教育教材中渗透德育教育确实比较困难。那么，德育教育应该如何参透呢？在会计职业操作中，企业实务操作更为强调的是业务的操作要遵守操作程序，遵守规章制度、法律、法规等。而很多的贪污、舞弊、资产管理不善等案件的发生往往是由于作案者忽视法律、法规的遵守或是没有按照操作程序的要求进行操作所导致。因此，在会计教材编写过程中，可以以案例分析、案例列举或是名言警句的方式出现在教材中。让学生在学习的过程中能够融合职业道德的相关理念，从而达到德育教育的目的。

3. 开发立体教材，引发学生的学习兴趣

我们传统观念上纸介质教材只是教学资源中的一种，它与教育资源库中所有其他的教学材料一样，都是为课程服务的。但从基本的教育功能和作用出发，纸介质教科书并不是唯一的教材，凡是承载教学内容和信息的物化材料，乃至教具，都是教材。因此，教材是以不同的承载媒体、不同的使用主体与不同的装帧形式出现的教学资源的集合。教师在编写教材时应该积极立意创新，开发出能引发学生学习兴趣的多元化立体教材。

随着科技的发展，会计专业教材必须由封闭走向开放，实现两大转变：一是教材由传统单一的纸介质教材向立体化教材过渡，逐步形成完整的课程教学资源；二是教材由静态、单向的教材向动态的、具有交互功能的数字化教材过渡。因此，会计专业教材的编写要注意建设好一个整体的教学资源库，满足会计专业学生个性化、自主性和实践性的要求，为教学提供整体解决方案，以促进优秀教学资源的有机整合与合理运用。教材配套资源一般包括磁带、光盘、电子课件、网络支持、配套题库等。在这些配套教学资源中，互动的网络教学平台将会是未来教材开发的重点，可以成为多种教学资源集中呈现的平台，同时具有互动性、及时性等优势，符合技术发展的趋势和学生学习的新习惯。

4. 注重各教材之间的连贯性和系统性

在会计教材的编写中，要注重内容的连贯性和系统性。首先，会计学科应编写哪些教材，整体上要能涵盖所有的会计专业知识，要有系列；其次，在每一类知识中，教材要分初级、中级和高级，而且每一级别的教材之间内容不能重复，但知识要相互连接。另外，要保证会计专业教材的连贯性和系统性，参编人员以及主编人员不要经常更换，并且能够通过再版对知识进行更新和补充。

（三）会计专业教材编写管理方面

1. 统一教材编写

目前除了职业资格考试或认证培训教材组织全国统一编写之外，本科会计专业教材的编写人员杂、内容乱。为提高会计专业教材质量，应由教育主管部门组织编写会计专业教材。首先，对将要编制的教材进行统一规划，这一工作可以聘请会计专业专家进行。其次，对教材规划的执行，应由教育主管部门在全国各大高校以及大型企业，采取聘请、自荐等方式吸收优秀的会计理论和实践经验丰富的人员参与教材的编写；最后，教材编写完成后，由会计专业专家进行审核。

2. 组织合适人员进行教材编写

利用学校教师和一线工程技术人员的优势，使其有机结合。具体的做法是将教材建设作为课题立项，引入企业人员参与制定课程标准，设计工作任务和学习情景，结合教师对过去的教育教学经验进行总结，大家共同努力开发基于工作过程系统化的会计专业教材。只有在教师、工程师、技师、行业专家等共同参与下，认真研究会计专业教育与其他教育形式的本质差异，研究在教材建设中如何突出会计专业教育的特色，研究如何引进国外先进的教材建设经验，研究与企业实务操作相吻合的课程标准，研究采取何种形式或载体编写教材，研究如何将产业的先进经验引入教材，才能在会计专业教材的建设和开发方面做出成效。教材编写者需要在业余时间创造条件深入企业调研考察、顶岗实习，以掌握各种业务在企业中的实际应用情况。

加强教材建设是一个长期的过程，不可能仓促上马，更不可能一蹴而就，对会计专业教材建设的研究还需要提出更加科学有效的思路，找出更加有效的对策。教材编写要突出内容上的适用性，知识上的连贯性和系统性，在编写过程中，不但要组织专门和专业人员进行，更强调专业人员理论知识和实践经验的结合，只有这样，才能建设出质量较高、适用性较强的会计专业教材。

第三章　会计专业师资队伍建设

第一节　我国会计专业师资队伍建设现状分析

一、会计师资总体规模相对不足、生师比偏高

由于20世纪90年代后期，高等院校进行招生制度改革，实行大幅度扩招，总体上看，导致我国高校生师比与发达国家相比偏高，教师队伍缺口大。而近些年，会计专业作为较热门的专业，生源较多，许多高校会计专业的招生规模都较大，在校学生数量急剧增加，师资缺口也日益明显，生师比例比其他许多专业都低，导致高校会计教师授课以及指导学生等工作强度和压力大，难以适应新形势下高素质会计专业人才培养的需要。

二、会计大师级领军人才较缺乏、学术大师数量偏少

就目前我国高校会计师资队伍的现状来看，无论其数量还是质量都无法适应我国高等教育事业快速发展的要求，尤其是高层次创造性会计人才总量不足，学术大师数量偏少（姜建民，2009）。具体表现在：首先，高校会计教师队伍中具有海外背景的仍然偏低，教师学术成果虽较以往有了长足进展，但在国际上有影响力的学术成果却较少，能成为国际学科领军人物极为罕见，教师的国际学术竞争能力亟待提高。其次，大多高校对青年教师培养的重视程度不足，在一定程度上导致部分青年教师对自身发展缺乏规划，缺少自身发展动力，少有追求高深知识和进行创新的耐力和动力，难以成为真正的杰出领军学术人才。最后，目前高校教师各种竞争和科研压力加大，使一些教师过度关注短期、即时和眼前的效应，而没有把精力真正投入到人才培养和学术研究这种长期和相对单调的过程之中。所有这些都不利于会计学科建设的健康发展。

三、会计师资结构不合理

高质量师资队伍的一个基本特征就是具有合理的学历、学缘、职称和年龄结构。反观我国高校师资队伍的现状，其内部结构并不尽如人意。具体表现在：首先，学历结构偏低。我国教育部曾经于1999年明确提出了获得博士或硕士学位的教师占师资总数的比例要求。事实上，这一要求是基于当时国情提出的一种阶段性努力目标。然而，即使比照这样的目标，我国目前仍有许多高校的会计教师学历达不到要求（姜建民，2009）。其次，从职称结构看，高级职称的比例偏低，一般教授、副教授、讲师、助教适宜的比例为1∶2∶4∶3，而目前多数高校师资队伍都存在不同程度职称结构不平衡的问题；最后，在教师队伍中“近亲繁殖”现象依然严重，许多教师是师出同门，不利于学术交流和创新等。

四、会计师资队伍观念没有更新

从目前情况看，一些高校会计教师知识更新步伐不够快，缺乏综合的知识体系和创新思维。不少教师意识上仍旧以“教师为中心”，教育观念上以“传道、授业、解惑”为主导，这种传统教育观过分强调专业对口，传授的知识相对单纯专一，致使学生知识面狭窄；也过分重继承、轻发展，以教师、课堂、教材为中心，忽视学生主体性和个性发展的要求，致使学生创造性思维削弱（何昊等，2009）。这种传统的“重分数、轻能力，重理论、轻实践”的观念，易使学生出现高分低能现象。很明显，这种传统教育观随着时代的进步、社会的发展，已很难适应经济、社会、科学技术综合化、整体化的发展要求。尤其是会计专业，知识更新速度较快，各种财务与会计法规、制度、准则时有变化，如果教师仍只是将目前的知识传授给学生而没教会学生自我更新知识的能力，明显不利于学生未来的发展成长。因此，如何对现有会计教师进行观念更新、意识更新、知识更新、教学方法更新是会计师资建设的长期任务。

五、会计师资队伍引进与管理的问题难以解决

建设高水平大学，关键要有高水平的学科带头人和高水平的师资，而且他们本身也是高水平大学的重要标志。因此一些高校引进人才特别是花巨资引进高端人才具有必要性和重要性。但现实中却有一些高校不顾实际，偏听偏信外来的

和尚会念经，忽视了对现有青年教师培养、管理，忽视了引进人才的“本土化”，有的甚至搞假引进，结果有时是引进了新的外来人才，却气走了原来的人才，没能形成良性的用人机制，使人才在高校之间频繁无序流动，给师资队伍建设造成不可估量的损失（黄冠，2010）。另外，高校办学主体是教职员工，而教师从教的“产出效果”从根本上取决于教师的主观能动性。但在不少高校中，关于师资队伍管理的难题却一直未得到有效破解。一是人事管理制度滞后。尽管近年来高校实施了人事代理、人才派遣等改革举措，但只要获得正式事业编制的教师，就基本等同于“铁饭碗”，即使干得不好也一般不会被辞退，“请神容易送神难”；二是考核激励机制不完善，教师的积极性难以有效调动（蒋华林，2011）。

六、师资队伍教学与科研关系处理不够好，重视实践不够

目前我国高校教师评价机制长期注重理论研究，忽视实践应用，主要表现在职称评定的量化标准及职务评聘机制上存在重科研学术水平而轻科研成果应用以及忽视教学水平与能力的倾向，导致很多高校的会计师资队伍难以处理好教学与科研的关系，很多高校会计学专业教师“应付”教学、忙于科研成为普遍现象，“教师系列”的师资们都似乎变成了“研究系列”的研究员了。会计作为实践性非常强的学科，需要学校以及教师重视实践教学，而我国高校会计师资队伍科学研究的压力日益增大，导致会计师资队伍对实践重视不够；加上高校会计生师比例较高，使总量有限的会计教师教学任务繁重，只能将大量时间用于课程理论教学工作，难以有精力重视会计实践教学，创新实践能力的提高受限，从而不利于高素质、高技能的人才的培养。

第二节　高水平大学会计专业师资队伍建设的特点与要求

一、国际一流大学师资队伍建设的特点

美、英、德、法、日等国的一些一流大学之所以享有较高的声誉，其中一个很重要的原因就是拥有一批高素质的教师。他们在师资队伍建设方面存在如下一些共同特点。

（一）师资队伍结构合理

师资队伍结构反映了教师队伍的总体面貌和质量水平，由学缘结构、学历结构、职务结构、专业结构等多项内容组成。

1. 师资队伍的学缘结构合理。教师的学缘结构是指教师队伍完成某一级学历（学位）教育所毕业的大学、所学专业等在类型、层次、分布等方面的构成情况。国际一流大学在该方面存在如下两个特点：一方面是教师学位层次高，90%以上的教师拥有博士学位，且大多毕业于名校，拥有国际留学背景的教师比例也不少。另一方面是师资构成注重“远缘杂交”，本校毕业直接留校任教或者师从同门的比例较低。

2. 师资队伍的职务结构明晰合理。师资队伍的职务结构明晰合理，主要包括教师职务类别划分明确和高级职务教师所占比重大两方面。在国际一流的大学里，师资队伍（学术人员）主要分为三种职务系列：教学科研并重的教授系列；以教学为主的讲师系列；以科研为主对教学不做职责要求的研究人员系列。这种系列划分方法按工作性质和任务确定岗位职责，既有利于打造高水平的教授队伍，又避免了人才、学历的“高消费”。一流大学在师资上除了重视学历学位等学术背景以外，拥有众多高级职务的师资也是其一大特点。

3. 师资总体规模相对充足、生师比较低。国际一流大学师资总体规模相对

充足，也具有一定的高层次创造性会计人才，生师比例与我国高校相比普遍较低。

4. 大量聘请兼职教师。国外大学的教师队伍多由专职和兼职两部分组成，一流大学也不例外。这种专、兼职相结合的教师队伍，是一流大学开发和配置教师资源的重要形式之一。兼职教师主要承担教学工作，在基础课和实践课中担当重要角色，可以为专职教师从事科研创造条件（张洁，2011）。有资料显示，在德国和法国一流大学教师队伍中，非正式教师和编外教师的数量占教师总数的60%左右，而近年来美国的一些一流大学也不断增加聘请兼职教师的数量。

5. 终身教授与聘任制教授相补充。终身教授制是国际上许多一流大学的传统，如美国一流大学专职教师由两部分组成：非终身教职和终身教职。终身制不仅是保护教师的学术自由，使教师不致因为学术观点不同或因短期内研究经费困难而被解雇的一种保障制度。而且，由于终身制能够为教师创造一种宽松的环境，教师可以根据自己的兴趣和爱好进行学术研究，这有利于教师提高学术水平，出创新性的研究成果。从师资管理角度来看，教授终身制为稳定师资队伍，避免高级人才流失等也发挥了重要作用。

（二）有利于提高教师素质的制度建设

1. 教师选拔和聘用制度先进合理。美、英、德、法、日等国的一流大学在选拔和聘用教师方面通过制度建设对教师素质的提高起到了重要作用。首先，开放性是一流大学教师选拔和聘用的重要特征之一。在教师职位出现空缺时，特别是在高级职称的教师岗位出现空缺时，学校不是从低一级职位的教师中递补，而是采取面向社会公开招聘的方式，通过民主程序和自由竞争，择优录用。其次，严格是一流大学教师选拔和聘用的又一重要特征。在选拔和聘用教师方面，各国没有统一的标准，但各个大学和院（系）都有比较严格的规定。例如，具有博士学位是美国和德国一流大学聘用教师必须具备的基本条件。除此之外，多数大学还附加其他招聘条件。再次，流动性是一流大学教师选拔和聘用的一大特色。为避免师资队伍的“近亲繁殖”，优化师资队伍的知识与学缘结构，加强教师的校际交流，一流大学大都强调教师选拔和聘用渠道的多元化，并采取各种措施促进一流大学之间以及一流大学与社会之间的人才流动。

2. 完善而严谨的师资晋升和考核程序。为了确保学校的教学和研究水平的质量和声誉，美、英、德、法等国一流大学一般都有一套完善而严谨的师资晋升和考核制度。严格的选拔和评审程序使其具有世界高水平的师资力量，进而保证了一流的教学和科研水平。

3. 重视教师的教学与科研相结合。国际一流大学非常重视教师的教学与科研相结合，主张教师既要搞教学，又要搞科研。教学是大学培养人才重要的环节，教学质量是决定人才培养质量的重要因素；而科学研究是一流大学教师取得高水平成果的重要途径，是教师胜任本职工作的重要标志之一。

4. 给予教师好的职业保障。为保障大学教师的地位和权益，许多国家颁布有关法规，以法律形式明确大学教师的权利和义务、任用制度等。一些一流大学也采取了有效措施，包括：重视教师参与学校内部管理；保障教师的合法权益；教师享有在职进修和带薪休假的权利以及提高教师的工资待遇等。

二、高水平大学师资队伍建设的基本要求

综观国内外现有高水平大学的发展过程，可以看出其师资队伍建设的一些共性和可供借鉴的经验。

（一）高水平大学师资队伍数量合理

这是保证高水平大学人才培养质量的基本前提。高水平大学基本能依据各级各类学生数量的要求，保证专任教师总数能够满足教学、科研和社会服务的需要，并立足于生师比优秀的水平。

（二）高水平大学师资队伍业务水平整体优秀

高水平大学基本能在保证高校教师总数合理的同时，致力于师资队伍业务水平的整体提高，使师资队伍拥有更多的学术大师和学术骨干。北京大学、清华大学等一批国内高水平大学基本形成了这样的特点，这充分表明了数量合理并包容学术大师和学术骨干的师资队伍是高水平大学的核心要素和基本条件。

（三）高水平大学师资队伍结构合理

首先，高水平大学师资队伍中学历学位层次高且年龄结构合理。高水平大学教师中博士学位获得者的比例基本达到90%以上，而且师资队伍年龄结构也

保持在一个合理的范围内，以保证师资队伍的可持续进步和学校的可持续发展。其次，高水平大学师资队伍职称结构基本与高校内部教师分工匹配。国内外高水平大学师资队伍成功经验表明，这种合理的职称结构应当是正副高级职称教师比为 1 ∶ 1.5 左右，教师总数中高级职称教师比例占 60%左右。最后，国外高水平大学高度关注师资队伍的学缘结构，严格避免留用本校博士学位获得者，尽可能多地吸收其他高水平大学的博士学位获得者，或者直接招聘其他单位的优秀在职人员。

（四）高水平大学师资队伍具有不断自我完善的效能

这种自我完善的效能是指师资队伍能够和谐竞争，分工有序，自我激励，调整工作重点，保持理想的工作效益；同时自觉地审时度势，在恰当的时候增加合适的人才，从而使整个师资队伍始终充满活力和新鲜力量（姜建明，2009）。

第三节　会计专业师资队伍建设策略

众所周知，教育需要教师，教师肩负着培养合格人才的重大责任；教师质量的好坏关系到教育事业的兴衰存亡，加强师资队伍建设是高校改革和发展的根本大计，是深化教学改革，提高教学质量的关键。离开师资谈教育、人才、成果，一切均成为无源之水、无本之木，只有高质量的师资才能培养出高水平的人才。在经济全球化和高等教育国际化深入发展的背景下，高水平大学的师资队伍建设既面临着历史与现实的制约，又面临着国际高等教育的强力竞争。近些年随着科教兴国战略和人才强国战略的深入实施，在“211 工程”和“985 工程”建设的持续推动下，高水平大学大力实施“人才强校”战略，师资队伍建设无论在观念、规模上，还是在水平、结构上都取得了长足进步（蒋华林，2011）。但从现实情况看，我国高校会计师资队伍建设与高素质创新人才培养要求仍然不相适应，与高等教育事业发展要求仍然存在一定差距。

高等院校，对会计人才的培养肩负着不可推卸的责任。邓小平同志曾经指出过“经济越发展，会计越重要”，当前形势下，随着我国经济的发展，不同产业、跨产业技术的交叉，促成各个产业内或产业间进行融合，产业融合后或者产生了新的产业，大大提高了原产业的复杂程度，这将对会计人才的需求产生直接的影响，未来需要的会计人才趋向于复合型人才。而所谓复合型会计人才则是集知识、能力与素质于一身的人才，具有国内和国际会计知识和技能，其掌握的知识既要有高度又要有深度，知识迁移能力、适应能力和创新能力都强，能较快地适应新形势下我国经济发展需要的人才。这要求高校不仅要注重学生的智力因素的培养，也要注重精神、意志、性格等非智力因素的培养。而学生潜力的开发得益于教师的启迪，学生能力的提高要靠教师的培养，复合型会计人才的培养首先应当从会计教师开始，这对担负着会计人才培养重任的高校教师提出了新的挑战。

高校要完成开展会计理论研究、培养经济社会所需要的会计人才与接班人的使命，其关键在于建设一流的会计师资队伍。结合我国高校会计师资队伍建设中存在的各种问题，认真学习和借鉴国内外一流大学的先进经验，并严格把握高水平大学师资队伍建设的基本要求，积极建立完善的教师管理制度。

通过建设一批高素质的师资队伍来推动高校的快速发展，具有重要的现实意义。笔者认为，会计师资队伍建设要根据学校发展的目标与思路，着眼于会计学科发展与学术梯队的建设需求，坚持培养和引进并举，改善师资结构、搭建工作平台，促使人才迅速成长；同时要重视会计实践与师德建设，并创新聘任、激励与考核机制，营造和谐、宽松的环境留住人才，建立素质一流、充满活力、相对稳定的师资队伍。具体应该从如下几个方面来加强我国高校会计师资队伍建设。

一、坚持培养和引进并举，适度扩大会计师资队伍的数量和质量

针对我国大部分高校会计师资有一定缺口、生师比例较高的现实，师资引进与培养，降低生师比例到合理或者优秀的程度已迫在眉睫。我国教育部教发〔2004〕2 号文件对不同类型高校的生师比提出了明确的合格标准，其中生师比最高的是 1 ： 18，最低的是 1 ： 11，同时明确优秀的标准是在合格标准的基础上下降 2 个百分点。因此我们应该坚持质量数量并重，适度扩大师资队伍规模。

（一）通过培养和引进的方式，增加会计师资队伍的数量

我们可以通过培养和引进的方式，增加会计师资队伍的数量（或通过适当

减少会计专业的招生规模），降低生师比。高等院校会计人才的引进和培养应结合本校实际以及会计专业的特色，围绕学校的目标、思路和办学任务，统筹兼顾，协调发展。在做好稳定培养的同时，也应不失时机地大力引进校外高层次人才，主要应引进高学历、高素质的人才，其引进的重点如下：一是满足会计教学和专业建设基本需要的人才；二是会计专业建设急需的学科或专业带头人；三是高端人才和现有领军人才。因此在师资引进过程中，必须树立可持续发展观念，把引进人才与师资队伍的梯队建设目标结合起来（方飞虎，2007）。

（二）加强会计师资队伍的培养，提高其质量

加强师资队伍的培养特别是国际化培养，大规模选派青年骨干教师到世界一流大学进修学习，使他们尽快成长成才，形成人才辈出的氛围和机制（蒋华林，2011）。同时，对于高校而言，具备一流的师资、一流的学科带头人，才能构筑一流的学科、造就一流的人才。选拔、培养或引进会计学科带头人、学科骨干和会计领军人才或者大师，充分发挥他们的作用，并组建高水平的学术创新团队，搞好“传帮带”，促进和帮助中青年教师成长，是提高会计师资队伍整体素质的重要措施。有利于发挥整个会计学科教师梯队的群体效应，有利于培养具有创新精神和实践能力，适应21世纪发展的高素质会计人才。

（三）制定和完善教师聘用制度，适当提高兼职教师比例

通过制定和完善教师聘用政策，支持面向社会聘用客座教授或高技能会计专业人才到学校担任兼职教师，适当提高兼职教师的比例。高技能会计人才作为兼职教师主要承担专业性和实践性很强的现场教学指导工作，以提高实践教学的质量。同时对一些稀缺或重点课程还可以设置客座教授岗位，明确岗位职责和聘任条件，在实施过程中将学校的重点学科与高层次人才及中青年学科带头人队伍建设工作结合起来，通过实施责任教授制度，促进骨干教师队伍和学术梯队建设，带动一批重点学科达到先进水平。

二、改善师资结构、拓宽师资来源门径

（一）提高高校会计师资的学历学位，使师资结构合理

首先，各高校应多学习国际一流大学的经验，聘请高水平师资，提高会计师资队伍中学历学位层次，并尽可能吸引世界一流大学的毕业生或国际高水平教师前来任教，鼓励和促进教师队伍的国际化水平；在聘用国内教师时，应注重从名牌一流大学或著名研究机构中聘请。其次，应尽量使会计师资队伍的职称、年龄等结构合理并与高校内部教师分工相配匹。最后，应高度关注师资队伍的学缘结构，拓宽师资来源门径。应从国内外引进大批高素质教师，多渠道、多元化补充新的师资，减少本校毕业生留校人数，努力避免“近亲繁殖”。唯有如此，才能保持师资队伍的活力和创造性，推动学术进步、提高办学效益。

（二）要以中青年骨干教师为重点，更新拓展知识结构

教师的培训工作要与学科建设、专业调整、学术骨干和学科带头人的选拔与培养相结合，要以中青年骨干教师为重点，更新拓展知识结构，提高包括外语、计算机、现代化教育技术应用在内的教育教学技能和科研水平。可以组织青年教师观摩经验丰富的教师讲示范课，使优秀教师的经验得到广泛传授，同时也为教师从事教学研究创造良好的氛围。也可以通过举办青年教师讲课比赛，使青年教师在实践中得到锻炼，快速汲取成功经验，提高教学水平；还应鼓励中青年教师接受学历教育，从而调整师资队伍的内部知识结构，优化人力资源配置，把学有专长的青年教师推上教学、科研的第一线，使他们在实践中迅速成长为骨干教师。同时还要破除论资排辈的观念，把有才干、有实绩的骨干教师放到学科带头人的位置，让他们尽早发挥带头作用。

三、更新会计师资队伍观念，加强师资继续教育

（一）更新会计师资队伍观念

为适应新形势下我国经济发展的要求，会计教师队伍的教学观、知识观、学生观、课程观等应逐步进行调整和转变。要培养会计教师从传统的以继承为中心的“传道、授业、解惑”的教育思想转变到以创新人才的培养为主要目标以及

以学科为中心的教育思想上来，树立整体化知识的教育观念。从“以教师为中心”的教学方式转变到“以学生为中心”的教学方式上来，突出学生的主动性，发挥教师的主导作用。在转变教育观念的同时，会计教师还应具有更新与重组知识结构的能力，其所具备的知识要立体化、多样化，与时俱进，不断创新。除了具有较广泛的会计专业知识技能，还应具有较高的外语和计算机水平，较强的学习能力与创新能力，具有国内和国际会计知识和技能，引导学生进行发散思维和创新思维。

（二）加强师资队伍的继续教育

高校应该加强师资队伍的继续教育，制定教师进修提高制度。首先，应建立教师免费在职进修制度，完善各种配套政策和服务，为教师在职进修提供专项资金，制订相关计划，鼓励教师在职进修、出国访学、参与学术交流活动。其次，推行教师学术休假制度，鼓励教师运用学术休假从事科研活动。促使会计教师通过教学科研、学术研讨交流等形式，不断更新和改善自己的知识结构和科研能力，促进教师队伍向国际化高水平看齐，保证师资队伍整体水平不断提高。目前，我国的会计环境发生了重大变化，经济迅速发展必然使会计方法不断更新，会计准则与国际惯例进一步协调和趋同，会计技术迅猛发展，新形势对会计人员继续教育工作提出了新的要求。整个会计界都面临着知识更新的艰巨任务，切实加强会计专业教师的继续教育也刻不容缓。因此高校会计教师应具有不断学习、终身学习、扩展知识的意识，保持旺盛的求知欲，追踪会计及相关学科的最新发展趋势，在整个教学和科研活动中，对新的知识体系、新的教学成果和科技发展有敏锐的洞察和接受能力，有高度的学习和实践热情（何昊等，2009）。不断吸取最新会计知识和技能，结合身边发生的各种经济案例，并及时地运用于教学中，努力使自己在教学实践中具有创新意识和创新精神。

四、构建师资队伍建设环境，完善师资引进、管理和考核机制

高校师资队伍建设，培养和引进只是基础性工作，关键必须科学合理地使用人才，在创新实践中凝聚和造就人才，营造和谐、宽松的环境留住人才，并在实践中培养出大师级领军人才。

（一）赋予高校更大的师资队伍建设自主权，落实教师的学术自主权

首先，我们应学习借鉴国外高水平大学改革人事制度，赋予高校更大的师资队伍建设自主权，使其拥有更大的人事管理权限。其次，是构建新型的教师与学校的关系，健全教师依法治校、学术自由的保障机制。并逐步转变学校行政职能，进一步提高教师参与学校管理工作的力度，发挥教师在学校管理中的作用。同时下放权力，减少行政权力对学术权力的干预，扩大学术权力在学校的影响力，加强教授治学、教师参与学校学术事务管理的权力，保障教师从事学术研究的自由和自主权。再次，应该给予教师好的职业保障。采取有效措施以保证教师参与学校内部管理；保障教师的合法权益；教师享有在职进修和带薪休假的权利和提高教师的工资待遇等。最后，是为高校会计师资队伍营造和谐、宽松的环境，对人才进行科学化、人性化管理。并通过实施人才系统工程并不断创新人才工作机制，合理构建人才培养和分配机制，以推动学校和学科快速发展。

（二）深化高校教师评价机制改革，树立长远发展的师资队伍建设思想

首先，要深化高校教师评价机制改革，完善竞争机制和激励机制，破除阻碍人才发展的各种观念和体制束缚，破除“门户意识”，大胆使用中青年人才，充分调动教师队伍的积极性和主动性，在创新实践中发现、遴选和培养人才。其次，要摒弃“急功近利”的师资队伍建设思想。要慧眼识别和保护那些还不是人才的人才，给他们成才创造条件，提供平台。

（三）科学制定人才引进工作机制，处理好引进人才与本土人才的关系

人才引进工作对学校的发展至关重要，它是高水平师资队伍建设的重要途径。首先要认清形势，把握全局，科学制定人才引进工作机制，根据学校办学现状和师资现状，并兼顾人才引进工作中的各要素、各环节制定合理的人才引进计划，力促高水平师资队伍建设稳步发展。并使师资队伍结构日趋合理，逐步构建高水平的师资队伍，进而提升学校的综合实力和办学水平。其次是处理好引进人才与本土人才的关系。一般说来，引进人才和本土人才待遇相差较大，如果处理不好，可能会产生极大的消极影响，因此要注意从如下几个方面处理好引进人才与本土人才的关系：一是要确保引进人才的高水平，对得起高待遇；二是要特别

关注引进人才是否能和校内的团队相互配合（蒋华林，2011）；三是要制造学术面前一律平等的氛围，“同等贡献，同等待遇”。

（四）建立教学与科研并举、科学规范的教师考核机制

没有科研，就没有高质量的教学，科研能力是学校质量、教师水平的一个重要标志。任何大学，都要鼓励教师从事科学研究，但大学师资从事科研工作不能为科研而科研，必须与教学相结合，落实和体现在学生培养过程之中。因此要处理好教学与科研的关系，打通教学与科研的瓶颈，不能偏废某一方，实现教学与科研协调发展，以培养提高学生的探索精神和创新意识。首先，应该改变教师评价机制中对科研成果的刚性要求过高、过分量化、考核周期过短的考核制度，建立具有相对的公正性、有利于提高教师教学的积极性，教学与科研并举、科学规范的教师考核机制。其次，应该扩大教学工作在考核、晋级中的比重，细化教学考评标准，将教学任务、教学质量作为教师考核的必要条件。真正做到“以教学带动科研，以科研促进教学”，形成良性的循环机制。最后，还可根据教师从事教学与科研的实际情况，制定分级分类的考核标准，有所侧重而又不可偏废。如教授必须从事教学与科研工作，科研与教学齐头并举；至于那些擅长于教学但不擅长科研的老师，可适当减免科研考核要求，但要提高教学考核标准。

五、鼓励会计师资重视会计实践教学

实训教学、现场教学、案例教学等能力的不足是目前高等院校会计师资队伍素质普遍存在的问题，而学生职业能力的培养无疑必须建立在师资高技能、高技术、高能力、高水平的基础上。一位只有理论知识，从来没有接触过会计凭证、账簿、报表等会计实践与实务的会计教师，难以培养出适应生产、建设、管理、服务等第一线需要高等技术应用性的高素质、高技能的会计合格人才来（方飞虎，2007）。因此，应鼓励促进教师参与实践、加强实践，以提高实践教学能力，以及会计教师的会计专业技能。笔者认为，一是应建立有利于“双师型”师资队伍发展、壮大的引导机制。二是应重建与财税业务部门的联系机制。三是应建立能发挥会计教师实践潜力和作用的“产、学、研”创业机制。四是适当扩大兼职教师比例，逐步形成实践技能课程主要由具有相应高技能水平的兼职教师讲授的机

制。五是鼓励教师积极参加财会实验、实训室的建设，积极申报各级财政部门和会计学会的科研课题，积极参与上市公司、各大中型企业的财会改革和财务管理创新活动。六是鼓励会计教师利用寒暑假等时间到会计师事务所、审计师事务办税务师事务所以及上市公司、大中型企事业单位财会部门兼职或通过挂职顶岗、合作研发等多种形式强化其实践技能，提高会计师资队伍的实践能力。

六、加强会计师资队伍的师德建设

高校的会计专业学生是未来的会计工作者，需要具备良好的职业道德和会计诚信，因此目前职业道德素质已经成为会计教育人才培养的关键。而教育发展以教师为本，教师素质以师德为本。教师是落实以德治国方略、推进素质教育的实施者，是学生增长知识和思想进步的指导者和引路人，是实现科教兴国战略的生力军。“教之道，德为先”，良好师德是教好书、育好人的重要前提。会计教师不仅仅是会计专业知识的传授者,还是会计诚信思想教育者和职业道德示范者。因此，加强高校会计师德建设势在必行，任重道远。笔者认为，一是应建立培训学习机制，以高尚的品格塑造人，重点是开展教学规范和学术道德教育；二是应建立宣传示范机制，以榜样的力量鼓舞人；三是应建立考评激励机制，以积极的政策引导人，实行教师“师德优先制”和“一票否决制”，真正把师德建设落到实处；四是应建立自律与他律结合机制，以有效地监督约束人。

总之，经济的飞速发展对会计人才的要求越来越高。高等院校的会计教师肩负着培养一线会计人才的使命与责任，会计师资队伍的综合素质和专业技能直接决定着高等院校培养的会计人才的质量。另外，教学质量是每一所高等院校生存与发展的生命线,师资队伍整体素质的高低是教育教学质量优劣的决定性因素。在经济全球化和高等教育国际化深入发展的背景下，高等院校的会计师资队伍建设既面临着历史与现实的制约，又面临着国际高等教育的强力竞争以及会计发展知识更新较快的挑战。为此，必须全面把握高校会计师资队伍建设面临的机遇与挑战，

深入分析其存在的问题，结合会计教育和会计师资的特点，寻求结合各校实际的行之有效的会计师资队伍建设路径。应从坚持培养和引进并举，适度扩大会计师资队伍的数量和质量；改善师资结构、拓宽师资来源门径；更新师资队伍

观念，加强继续教育等多方面搞好高校会计师资队伍的建设，力图建设一支教育观念新、改革意识强、师德高尚，有较高学术水平和较强实践能力的会计师资队伍。同时，还要构建良好的高校会计师资队伍建设的政策制度环境，营造和谐、宽松的环境，以确保会计师资队伍能建得好、用得上、留得住；进而提升学校的综合实力和办学水平，为进一步培养会计人才奠定基础，为人才强国战略的顺利实施尽微薄之力。

第四章　会计学专业大学生诚信教育

第一节　会计学专业大学生诚信教育概述

一、诚信教育的涵义

（一）诚信的内涵

诚信，即诚实守信，不仅是基本的道德规范和行为准则，也是中华民族优秀的道德品质。对于“诚信”涵义的解释，我国现存最早的史书——《尚书·太甲下》中“鬼神无常享，享于克诚”指的是笃信神灵的虔诚态度，虽然无法摆脱浓厚的宗教色彩，但重点强调出“诚”的重要性。东汉许慎的著作《说文解字》中对诚信的解释为：“诚，信也。从言、成声。”“信，诚也。从人、从言、会意。”诚、信这两个字的意思相近，并月，都有诚实、忠诚、不欺骗的含义。然而“诚”与“信”的含义又是有着一定差别的：诚，着重于真实地反映客观存在；信，则更多着眼于在经济、政治、法律、文化等一系列社会关系中人际交往的处理上守信不欺诈。它们的关系体现在“信”以“诚”为基础，只有个体修养达到一定程度，在与他人相处或治事理政中才能秉持“信”的态度；“诚”给“信”加上了个人的、内在的限制，而“信”给“诚”加上外在的、关系的限制。诚信是有着五千年历史的炎黄子孙至始至终尊崇的高尚品德，因此关于“诚信”的成语和典故比比皆是，“言出必行、一言九鼎、言而有信”等这些都是古人留给我们的智慧结晶和精神财富。

我国传统诚信观更多地侧重于个人思想道德素养方面的要求，强调诚信是在与人和与社会交往过程中安身立命之本。诚信是历史范畴，是随着经济社会的进步而逐渐发展完善的道德准则，因而具有阶段性特征。纵观历史发展的不同时期，诚信始终都是社会关注的焦点问题。我国目前正处于社会主义建设和经济体制改革的攻坚阶段，如何构建和完善适应当代社会主义新时期的诚信观成为提高公民道德素养不可回避的问题。2001 年颁布的《公民道德建设实施纲要》中指出将继承千年中华民族的传统美德与弘扬时代精神相结合，全面系统地提出社会主义公民的基本道德规范，在全社会大力倡导“明礼诚信”。2012 年十八大提出深入开展道德领域突出问题专项治理，加强政务诚信、商务诚信、社会诚信和司法公信建设。由此可见，要想解决道德领域的问题全面提高公民道德素质“诚信”是关键。

社会主义诚信观是在汲取传统诚信观精华的基础上结合时代特征，融入了法治和制度建设，同时也提供充分的法律支持和有力的政策保障。

（二）诚信教育及大学生诚信教育的内涵

关于诚信教育的内容在我国古代众多经典著作、历史书籍以及家书家规中俯拾即是。儒家学派对诚信——中国传统道德规范的重要范畴所阐述的内容最为丰富。春秋战国时期，在《论语·颜渊》中记载，子曰：“足食，足兵，民信之矣。”子贡曰：“必不得已而去，于斯三者何先？”曰：“去兵。”子贡日：“必不得已而去，于斯二者何先？”曰：“去食。自古皆有死，民无信不立。”由此可见在孔子的思想中，信处在食、兵、信三者中的首要地位。《论语·为政》中“人而无信，不知其可也”强调诚信的重要性。同时他告诫弟子“与朋友交，言而有信”。西汉时著名的思想家、教育家董仲舒在继承孔子思想的基础上，提出维护社会人伦关系的行为准则——五常：仁、义、礼、智、信。将讲诚信、守信用划分为个人在社会中立足的基本德行。

虽然在中国传统道德观下提出的诚信道德与诚信教育反映的是奴隶制社会和封建社会的价值理念，但加强对其本质的理解和吸取前人研究成果精华，则有利于当下在建设社会主义精神文明过程中更深入地把握诚信的实质、使诚信成为人们自觉的选择。

基于对诚信内涵的深刻把握和诚信问题的不断研究，有关诚信教育涵义的理解也在逐步深入。诚信教育是教育者依据当前社会发展和受教育者的需求情况，遵循思想道德形成、发展、完善的规律，采用不同的教育方法，系统地、全面地、有效地对受教育者的身心施加影响最终达到使受教育者理解诚信内涵、提高诚信意识、养成诚信习惯、采取诚信行动的目的而进行的一切行为和活动的总和。

大学生诚信教育与诚信教育是局部与整体的关系，它的教育对象主要针对高校学生。大学生诚信教育是以马克思列宁主义、毛泽东思想、邓小平理论和“三个代表”重要思想、科学发展观和习近平新时代中国特色社会主义思想为指导，根据当前社会主义社会发展的需求以及大学生自身发展的特点，采用适合大学生道德教育的培养方式，有目的、有计划、有组织地对其施以影响，从而使大学生理解诚信涵义，提升诚信素养，最终实践诚信行为所采取的全部活动。2004 年中共中央国务院在《关于进一步加强和改进大学生思想政治教育的意见》中指出当前大学生不同程度地存在诚信意识淡薄等情况，要引导广大学生以基本道德规范为基础，大力开展道德教育，使青年学生能够自觉做到明礼诚信，提高大学生整体诚信素质。

（三）会计学专业大学生诚信教育的内涵

财政部在 2010 年发布的会计行业中长期人才发展规划（2010—2020 年）中指出，诚实守信是会计人才重要的职业道德精神，是实现会计人才队伍全面协调发展的关键因素。高等院校作为培养专业会计人才的摇篮，在对青年学生进行专业知识传授的同时，也要培养会计诚信意识，保证未来从事会计行业的学生能够自觉遵守诚实守信。

2001 年国务院总理朱镕基在考察国家会计学院时强调，从业人员要遵守会计职业道德规范，以“诚信为本，操守为重，遵循准则，不做假账”为行为准则。早在 1933 年，被国外会计界誉为中国会计之父的潘序伦先生在为《立信会计季刊》所作的文章《中国之会计师职业》中，从多个角度阐述了会计从业人员应具备的职业道德，并将会计职业道德归纳为四个要求：“一曰公正，二曰诚信，三曰廉洁，四曰勤奋。”

我国高校教育的指导方针是“培养德、智、体全面发展的社会主义建设者和接班人”，具备专业知识技能的前提是道德素养的全面提升。会计学专业的诚信教育隶属于德育教育范畴，它与全体大学生诚信教育是特殊性和普遍性的关系，既具有与全体大学生相同教育规律的普遍性特点，同时还应融入针对会计学专业特殊性的职业道德教育。高校会计诚信教育，即高校会计专业领域实施的诚信教育，是指将会计诚信与诚信教育予以有机耦合，是一项基于会计专业技能培养的职业伦理道德教育，旨在引导大学生将会计诚信作为从事会计职业的价值取向和行为规范，进而培养掌握专有知识技能和具备相应的职业道德修养与质量的高级专门人才。对于会计学专业大学生的诚信教育主要包括法律法规教育、思想政治教育、职业道德教育三个大方面。第一，法律法规教育主要是指通过对《会计法》及国务院颁布的各项会计法规的认真学习后能够做到严格遵守法律法规；第二，思想政治教育方面以强化理想信念教育、深化形势政策学习为主，开展以诚信为主题的不同形式的各项活动为辅；第三，职业道德教育主要包括爱岗敬业、诚实守信、廉洁自律、客观公正等方面的内容。通过开展职业道德教育全面提高在校大学生的职业素养，满足经济社会发展对会计人才的要求。在全方位、新形式、多角度实践活动的共同努力下，最终使得高校会计诚信教育受到良好成效。

二、加强会计学专业大学生诚信教育的意义

会计学专业大学生诚信素养的高低是决定着未来走向工作岗位后能否立足的重要因素之一，而高校会计诚信教育既包括理论教育同时也有实践学习，二者有力结合是学生诚信素养提升的重要保障。诚信认知、诚信行为、诚信习惯三者之间相互影响、共同作用、缺一不可。认知是基础，行为是根本，习惯是目的。

（一）有助于会计学专业大学生强化诚信认知

认知属于意识形态的范畴，辩证唯物主义认为意识对物质能动的反作用体现在两方面，第一，表现在人脑对客观实在的真实反映，大学生的诚信认知因受个人家庭情况、学校教育程度、社会整体环境等不同程度的外界因素作用，导致其认知水平产生较大差异。高校诚信教育尤其对于提高自身认知水平有局限学生的认知能力方面能够起到理性灌输、正确引导的重要作用，达到提高学生整体诚信认知度和强化诚信意识的目的。第二，体现在人类如何对世界进行改造的活动上。会计学专业大学生的不诚信行为在实验课程中表现得较为突出，看似无足轻重的细节，究其本质都是对诚信认知领会不深刻的表现，在诚信认知上的偏差无疑会导致行为。全面理解会计诚信认知主要是在结合本专业特殊性的前提之下深

刻理解何为会计诚信性质、会计诚信要义、会计诚信规范。要想使会计诚信教育得到良好收效，就应当将实践学习与理论教育相结合，在充分领会诚信含义的前提下，启发和激励学生的主导意识，将外在诚信要求内化为自身需求，进而提高大学生的诚信认知水平。个体诚信认识水平与整体诚信行为之间是息息相关的，当个体诚信认知水平越高，就越有可能选择诚实守信的行为。

诚信认知是实践诚信行为和养成诚信习惯的前提条件。高校加强会计诚信教育对学生起到良性引导的作用，能够增强诚信认知、树立诚信意识、确立诚信观念，真正将诚信内化为自我要求。

（二）有助于会计学专业大学生践行诚信行为

明代著名思想家王阳明在其关于道德修养和实践的命题中提出“知行合一”的观点，指出“知者是行之始，行者是知之成”，二者互为表里、不可分离。通过“行”来检验“知”，“行”是“知”的最终目的，脱离“行”的“知”都是空洞的说教，行为是社会实践活动，意识不可能脱离社会实践而单独存在。所谓诚信，尤其是信，在承诺过后紧密相随的必然是相应的行动“如果缺少了行动的支持，守信链条势必发生中断，诚信系统因此也并不完整”。“诚信行为”简单来讲就是在“诚”和“信”的引领下所发生的个体或集体的行为。高校学生诚信行为的履行与收益息息相关，目前社会上存在着部分失信行为的风险较低却能带来较高收益的现象，必将给处于价值观念和思想意识形成关键期的大学生以误导而选择不诚信。大学生失信行为所带来的利益包括物质利益，即考试作弊取得较好成绩从而得到奖学金、求职时伪造以换取高薪工作；精神利益，即奖学金、高薪工作等带来的自我满足感。诚信行为的履行需要克服困难、坚守原则，而高校则在诚信教育中起到了不可低估的作用，可以强化大学生的诚信行为并加以规范、抵制来自各方面的诱惑。在诚信机制不断完善的社会中，使青年学生逐渐意识到失信行为的风险更大、成本更高。

无论是树立正确的诚信意识还是养成良好的诚信习惯，最终的目的都是在实践活动中践行规范的诚信行为。

诚信行为的履行是根本目的，认知理解的程度必然会通过行为来表现，脱离了行为的认知都是空泛之谈；诚信习惯的养成也是经过每一个诚信行为的点滴积累，将一再重复的诚信行为形成潜意识的惯性。

（三）有助于会计学专业大学生养成诚信习惯

习惯是长期养成且不会轻易改变的重复性行为方式。心理学将人的意识分为潜意识和显意识。在潜意识部分中，不断重复的程序化惯性行为就是习惯。关于习惯俄国作家奥斯特洛夫斯基曾有这样一句名言“人应该支配习惯，而绝不是习惯支配人”。着重指出习惯不仅与先天因素相关，而是在更大程度上受到后天环境尤其是教育指导所影响。在认知的引领下形成常态性行为，这种稳定的常态行为就促成习惯的养成。因此高校在强化诚信认知、规范诚信行为的过程中，诚信习惯必然成为学生的一种下意识和自觉性选择。良好诚信习惯的养成使人终生受益，在与外界交往过程中降低风险、提高机会收益。高校诚信教育能够有效降低学生失信行为的发生，在循序渐进的引导过程中促使其养成诚信习惯，不间断地培养中演化为惯性行为。大学生诚信习惯的培养是长期连续性的教育过程，绝非一蹴而就。高校在养成学生诚信习惯的时，不仅起到悉心指导作用和营造诚信校园环境，更要扮演好严格监督的角色。给予失信学生处罚，尤其要提高习惯性失信学生的失信成本。会计学专业的大学生毕业后走上财务工作岗位时，将在校期间已内化的诚信习惯带入工作中，真正在内心中树立起强烈的职业责任感，保证提供信息的真实性、计算数据的准确性。

诚信习惯的养成是高校诚信教育的终极目标。单一诚信行为的延续成为持之以恒的习惯，在实践中进一步加深对诚信认知的理解程度，使认知、行为、习惯形成相互促进的良性循环。

三、强化会计学专业大学生诚信教育的必要性

（一）推动经济社会有序发展的要求

近年来随着改革开放的进一步深入，市场经济得到了的长足发展，市场分类趋于精细化专业化，出现了网络信息市场、房地产市场、知识产权市场、劳动力市场等众多新兴市场。我国社会主义初级阶段实行以公有制为主体，多种所有制经济共同发展的基本经济制度。各市场主体都具有平等性和独立性，集体经济、个体经济、私营经济、外资经济也成为受法律保护的经济形式而蓬勃发展，改变

了国有经济的绝对垄断地位。

在经济变革的强烈冲击下，经济环境的改变使经济关系趋于更加复杂化，传统道德观念与激烈的市场竞争不断冲撞，社会中各行业均不同程度地产生了不诚信现象，这一现象的出现对于市场经济长期健康发展起到阻碍作用。实践证明，经济发展水平与参与者诚信度呈正相关，诚信度高有利于提高经济运行顺畅度，诚信度低则会增加经济运行成本，最终将动摇市场经济的基础。市场经济离不开社会诚信，同样，也离不开会计诚信。诚信是市场经济的要求，也是现代经济逐步走向成热的标志。

企业是市场的主体，获取利润的同时更肩负着社会责任，诚实守信则是考虑企业社会责任的重要标准。企业的资产既包括有形资产，也存在着无形资产，“商誉”构成了现代企业无形资产中无法量化的重要部分。企业若能将诚实守信的形象稳固地存储在社会中，那么这种良好的形象则会成为企业取之不尽、用之不竭的关键资本。企业要想获得竞争领域的通行证，并要获得带来潜在经济价值的商誉必须依靠诚信经营，诚实守信永远是企业获取长远利益的第一要务。但是，当前失信者往往以不诚信为代价换取了暂时性收益却在无形中增加了失去声誉风险。在现代社会中诚实守信已经从单一的思想道德范畴延伸至经济伦理范畴、法律意识范畴。世界500强企业美国沃尔玛公司胜出的重要因素就包括诚信协作的精神和真实稳健的财务情况。

会计学专业大学生因其所学专业的特殊性，决定了生活中的他们不仅是市场经济的参与者，还在未来从事财务工作中成为经济信息最初的提供者。经济政策的合理制定奠定于财务信息真实有效的基础之上，会计出具数据的失真必将引起一系列的连锁反应，最终影响到国民经济的健康有序发展。高校会计诚信教育引导学生诚实守信，不因追求自身利益而采取失信行为并使其成为“理性利己主义者”，充分合理地认识利己主义，个人利益与社会利益是相协调而非对立的关系，在不侵害社会利益的前提下理性争取个人利益。不具备诚实守信品德的学生在毕业后走上工作岗位时，其专业知识能力越强可能带来的负面影响就越大，利用专业技能掩盖的财务造假更具有隐蔽性与危害性。目前我国高等教育中存在职业道德教育相对较弱的现状，尤其在针对会计学专业大学生的诚信教育较少，进一步加强与专业相结合的诚信教育能够提高会计学专业学生的整体诚信水平并奠定良好职业道德素养，为推动经济社会健康有序发展作出贡献。

（二）净化会计行业良性发展的客观要求

要想使一个行业健康有序发展首先需要了解这个行业工作的本质是什么，对于会计行业的本质目前仍无统一明确的说法。

学者们对会计本质存在着不同的认识，归结起来主要有两类观点：第一类观点是会计信息系统论，是指在企业或其他组织范围内，旨在反映和控制企业或组织的各种经济活动，由若干具体有内在联系的程序、方法和技术所组成，由会计人员加以管理，用以处理经济数据、提供财务信息和其他有关经济信息的有机整体。这一思想最早是由美国会计学家 A.C. 利特尔顿提出的。具体来讲，主体是会计人员，客体是经济信息，着重强调对内或向外传递经济信息的作用。第二类观点是会计管理活动论，认为会计的本质是经济管理活动，主张在继承会计管理工具论的基础上融入管理科学思想。我国杨纪琬、阎达五两位教授最早提出此观点并指出："无论从理论上还是从实践上看，会计不仅仅是管理经济的工具，它本身就具有管理的只能，是人们从事管理的一种活动。"会计工作是一项管理活动，属于管理范畴。

对比上述两类观点可以看出，后者较前者的范围更大，将会计行业活动的外延从单纯的信息传输扩大到管理决策，更加适应现代企业的管理和规范。会计行业无论在提供财务信息还是参与管理决策，都应遵守诚实守信的前提。

会计行业的良性发展离不开从业人员专业技能和职业道德水平的提高，诚实守信则是促进会计行业的立业之本和发展之基。会计从业人员的范畴既包括企业、事业单位、国家机关的财务工作者，还包含社会组织和中介机构的会计人员。其诚信素质的高低直接决定着未来本行业的整体诚信水平。近年来诚实守信已经成为会计行业的核心价值取向，但失信行为也时有发生。

在我国财务工作者的独立性相对较低，易受所在单位领导指使而发生利用财务报表合并技术虚增收入、收益性支出资本化等会计舞弊行为。习近平主席在对会计行业做出重要批示时指出"紧紧抓住服务国家建设这个主题和诚信建设这条主线，推进行业科学发展"。高校为社会输送的专业人才必须兼备专业技能和职业道德，诚信品德的培养是高校职业道德的重要方面。在人才培养的源头提高整体诚信水平，能够从根本上解决制约行业发展深层次的问题，保障行业持续健康发展，从而更好地服务国家建设。关于会计学专业大学生的诚信教育不仅要保证学生在校期间的诚信行为习惯的养成，还要引导学生在未来工作中面对各种复杂情况如何能够做到诚实守信、廉洁自律。强化会计诚信教育，树立诚信意识、培养诚信行为、养成诚信习惯，服务于社会实现会计工作的社会价值。在校期间养成的良好诚实守信品德能够有效规避会计人员因自身利益或是领导指使而进行的舞弊行为。因此，会计诚信教育对于提高青年学生的诚信水平有着不可替代的作用，对于净化会计行业的良性发展有着深远的现实意义。

（三）提高学生思想道德修养的内在要求

大学生思想道德建设包括个人道德水平的提高、遵纪守法意识的培养、良好行为习惯的养成、职业道德素质的提升。诚实教育是高校思想道德建设的重要组成部分，涵盖个人思想道德教育也包含结合所学专业的职业道德教育。

我国高等教育确立了“德、智、体、美全面发展”的教育方针，就是注重培养大学生的总体素质和适应社会的综合能力。高等教育的培养目标将“德”居于首位，顾名思义旨在强调“德”是“体”“美”“劳”三因素的前提条件。大学毕业时仅仅具备过硬的专业知识技能是不够的，同时还要拥有健全的人格、明辨是非的能力，才能和谐发展更好地立足于社会。当前我国高校普遍更重视专业知识的培养，达到使学生“成才”的目的；对于思想道德修养的提高重视度有待进一步加强，忽略了“成人”的重要性。毕业生融入社会，在激烈的人才竞争中获得属于自己的一席之地，比拼的更是一个人的全方位素质。因此加强和改进大学生思想道德修养成为当务之急，而诚信教育则是提高德育素养的重要措施。

面对一些大学生不同程度地存在诚信意识淡薄、价值取向扭曲等问题，中共中央国务院制定《关于进一步加强和改进大学生思想政治教育的意见》，明确了以诚实守信为重点引导大学生自觉遵守基本道德规范：爱国守法、明礼诚信、团结友善、勤俭自强、敬业奉献。诚信教育可以改善学生在以下三方面的不足：第一，礼貌待人，使用文明用语与实践文明行为，通过外在的文明举止养成内在的诚信品德；第二，遵纪守法，学习法律法规及各项规章制度，掌握法律法规的目的不在于理论学习，而是培养遵守纪律及各项法规的意识；第三，诚信立人，它包括确立诚信立人的意识，把诚信作为做人的准则。通过诚信立人教育，唤起自我教育和自我完善的意识。

对于会计学专业的大学生，针对本专业的诚信教育则是提高思想道德修养中职业道德水平的重要手段，是达到专业知识和会计品德共同提高的保证。诚信品格在财务工作中的表现主要体现在三个方面：首先，遵守会计法律法规和财务制度，会计法第一条中就规定了“为规范会计行为必须保证会计资料真实完整”，强调会计处理时真实反映财务信息；其次，廉洁自律自我约束的能力强，在会计日常工作中频繁接触到钱财，能够做到清正廉洁、公私分明必须依赖诚信品格的自我控制；最后，保守所在经济组织的秘密，财务工作者因其岗位特殊性的原因会知晓本单位财务秘密，如何保守秘密不泄露，保护组织利益不受侵害，诚信品德起到了关键性的作用。由此可见，诚信教育的收效能够直接影响到思想道德建设的成果，加大诚信教育能够有效提高大学生的道德水平和个人素养。

第二节　高校会计学专业诚信教育存在的问题及成因

一、高校会计学专业诚信教育存在的问题

（一）社会、校园、家庭中的失信现象对大学生诚信品质的塑造产生负面影响

社会主义市场经济带来社会和经济的快速发展，也改变了计划经济时一代人们的道德思维模式，经济利益成为行动的主要驱动力，而实用主义、个人主义蔓延，社会公德心淡化，对以诚信为核心的社会道德建设造成巨大影响。失信案例在新闻媒体的广泛传播下，给大学生的思想带来消极作用，社会上食品安全、夸大宣传等问题的层出不穷，会对大学生的世界观、价值观有严重冲击，久而久之在客观上助长了学生漠视诚信的意识。校园被誉为美丽的象牙塔，在践行诚信行为方面却难以做到独善其身。考试作弊、实验数据造假、骗取国家助学金等失

信行为频发，大学生的诚信道德教育正承受着前所未有的压力。日常作业抄袭，在论文写作方面表现得尤为突出，多是通过拼凑多篇他人成果敷衍了事，没能做到认真思考、独立完成。当代大学生在社会大环境的影响之下也难以逃脱思想上的浮躁情绪，不将时间和精力放在学习上，为取得优异的成绩不惜以作弊为代价，即使学校对作弊行为采取开除学籍的处罚，仍有部分学生在各种各样的诱惑下铤而走险。学术行为不端和考试作弊现象的盛行，已经成为制约高校教学秩序建立和阻碍高校教学质量提升的重要因素。出现此类诚信缺失的现象不仅与造假人较少付出高额代价有着密切关系，也与高校惩治力度不强有关。久而久之，青年学生在校期间的不诚信行为转变成习惯，必将影响到未来择业就业时的诚信度。家庭诚信教育缺乏现象严重，一方面表现在家长对诚信品质的重要性认知欠缺，认为相较于德育教育而言智育成绩更为重要。另一方面表现在家长对孩子道德教育方面的责任意识淡漠，认为大学阶段诚信品格的养成是由学生自身努力与高校教育共同完成，家长没有尽到诚信教育方面的义务。

（二）大学生道德素质培养机制不健全

首先，理论灌输重于实践教学。高等院校对于专业课程的教学给予了更多的关注，虽然一直强调诚信品质的重要性，却没有在教学环节中真正融入诚信教育相关知识，教师也以原理的讲授为重中之重，忽略诚信品格的培养。学生对于法律法规和职业道德知识是有需求的，从个别学生通过自学的方式掌握这方面的知识即可看出，但是现阶段我国高校对于会计法律法规和会计职业道德方面的相关知识多以理论讲解时的补充为主，没能单独开设专门的法律法规以及职业道德课程。学生之所以会对诚实守信的品格表现得如此淡薄，与教师仅重视对专业知识的传授有着密不可分的关系。高校诚信教育更多的是在考前宣传，经常开展且有收效的学校寥寥可数。针对会计学专业大学生的诚信教育更是高达百分之八十以上的学生认为以理论教学为主，偶尔辅之以其他形式的宣传教育。其次，教育形式单一缺乏系统性和针对性。现阶段我国高校的德育教育多与政治教育设置在一起，诚信教育更多的是由思想政治课程教师完成，仍旧无法摆脱书本理论灌输的现状，忽略学生在日常生活学习中对诚信的真正需求，缺乏系统性而就事论事。对于会计学专业大学生诚信教育特殊性的理论研究滞后，尚没有理论教材的问世，无法在深度和广度上拓展会计诚信教育。最后，监管惩罚力度不到位。“制度好可以使坏人无法任意横行，制度不好可以使好人无法充分做好事，甚至会走向反面。”大学生失信现象频发与高校监管和惩处力度不够有着直接关系，学生通过考试作弊、抄袭作业而获得优异的成绩，通过粉饰简历而获取就业机会，通过剽窃他人研究成果而发表自己的论文，这些投机行为获得的利益却没有得到应有的严惩，无异于鼓励学生通过制假造假而获得收益，长此以往将难以培养出学生诚实守信的意识，也将更加难以养成诚实守信的行为习惯。

（三）学生自主学习和自我约束能力不强

在应试教育的长期影响下，导致部分学生习惯于“填鸭式”教育，对于所学知识不能做到真正理解与举一反三。高校在对诚信教育大力加强时，不仅以理论学习的方式为主，也有舆论宣传作为有力补充，但是面对日益增多的大学生失信案例可以看出诚信教育的收效不容乐观，究其原因与大学生自身的局限性有着直接关系。学生虽然对于诚实守信的品质持肯定的态度，但在面对日趋复杂的外界环境时，没能对不诚信的消极事件做出正确判断、坚持原则、自我约束，而是在不良现象的影响下铤而走险。这种违背道德的失信行为在触及自身利益时表现得尤为明显，更有甚者对于自己和他人在诚信方面的评价标准存在严重“双重标准”的现象。学生对诚实守信的品质有着强烈的渴望，却在利益面前无法把握自我、约束自我，没能在思想意识领域真正理解诚信的含义。面对日趋激烈的就业竞争，学生将更多的精力投入在考取各种证书上，被调查的学生中近百分之三十的学生认为大学阶段的主要目标是考取财务证书和提升专业技能。学生自身对专业知识的过度重视必将对提升诚信教育的收效起到阻碍作用。

综上所述，高校会计学专业大学生的诚信教育问题不只需要高等院校自身的强化，还需要来自社会、家庭等多方面的共同努力才能取得最好的效果。

二、高校会计学专业大学生诚信教育问题的原因分析

会计学专业大学生的诚信教育是德育教育的重要组成部分，同时也是保障准会计人员遵守职业道德的有效保障。高校如何培养德才兼备的人才、如何完善诚信教育机制，首先就应当分析导致大学生不诚信现象的主要原因，这是提高诚

信教育效率的前提。诚信缺失行为的发生绝非孤立事件，导致会计学专业大学生诚信度下降的原因主要有高校诚信教育理念的滞后性、会计学专业大学生诚信教育培养机制不健全、社会家庭等因素的负面影响、青年学生自身局限性的原因。

（一）高校诚信教育理念的滞后性

教育理念，顾名思义是关于教育方法的某种观念。科学的教育理念能正确地反映教育的本质和时代的特征，指明教育前进的方向。现阶段，我国高等院校诚信教育理念不断完善以适应新时期的要求，但同时我们也看到诚信教育还存在着理念方面的滞后性问题。主要有以下三个方面的表现。

第一，主体性理念不强。时至今日，社会已经从以科学技术的大发展为主转变成以人为本，高校作为培养和塑造社会需要的专业技术人才以促进国家和社会的发展，理应全面理解和践行以人为本的时代精神。在一诚信教育中强调以人为本，将尊重学生、理解学生、爱护学生、重视学生贯穿于每一个教育过程，不仅关注学生的现实需求，也要注重学生的未来职业发展，不断挖掘学生自身的潜能以促进其自身的不断发展和完善。目前，我国高校大学生的德育教育仍旧以学习思想政治理论课程为主，而对于大部分学生而言，思想政治课程就是“政治课”，存在教学方式乏味、教学内容空泛、教学形式单一的问题。诚信教育更多采用理论灌输的方式，教学内容与学生的现实需要不一致。青年学生对于诚实守信有需求，却无法在诚信教育中获得解答，诚信宣传活动重形式、讲过场，不仅无法达到宣传成效，易引起学生的反感情绪，而且难以成为理论教学之外的有力补充，导致学生对课堂教学的热情不高，无法到达预期教学目标。会计诚信教育是大学生德育教育的重要内容，学生只有学习和掌握了会计职业道德知识才能为将来从事的会计工作打下坚实的基础。高校会计教学诚信理念滞后，只重视专业知识与技能的培养，忽略职业道德教育。高等院校不是培训机构，不仅肩负着教书的责任，而且还承担着育人的义务。在面对就业压力日益加强的情况下，学校更加注重理论知识的学习，在这样的教育理念下助长了学生的考证热，部分学生仅在教师讲授原理技能时认真听课，对职业道德的讲解当成浪费时间的无用功，影响了会计职业道德的收效。个别学校存在疏于对教师岗位的培训，不重视教师职业道德水平，导致在教学活动中起到导向作用的教师只重视知识和技能的传授，而忽略了在专业课的讲解中增加针对本专业学生的会计诚信教育。

第二，个性化理念淡泊。创新能力的源泉是提升学生的个性化发展，创新性是建立在丰富个性化人才的基础之上，因此催生出教育个性化的理念。尊重学生的个性化发展，注重他们的个体化差异。为具备不同特征的学生创造良好发展环境而采取不同的教育方式和差异化的评估方式。然而，现阶段高校诚信教育却难以做到充分尊重学生的个性化发展，包括诚实守信教育在内的德育教育工作多以书面教学的形式来进行——理论灌输多，结合现实少。考核方式更多的是以文化课考试的方式来测评，导致学生在考前突击准备、强行记忆，以求成绩的提升，这种形式的考核难以对学生的诚信程度做真正的评价。当代大学生具有张扬自我、倡导个性的特点，而现阶段的诚信教育内容陈旧、时代性较弱、政治性过强，对于千篇一律的教学内容和教学方式产生强烈的抵触心理。爱因斯坦曾经说过这样的一句话“兴趣是最好的老师”，无法引起学生兴趣的诚信教育其成效可想而知。

第三，系统性理念缺乏。伴随着知识经济与学习型社会的到来，传统教学中较为单一的教育理念已无法适应正处于社会转型时期我国对人才的要求。诚信教育是一项系统工程，需要统一的设计、策划、运作，来培养学生的诚实守信品质，提升其诚实守信素质。“工欲善其事，必先利其器”，要想切实提高会计学专业大学生的诚信素养，只停留在思想政治课上是远远不够的，要加大对此方面问题的研究，但是到目前为止我国没有针对此问题的专著问世，无法对其进行系统分析与研究。结合美国高等院校会计学专业教材，能够对比出我国在会计主要教材编写方面对职业道德尤其在诚信教育领域的不足。在会计学主要教材基础会计、中级财务会计、高级财务会计、管理会计、成本会计、财务管理、审计等中，涉及职业道德教育方面的内容屈指可数，仅有为数不多的教材中有所触及。反观美国会计的经典教材中均有关于职业道德方面的讲解，部分教材将职业道德教育内容单独列为一章，让学生在教师的引导下进行分析学习。我国高校会计学诚信教育不仅在理论教学方面存在系统性理念缺乏的现象，社会实践方面同样存在着一些问题：社会实践少、走形式，致使掌握的专业知识无法在实践过程中进一步得到检验，教学成果大打折扣。

高等院校教育理念的滞后性成为影响诚信教育收效的重要因素，如何引进先进的教育理念及完善现有教育理念成为摆在教育者面前亟待待解决的问题。

（二）诚信教育培养机制的不健全

第一，诚信教育形式功利化、知行不一致。由于长期受到应试教育的影响，我国大学生诚信教育的模式单一，缺乏实效性，教育体制存在一定的弊端，仍需逐步完善以贴近学生的真实思想领域。高校诚信教育是一项系统工程，无法在短时间内得到实质上的提升，因此高校诚信教育更多地停留在表面。令人欣慰的是全部高校都对学生进行过诚信方面的教育，但近百分之八十的学生对诚信教育的收效感到不满意，认为仅在考前走过场，不能达到预期的结果。高校在成绩面前没能履行教书育人的本职，单纯看重学习成绩的功利心强，对学生综合素质的考核也以成绩为主，忽视诚信品质的评价。尽管长期以来高校一直着重强调要切实提高诚信教育收效，但未能改变应试教育下仅重视考试成绩而忽略德育教育的现状：教学内容抽象化、教学方式简单化、实践活动形式化、评价机制单一化。学校教育的功利化倾向越严重，就越容易使诚信教育偏离正常轨道。教师在教学活动中占据主导地位，其诚实水平也会影响到学生诚信素质的培养。试想要求学生诚实守信，自己却不能以身作则，如果教师对考试作弊行为睁只眼闭只眼，甚至为作弊行为提供保护，这样双重人格必将难以保障诚信教学的收效，同时也大大损害了人民教师的诚实守信形象。

第二，缺乏针对专业特点开展的诚信教育。一般情况下，学校在会计教学体系中没有单独设立会计职业道德教育课程，多数采用思想政治课程中的思想道德修养课程中传授诚信教育，会计诚信教育虽然是诚信教育的一部分，但是缺乏专门对会计学专业开设诚信教育的特殊性。虽然在思想道德修养课程中对学生进行诚信理论、诚信品质的传授，但是仅仅凭借普遍性知识的传授对于培养会计学专业大学生的职业道德素养是远远不够的。在专业课程的教学中，即使对诚信教育有所涉及也是原理讲解的一部分，没有系统的会计诚信教育。

第三，评价和奖惩制度不完善。我国高等院校目前没有建立起针对大学生诚信度评价的完备机制，对其在校期间的行为做确立起相应的评价和量化的考核标准。在入党考察、奖学金测评、助学金申请、三好学生评选等重要选拔中缺少对青年学生诚信情况评价的重要依据。奖惩制度的逐步完善是保护守信者得到奖励和保护，让失信者受到惩罚而约束其行为。据调查，学校在一定程度上存在着“守信成本”低于“失信成本”的现象，正是由于失信的人没有得到严厉的惩罚，才会使得学生敢冒风险。久而久之这样的制度将会使得守信者淡漠对诚信的态度，最终甚至是放弃诚实守信的行为。出此可见，高校逐步完善诚信评价和奖惩制度已成为建立诚实守信体系的重要环节。

（三）社会家庭等因素的负面影响

人类社会是一个复杂的大系统，系统的环境对出于其中的每一成员都将产生深远影响，大学生作为这个有机整体的一部分，其心理状态和行为举止都将受到影响。外部环境包括校园环境、家庭环境，同时也包含社会大环境。目前我国会计学专业大学生的诚信缺失现象就与社会上个别失信行为密切相关。大学被誉为美好的象牙塔，但学生并不与社会脱轨处于与世隔绝的状态，随着信息时代的兴起，越来越多的青年学生通过网络这一新兴媒介更多地了解社会，大学生的诚信状况将直接受到社会风气的潜移默化作用。中华人民共和国成立初期，我国的社会风气整体上呈现出积极进取、奋发向上的良好态势。随着我国经济体制从传统的计划经济体制向社会主义市场经济体制的转型，然而在转型的过程中，致使旧的传统道德受到一定冲击，新的社会主义道德观念尚未完全建立起来，市场发展仍需逐渐完善，法律法规仍需逐步健全，使得各个领域和不同行业都不同程度地存在失信现象，不仅扰乱了社会健康有序的发展，助长了不良社会风气的蔓延，从而也影响了大学生的诚信情况。市场经济推动我国经济快速发展的同时，也给人们的思想意识带来了消极作用，为寻求自身利益最大化而不择手段，崇尚拜金主义、享乐主义、极端个人主义，抛弃爱国主义、集体主义、社会主义思想。社会伦理道德的滑坡有历史遗留的负面因素影响，封建专制制度的长期压抑导致人们诚信意识扭曲。封建专制主义中央集权使民众的命运随时都有受到统治阶级威胁的可能，人们唯恐表达真实想法会带来灾祸，而谄媚奉承往往能够得到好处，像“逢人只说三分话，未可全抛一片心”这类的俗语古训根深蒂固地扭曲人们的诚信意识。经济信息提供部门的会计行业，不可避免地受到影响，从近年来被频繁曝光的会计舞弊事件中即可看出，行业的诚信缺失必将对准财务人员产生负面影响。会计学专业大学生对这种舞弊情况更加关注与了解，尤其在毕业实习时对行业诚信环境有一个更为直接的接触，更易受到失信行为的影响。

父母是孩子的第一任老师，家庭教育在整个教育过程中起着关键性的作用。生活中父母的一言一行对孩子有着潜移默化的影响，父母的行为举止会在孩子内心中留下深刻的印记。因此，父母的言行及家庭教育都将对孩子诚信品质的培养产生深远影响。父母诚实守信的素质对孩子诚信品质的培养是十分有利的，反之，如果父母在行为失信、教育上误导，那么长此以往必将造成孩子对诚信意识的曲解。据调查，百分之九十七的家庭都进行过诚信教育，足以证明家庭对诚信品质的重视度极高。但在进一步的分析中也可以看出存在的问题，在重视学习成绩大环境的影响下，家长对孩子的要求更多地体现在所学课程的成绩上，往往也忽略了德育教育。半数以上的学生选择大学期间已不在获得来自家庭的诚信教育。成绩仅能反映在校期间的智育水平，而思想道德修养和诚信将伴随一生，对未来的工作和发展产生长久影响。

只有创造了良好外在道德环境，才能培养出具备高素质的专业人才，使不断净化的外在诚信环境成为为大学生打造的良好诚信基础。

（四）青年学生自身局限性的原因

唯物辩证法认为事物的运动、变化和发展是由自身内部的固有矛盾所引起。内因是事物发展的根本原因，决定其本质和发展方向，外因是事物变化发展的条件，对事物的运动起到加速或延缓的作用，外因通过内因起作用。因此，我们在分析任何一种现象的产生时都不能仅仅局限在事物的外因，而要重视内因的决定性作用。分析会计学专业大学生的诚信缺失原因，不能只关注社会、学校、家庭等外在环境中所存在的问题，大学生诚信教育的收效程度，取决于学生自己如何将教育内容内化为个体意识进而外化成实践活动，由此可见，大学生的诚信素养缺失也是导致失信现象产生的重要原因。

第一，青年学生自身责任意识薄弱是导致失信的主要原因。当代大学生多数是伴随改革开放成长起来的独生子女，这一时期我国社会生产力水平和物质文化都有了很大的提高，在成长环境方面与其父母相对艰苦的境况则有了显著改善，因此，父母尽其所能给为他们创造良好的物质条件，更有甚者为避免孩子受到任何委屈而越俎代庖，代替子女尽其应尽的义务，过分溺爱的家庭环境导致他们以自我为中心，不懂得体谅他人换位思考。主观上以自我为中心的心态究其本质都是自私自利，以个人利益为至高追求，考虑当与他人和社会利益相冲突时，最先想到的仍是保护自身权益不受侵害。父母长期的替代使子女对其具有严重依赖性，丧失自身应当具备的独立性，在社会上也不同程度地出现了大学生无法在精神上“断奶”的现象。大学阶段本应是一个人完全走向独立生活的开始，有的学生却难以真正做到脱离对父母的依赖：脏衣服攒到回家时一次性带走；让父母在学校附近租房子陪读；学校发生的事情都要事无巨细地向父母讲述，指望通过父母的想法帮助自己做判断。这样的行为都是依赖他人的心理在作祟，青年学生缺乏独立性，从小到大在家庭、学校的过度保护下，责任意识淡薄，不会考虑如何更好地服务于他人和社会而是想着怎样最大程度地获取利于自身发展的利益，缺乏最基本的理性分析与判断的能力。对他人和自身要求存在双重性的特点，会使个别失信现象带来一系列的连锁反应，大学生痛恨他人诚信缺失，但欠缺对履行诚实守信品质的自我约束能力，在利益诱惑面前能轻易逃避应承担的责任。责任意识薄弱将会削弱大学生的社会价值，判断力的不足将会导致在日益复杂的社会当中迷失自我，放弃诚信原则。

第二，自身诚信信仰缺失是导致失信的直接原因。当代大学生普遍成长在物质文化快速发展的市场经济时代，物质财富的积累对社会意识形态产生了一定程度的不良影响，艰苦朴素与自我奋斗精神逐步淡化，而功利主义、享乐主义、拜金主义思想开始蔓延。炫富、拼爹、晒包包的享乐攀比风也吹进了大学校园，网络兴起带动各种大型社交网站如雨后春笋般层出不穷，也在无形当中对社会上消极思想的散播起到了推波助澜的作用。大学生的年龄段一般处在 18 ~ 22 岁之间，这一阶段的学生思维敏捷，对外界新生事物具有较强的接受能力，同时也更易受到社会消极因素和外界负面思想的腐蚀。目前，大部分学生能够做到明辨是非，以积极的心态努力完善自我，不断提高道德素质修养，但自我掌控的能力相对较弱。当前我国正处于社会转型的关键时期，市场经济体制不合理与监督管理规范不健全的问题仍然存在，加上利益的驱动使得部分人群放弃诚实守信这一基本道德标准，市场经济同时是竞争经济，为获取收益最大化而采取非正当的手段也时有发生。长期以来，我国高等院校更多地关注学生的理论知识学习，忽略在实践方面的培养，学生涉世不深、缺乏对社会的全面认识，大学生在面对失信这样的不良社会现象影响难免会感到迷茫，尤其是当身边的人通过失信行为而获得好处却没有付出代价时，必定会对处于世界观、人生观、价值观尚在形成时期的大学生心理产生强烈冲击。在诚信信仰缺失的引导下将会使他们更容易看到社会的不诚信现象，更容易受到不诚信行为的诱导，因此也就不难理解考试作弊、拖欠助学贷款、与他人交往阳奉阴违这些失信行为产生的根源。

第三，会计学专业的特殊性是导致失信的重要原因。会计学专业属于管理学下属的工商管理类，在专业课学习的过程中会接触到相当数量的西方经典教材，学习先进知识的同时不可避免地受到其负面思想的影响，例如西方经济学家认为“经济人”的基本特征：每一个从事经济活动的人都是利己的。在经济活动中的每一个人都是力图以自己最小的成本换取最大的经济效益。这个假设条件是微观经济学分析的基本前提，它贯穿于微观经济学的所有不同理论中。对于青年学生来说不可避免地受到这种极端利己主义思想的负面冲击，以自我、个人利益为中心，个人利益看成是高于一切他人或集体利益，在这种价值观念的作用之下难免不会产生不择手段地追逐金钱、名利、地位等极端利己的行为，增加了高校对会计学专业大学生诚信教育的难度。课程学习对学生的影响深远会计学专业大学生在专业课程的学习中，对计算量的要求不高，考核形式也以简答题、论述题等主观题型为主，这样就会使部分学生采取抄袭笔记、考前临时抱佛脚的投机取巧方式获得好成绩。实验课程以制作简单账目为主，抄袭他人同样可以获得高分数。会计专业的特殊性使得学生在毕业实习阶段会涉及实习单位的敏感内容，即使接受实习生也无法真正触及核心业务，形式大于实质，因此会计实习生的实习收效大打折扣。青年学生在校期间以失信为代价而获利的行为一旦养成习惯，难免不会扩散到其他方面的不诚信。

第三节　高校会计学专业诚信教育的强化措施

一、树立高校先进的诚信教育理念

（一）重视德育教育的实效性与针对性

1. 借鉴国外高校会计学专业诚信教育的先进理念

长久以来，美国、英国、德国、法国、日本、新加坡等发达国家虽然没有使用“思想政治教育”的概念，但是各国高校都有实质性的德育教育，而且在思想政治教育过程中也有许多独创性的经验。对于国外先进经验的研究与借鉴能够使我国在面对新情况、新阶段时所产生的诚信教育新问题带来启示，以便达到增强我国高校诚信教育收效的目的。在吸收经验时不能一味照搬照抄，要在学习的基础之上改进出适合我国高等院校的教育方法、教育途径、教育内容等。

发达国家没有采用全国统一的思想政治教育教材的方式，而是更多地与大学生的成长和社会环境相结合，将欺诈、舞弊、传统观念与现实情况进行评述与分析。在聚焦国内外重大经济政治文化等事件时，也都会根据学生情况的不同而采取更易接受的形式，不做理论性强、形式主义上的说教。例如，美国大学依托“隐藏课堂教育”（hidden curriculum）形式，使学生受到潜移默化的影响，减少对德育教育的抵触感。众所周知，美国为大学生提供足够的优质资源来充实多姿多彩的校园活动。学术活动拓展了大学生的知识领域、开阔了大学生的视野、增强了大学生的创新能力：文体活动培养了大学生公平竞争的意识，在公开透明的环境下充分展现自己的才能，有利于诚信品格的塑造和积极人生观的养成；社会活动，走出校园为学生创造更多接触社会的机会，参加志愿者工作、为残障人士服务、宣传环保知识等活动，在实践中感知助人和付出的真谛，提高了大学生的社会责任感，弥补了学校教育中单纯理论教学的不足。美国德育教育特点可概括为“四性”：突出政治性，为维护和发展美国的社会制度服务；注重多元性，发挥教育者和受教育者的主动性；注重层次性和渗透性，强调循序渐进、潜移默化；重视实践性，倡导道德教育的生活化。德国高校思想政治教育强调学科渗透的作用，在法学、教育学等课程中加入德育教育的内容。高校把思想道德教育融于专业学习的各个环节，贯穿于教育教学的全过程。在传授专业技能的同时隐性地渗透诚信教育的内容，让学生在不知不觉中耳濡目染养成诚信习惯。德国是传媒业高度发达的国家，因此他们利用大众传媒不断向大学生宣传诚实守信的道德规范。

相比之下，我国的思想政治教育虽然有明确统一的指导方针和教育目标，但教育成效始终不尽如人意，过度偏重抽象理论的情况依然存在。我们可以借鉴西方先进经验为我所用。政府、社会、校园、家庭、个人共同努力通力合作，探索诚信教育的多种途径。弘扬我国传统文化中的诚信品质，吸取我国优秀文化，培育富有民族精神的青年学生。按照学生的不同情况因材施教，调动起被教育者参与教学活动的主观能动性。鼓励学生多参加社会实践活动来更好地了解社会，增强使命感和责任心。

2. 高校会计学专业诚信教育的 SWOT 分析

SWOT 分析法是企业管理和制定发展战略的常用方法之一，也是会计学专业学生必修课程——管理学中的重要内容。SWOT 分析法是在 20 世纪八十年代初期由美国旧金山大学国际管理和行为科学教授 Heinz Weihrich 提出的，此方法的重要作用在于将孤立的因素相结合使其能够综合分析。SWOT 是由四个英文单词 Strength（优势）、Weakness（劣势）、Opportunities（机会）、Threats（威胁）四个英文单词的首字母缩写而成。它是将组织中内部条件的优势（S）和劣势（W），外部环境中的机会（O）与威胁（T）共同列在矩阵图表中加以对比分析。通过使用 SWOT 分析方法可以系统全面剖析高校会计学专业诚信教育内在的优势和劣势，准确把握诚信教育外在环境提供的机会，防范可能对诚信教育构成的威胁与风险，探索出有效提升高校会计学专业诚信教育的措施，从而进一步为高校会计诚信教育奠定理论基础。

第一，高校会计学专业诚信教育的优势（Strength）。高等院校对会计学专业大学生诚信教育的重视程度已逐步强化，在思想政治课程上加大诚信教育力度，在专业课的教学中也融入会计诚信教育。不仅培养学生的诚实守信品质，而且还提升了会计学专业学生的职业道德素养。思想政治课程教师与会计专业课程教师以高度的责任心团结协作，大力推进会计诚信教育建设。在教育形式上更加灵活多变，在保留了原有课堂诚信教育内容的基础之上增加了诚信教育宣传活动、增添了会计实习环节的诚信教育等。

第二，高校会计学专业诚信教育的劣势（Weakness）。高校会计学专业诚信教育缺乏时效性，难以做到与时俱进。思想政治教材以及课堂教学中关于诚信教育的内容与社会发展相脱节，无法满足当代大学生对诚信方面的需求。近年来高校对会计学专业诚信教育的重视程度虽然有所提升，但专业课教师对会计诚信重要性的认知有待进一步提升，因会计诚信教育是一项复杂的系统工程，不能在短时间内获得成效，因此部分教师仍旧以原理讲授为重中之重，忽略学生职业道德方面内容的传授。会计专业教材编写缺乏职业道德方面内容、课程设置方面缺少单独的会计法和会计职业道德课程。

第三，高校会计学专业诚信教育面临的机遇（Opportunities）。会计学专业大学生是宝贵的会计人才资源，是未来会计行业的骨干力量。目前，我国高校会计学专业诚信教育建设迎来了建设高潮，面临着不同于以往的发展新机遇。朱镕基总理曾指出，会计舞弊已经成为危害市场经济健康有序发展的毒瘤，要想从根本上解决这个问题，不仅要强化法治监管，也要加强会计行业诚信建设，务必使会计人员做到“诚信为本、操守为重、遵循准则、不做假账”。会计行业中长期人才发展规划（2010—2020年）中提出会计人才要具备诚实守信的职业道德精神。近些年来，有关高校会计专业诚信教育问题已经成为学术和社会上关注的热门话题，中共中央、教育部、财政部也越来越重视高等院校会计专业大学生诚信教育的发展问题。

第四，高校会计学专业诚信教育面临的挑战（Threats）。高校会计学专业诚信教育虽然在一定程度上取得了进展，但是制约其提升的制度性因素并没有在根本上发生改变，社会大环境诚信缺失、诚信法律法规建设的滞后、外部信用文化断裂、监督管理机制不健全等问题已经成为高校会计学专业学生诚信教育建设亟待突破的重要因素。知识更新速度的提升给会计诚信教育带来新挑战，原有教育管理模式已不再适应时代发展的要求。当代大学生存在的一些新特点为诚信教育带来了挑战。伴随着社会主义市场经济体制的逐步建立于完善，由此引发了社会结构的变革，极大地冲击了人们的思想方式、行为习惯、价值取向等，尤其是判断能力不强的大学生，更易受到消极因素的影响。

（二）树立诚信教育与专业教育并重的教育理念

面对目前我国高等院校会计教学偏重技能知识传授的现状，提出要更新理念，将诚信教育摆在与专业技能并重的位置。大学会计诚信教育不仅要保证青年学生在校期间不发生失信行为，还要调动学生的主观能动性将诚信根植于内心，更要保障学生在未来执业时始终坚守职业道德规范。对此我们可以借鉴西方发达国家先进的教育理念——提高对会计伦理道德方面的教育力度。从 20 世纪六七十年代开始，西方会计界就开始加大对伦理道德教育理论方面的研究，成为一种全新的普遍性的发展趋势。许多学术界人士呼吁加强伦理教育。在 1964 年 7 月，格里姆斯塔在《会计杂志》中评论道："除非一个职业能够维持高标准的伦理行为，否则它将不可能持久保持有效性。"通过会计伦理道德教育来提高诚信教育的收效首先要强化诚信教育的重要性，加大对会计诚信教育的研究。在理论教学案例中渗透诚信教育，使学生在获得专业知识的同时也在无形中提高了诚实守信的品德。美国会计学会主席、著名会计学家 G.Peter Wilson 在 2002 年 8 月在该协会发表演讲中指出："在课堂教学中，关于诚信教育，我相信事实胜于雄辩，我们应该成为学生的榜样。同时我也相信，通过探索个别案例讨论道德困境能促进诚信，要为学生提供这样的机会，让这样的讨论持续。"大学生的诚信素质不是与生俱来的，既需要自我约束也需要外界教育监督。因此，要强化高校外部监督教育的作用，从德育教育入手，将会计诚信教育与会计专业技能培养有机结合、齐头并进。专业技能保障学生未来工作的正常进行，而诚信品质则为会计行业的健康发展保驾护航，要力争处理好"德"与"才"的关系。

专业课程教学是培养会计学大学生职业道德素质的重要环节，其重要程度不言而喻。学校要将诚实守信教育融合到学生专业课的学习以及教师的教学和科研活动中。首先，理论教学课堂是开展会计诚信教育的关键性渠道。开设《会计职业道德》《财经法律法规》《会计舞弊案例解析》等关于会计诚信教育方面的课程。通过对这些课程的学习，使学生明确在执业过程中什么可以做、什么不能做。在舞弊案例分析中，既使得理论知识加以强化，也可以加强学生诚实守信职业素质的培养。其次，社会实践活动注重诚信教育的融入。会计学专业大学生未来就业方向广阔，包括企事业单位、政府机关等，在校期间组织在不同领域内的社会实践活动，在实践中深入理解财经法律法规的相关知识，深化对会计诚实守信品质的认识。最后，诚实守信的职业道德贯穿于教学全过程。教师在教学中具有主导性作用，其对诚信的态度会直接影响到学生。因此，在课堂教学与科研中要将诚实守信置于重要位置，严格遵守学术道德与职业道德规范。

二、构建诚信的社会校园家庭环境

（一）营造诚实守信的社会氛围

共同生活的具有各种社会关系的人们联合起来所组成的集合，每一个个体都无法离开社会而单独生存。因此，社会氛围的好坏对每一个人都有着深远影响，尤其对接受新生事物能力强、易受外界干扰的大学生更能起到至关重要的作用。我国现阶段社会整体诚信水平将会深深地影响着每一位大学生诚实守信品德的塑造。诚信教育是一项复杂的系统工程，不仅需要高校教育工作者的进一步强化，同时也需要来自社会各方面的积极配合。

第一，树立诚实守信的社会风气。茅于轼先生就曾在自己的作品中提到“当人们享受到别人提供的道德服务时，自已往往也愿意提供这种服务；当别人没有提供这种服务时，自己也不太愿意提供这种服务。”可以看出，社会风气是判断一个社会文明程度与否的重要标准，诚实守信的社会风气对每一位公民所起到的积极作用。为了解决当前社会上诚信缺失、道德下滑的现象，中共中央通过一系列法律法规的出台用以规范社会秩序，党的十八大报告中明确指出：“深入开展道德领域突出问题专项教育和治理，加强政务诚信、商务诚信、社会诚信和司法公信建设。”健全的社会诚信秩序应当以法制建设为基础，明确每一位社会成员的责任与义务，才能做到“有法可依，有法必依”；加强诚信监督机制并对失信行为的惩治加大，才能做到“执法必严，违法必究”。对失信行为惩治力度的加大就是对诚信者的有力保护，保障他们的正当权益不受侵害。社会诚实守信风气的树立同时也要强化新闻舆论的监督职能。新闻媒体要敢于揭露和曝光社会上的制假造假、商业欺诈等失信行为，提高失信成本，使非诚信行为者付出的成本远高于其收益，让失信者无利可图甚至是付出更高的代价。通过新闻媒体的报道塑造社会诚信道德模范，充分发挥示范带头作用。道德典型具有直观性、时效性的特点，他们真实存在于社会现实中，是有情感、有理想、有追求的鲜活个体。运用道德榜样的德育教育更有说服力，更易与人们在思想上产生共鸣。

第二，建设诚信政府。政府是营造诚实守信社会氛围的主体，政府诚信是社会诚信的前提与基础，在社会诚信系统中具有指引性、决定性的作用。公众将社会诚信缺失现象的主因归结为政府失信，将产生不利于社会和谐的因素怪罪为政府的淡化责任和疏于管理。从整体上来讲，政府的诚信度在稳步提升，由于体制原因导致在政府诚信方面还存在着一些亟待解决的问题。其中，政府工作人员不思进取、利益至上、弄虚作假的现象对良好社会风气的树立带来极其消极的影响，同时也削弱了自己在百姓心目中的良好形象。因此，要营造诚实守信社会氛围的主要任务就是建设诚信政府。公务员是组成政府成员的主体，其诚信道德水平的有效提高将切实加强政府的诚信度。强化公务员的思想道德建设，树立起诚实守信的观念，增强为民服务的责任意识。我国正处于社会转型的关键时期，政府也要与时俱进转变职能。社会主义市场经济逐步完善的过程，就是微观主体经济活动的指令权由政府管理转交到市场调节。政府由之前的管理者变成为企业创造发展环境的服务者，要放权于社会和企业，增强责任意识，行使监管和服务的职能，以不懈的努力为百姓交上一份实实在在的政绩。

第三，建立诚实守信的会计行业体系。会计行业造假的危害性时刻提醒着诚信对会计行业的重要性。财务信息是否可靠、服务质量的好坏将直接影响到投资者、经营者的利益，影响着整个市场经济的秩序。舞弊现象的产生不仅与制度和法律的不健全有关，也与会计从业人员自身职业道德素质的高低直接相关。习近平总书记在视察北京一家会计师事务所工作时强调："会计师行业要结合开展学习实践活动，牢固树立以人为本的理念，内强素质、外树形象，加强诚信建设和行业自律，落实诚信承诺，恪守职业道德，充分发挥服务大局、服务社会、服务群众的作用。"可以看出，提高会计行业诚信水平从业人员的自律是关键。为有效提高会计人员的职业素质可以从以下两个方面入手：一方面，重视继续教育的实际收效，切忌走形式、摆过场。会计工作根据经济活动的变化而做出相应调整，这就要求继续教育也要针对变化不断改进。组织从业人员定期进行培训，注册会计师协会也会举行专业知识的学习。在培训与学习的过程中，会计人员在丰富业务知识的同时，要将职业道德教育贯穿始终，尤其是作为职业道德教育核心内容的诚信教育。注重诚信教育的实效性，改变以教师讲授知识为主的培训方式，实行互动教学充分调动起学生的主动性。注重诚信教育的针对性，将不同层次的会计人员分类进行继续教育，根据需求层次的差异制定培养目标、培训内容、培育方式；另一方面，建立从业人员诚信档案，采取终身行业禁入制度。由政府主管部门建立每一位会计人员的个人诚信档案，对违反职业道德的失信行为记入档案并给予一定程度上的处罚。如果发生严重舞弊事件，将直接吊销其从业资格并实行责任人行业终身禁入制度。

（二）打造诚实守信的校园文化

高校对社会精神文明建设起到示范作用，是思想道德教育的重地。诚信的校园文化对大学生的健康成长有着不可低估的作用，直接影响着大学生诚信质量的养成，良好的诚信校园环境对大学生美好心灵的铸造和高尚人格的养成都有着潜移默化的作用。因此，要想提高大学生的道德素养与诚信品格，打造诚实守信的校园文化也是重要的途径。首先，加强校园硬件环境建设。高校要重视物质景观的激励作用，在细节处散发着诚信道德的渗透。将诚信道德的信息内容、名言警句、模范榜样融入到校园环境的景观中，例如设置名言警句牌、校训石，曝光失信学生的行为，使学生在校园中的每一处都能受到来自不同方式的诚信教育，产生无形的教育功效。注重寝室诚信道德教育，寝室不仅是大学生最为放松的环境，也是诚信教育容易忽视的一部分，加强寝室慎独教育。在寝室楼内设置诚信专栏，将诚实守信楷模列入“光荣榜”，用诚信事迹激励学生。其次，加强校园舆论导向的宣传作用。充分利用校园广播、电视台、校报等形式大力宣传，使其成为诚信教育的有效补充。在宣传制作中避免平直说教给学生带来反感情绪，而要更多地采取情景剧、讲述发生在身边的真实事迹等富于创造性的新形式。网络对学生诚信情况的影响不容小觑，高校应积极建立以校园网站为重要形式的诚信教育。通过多种管道的共同作用，起到隐性教育的作用。最后，加强教师诚信道德建设。教师是教育活动的主体，是教育行为的实施者，他们的诚信水平将会直接关系到学生诚信品格的塑造。目前我国高校教师诚信素养在主流上是良好的，但也不排除个别高校和教师存在失信的现象和行为。例如，高校为争夺生源而采取的夸大宣传，在颁发文凭时无法兑现当初的承诺；高校为扩大经济来源而以各种名义开设的进修班和培训课，强制收取学生高额费用；老师为获得相关部门的资助就在申请科研项目时弄虚作假、剽窃他人科研成果；在授课过程中，存在教师迟到早退、随意变更教学内容与教学实践的现象。这样的行为难免不会对学生产生消极影响，辐射到学生身上，使他们产生论文抄袭、考试作弊等一系列不诚信行为。教师要秉承严谨的治学态度，实事求是，不为蝇头小利而造假。在教学环节中提高服务于学生的责任意识，积极履行教师职业道德规范。在思想意识中，不断加强对自身诚信意识的培养，从而真正提高诚信水平为学生起到示范性和引导性作用。

（三）创造诚实守信的家庭环境

家庭是构成社会的最基本细胞，是社会成员初次与社会接触的第一场所。家庭是孩子第一个受教育的环境，家长的言谈举止、道德修养、仪表风度、家庭氛围都将对子女产生潜移默化的影响。作为五经之首的《周易》在第三十七卦《家人》中就有“正家而天下定”的概括，突出家庭管理对社会安定的重要性。因此，营造良好家庭诚信环境和培养子女诚实守信的质量是每一位社会成员不可推卸的责任和义务。家庭教育是学校教育的有效补充，家庭要主动配合学校教育，只有通力合作才能促进学生更好地发展，正是由于家庭教育处于不可替代的地位，因此如何创造诚实守信的家庭环境要从以下三个方面努力。首先，改变教育观念。个别家长认为孩子在接受高等教育前的诚信品格养成是自己的责任，而进入大学后的发展是由学生自己的努力和高等院校共同完成。多数家长偶尔关心子女的诚信质量，甚至有家长从未关心子女在诚信方面的质量，只有为数不多的家长能够做到经常性的关心与教育。对于目前大学生诚信缺失现象的发生，家长要自我检讨是否在生活中疏于对子女诚信情况的关注。其次，转换教育重点。当代大学生失信状况频发与家长一直“重智育轻德育”的观点有着密切关系。在应试教育的长期影响下，使家长对孩子的教育狭义化，将大量精力投入到孩子的升学、分数、排名上，大学阶段也不例外地关心英语等级、学习成绩等。在就业形势日趋严峻的紧逼下，鼓励学生考取各种证书以证明专业技能，殊不知德才兼备才能真正成为国家的栋梁。司马光在《资治通鉴》里写道："才德全尽谓之圣人，才德兼亡谓之愚人，德胜才谓之君子，才胜德谓之小人。"以德为先，失去德就意味着失去了做人做事的根本。最后，转变教育方式。孩子在家庭环境的长期耳濡目染下，无形中就继承了家庭成员对诚实守信的认知和习惯，所以家长的一言一行都将直接影响到孩子诚信意识的养成，要以身作则对子女起到榜样示范作用，不当的言行将会给对子女的诚信教育带来消极影响。《颜氏家训——治家篇》中指出："夫风化者，自上而行于下者也，自先而施于后者也。"家庭教育的方式要自上而下推行，从先而后施行，过分溺爱和野蛮粗暴的不当教育方式是诱发子女诚信缺失的重要原因，子女为博得家长的溺爱和避免粗暴而采取失信行为。

三、完善大学生道德素质培养方案

（一）提升职业道德教育在德育教育的重要地位

会计职业道德是从业人员在履行职责时应当具备的基本道德品质，是规范会计行为的基础。近年来出现的会计诚信度下降、信息失真等诚信缺失现象无不与会计职业道德水平下滑有着直接关系。因此，这就要求培养会计专业人才的高校提高对会计职业道德教育的重视度。

1. 改进会计教学的课程设置

目前我国高等院校单独开展《会计职业道德》课程的学校非常少，学生对职业道德的了解多数通过考取从业资格证，缺乏对会计职业道德的系统学习，市面上可购买的关于职业道德教育领域的书籍为数不多。专家学者应着力编写此类教材，让学生通过循序渐进地学习教材知识对职业道德有一个正确的认识和深刻的理解。在未来的职业活动中，时刻遵守诚实守信职业道德规范的要求。对于诚信道德方面的考核不应仅局限在传统的笔试形式，应结合日常行为综合测评。实验课程以及毕业实习时关注学生在实践过程中能否真正做到诚实守信，保障知行统一。加入会计法律法规内容的学习。法律与道德是互为补充、密切相连的关系。

目前高等院校都开设了包括法律基础、税法、经济法等法学类课程，都是对全校学生而采取的普遍性教学，缺乏有关会计法相关内容的讲授。法律知识学习与专业课程相结合，是对会计知识体系的进一步补充和完善。对会计法律法规的学习使学生明确从业人员的职责与义务、财务造假后应承担的民事责任和刑事责任，知道什么事情可以做，而什么事情不能做，达到法制意识提高的目的。例如，会计法第一章第四条就规定："单位负责人对本单位的会计工作和会计资料的真实性、完整性负责。"对法律法规的学习，是为了让学生知法懂法、明确法律责任，对会计违法行为敲响警钟，增强学生遵守会计法律法规的自觉性与主动性。

2. 丰富职业道德教学方式

良好的职业道德培养不是一蹴而就，需要在长期培养中逐渐形成。教师在专业理论的传授时要抓住每一个机会不断渗透。在基础会计课程中强调坚守原则，会计核算要依据会计法、会计准则、会计会计制度，不得随意变更。在审计课程中强调客观公正，会计人员要监督企业财务活动的合法性、合理性、真实性，做到独立客观、公正廉洁。传统的教学方法突出教师的主导性地位，教学过程就是传道、授业、解惑的过程，理论灌输依然是教育的主要手段。这样的行为不仅容易增加学生的抵触心理，而且容易降低学生的主动性。凭借理论灌输和单一的理论考核的确能提高学生会计职业道德的理论水平，却难以激发学生的学习热情、产生情感上的共鸣，也就更难使职业道德规范转变为道德信仰根植于内心。在教学中，加入角色扮演的方式，模拟就业后的财务工作环境，让学生扮演出纳、会计、财务主管、税务局工作人员等角色；增加案例讨论环节，尤其是会计行业出现的舞弊事件，参与讨论前准备相关材料，通过在讨论加深对会计造假危害的认识，教师要引导学生在分析中理论联系实际，充分发挥学生的积极性；加强入学教育的实效性，新生入学教育是大学生迈入高等学府的第一堂课，也是高校学生工作的关键环节，若是能够抓住这样的重要机会对学生加以指引，可为日后学生的诚信品格塑造打下良好基础；突出行业诚实守信榜样示范效应，学校不定期邀请诚信会计模范进校宣传诚信职业道德规范的重要性，让学生明辨是非，以诚信为荣以失信为耻。

3. 会计专业主干课程教材加入会计诚信教育内容

基础会计是财经类专业的基础性课程，是会计专业知识的入门课程。主要讲述的是会计要素、记账方法、企业基本经济业务核算、会计凭证和账簿的填写与保存方法等内容。对于这门基础性课程的教学，首先要使学生从内心当中热爱会计这一职业，从意识上明确会计诚信的重要性。将会计法与会计准则等内容加入经济业务核算中，使学生充分认识到未来工作的客观性与严肃性特点。培养学生严格遵守法律法规与职业道德的行为。

管理会计是利用专门方法来提高企业经济效益的一门课程，通过对会计资料和其他资料的整合与报告，使得企业管理人员能够对日常经济活动进行有效规划和控制，并帮助管理者做出决策。在教学过程中，教育学生注重企业利益与经济效益，实现效益最大化。重点强调所提供会计资料的客观性与真实性，进而帮助管理者预测、控制、决策与规划。

成本会计是伴随商品经济而发展起来的，是核算所生产产品的单位成本以及总成本的一类会计活动，尤其发展到现代社会需要规避通货膨胀所引起的物价变动带来的会计信息失真。在教学过程中，使学生树立起成本控制观念，强化作为会计人员需协助管理者降低成本的理念。教师说明提升企业经济效应的作用，讲授精打细算、控制成本的重要性。

4. 注重师德培养以身立教

我国高等院校教师对诚信的主观意识和道德水平的高低将直接影响着学生对诚实守信的认知。《礼记・学礼》中就曾写到这样一句话：“善歌者使人继其声，善教者使人继其志。”擅长唱歌的人，能够使人情不自禁地跟随着一起演唱；擅长教学的人，能使人下意识地秉承他的志向。可见，教师的道德情操和道德素养将对学生产生深远影响。会计学专业大学生的诚信品德培养，与思想政治课程教师息息相关，他们能够引导学生树立正确的世界观、人生观、价值观；也与专业课程教师有着紧密的联系，要想切实提高会计学大学生的诚信水平，就需要对会计诚信含义、会计职业道德、会计法律法规、会计准则深刻理解和准确把握，在这方面专业课程教师无疑具有更大的优势和更丰富的经验。因此，高校教师在引导学生树立正确的诚信观有着不可推卸的责任，为他们在走上工作岗位前养成良好的职业道德打下坚实基础。教师高尚的人格和良好的师德是决定教师能否在诚信教育中发挥引导作用的关键，难以想象有品德问题的老师能够培养出具备诚实守信品质的学生。这就需要教师严格要求自我，提高自身素质。发挥教师的引导作用要求教师以身作则、言行一致，多参与专业培训与社会实践，加强专业技能。在课堂教学中做到不迟到、不早退，在学术研究中做到不剽窃、不造假，通过自身的言谈举止潜移默化地给学生带来诚信方面的正能量，帮助学生树立诚实守信的道德观。

（二）强化思想政治课在诚信教育中的导向作用

现今我国正处于社会改革的关键时期，社会压力日益加大，以及高校扩招带来高等教育的快速发展，大学生在步入社会后将会面临更大的压力与挑战，而自身综合能力和诚信品德的差异将会更大程度上决定其未来发展。这就要求思想政治教育工作者在面对新形势、新情况、新挑战创新工作模式，最终达到提高诚信教育收效的目的。

首先，融入诚信教学新理念于思想政治教育课中。高校大学生诚信教育始终贯穿于思想道德教育中，虽然取得了一定的成绩，但近年来诚信水平下降的大趋势不断告诫教育者诚信教育任重而道远。诚信教学新理念倡导从老师教育灌输到学生自我学习，强调以学生为本，强化学生是整个教学活动的主体地位，发挥学生的主体性。诚信教育以学生为发展的根本，将全面发展与个体差异结合起来，既要着眼于诚信教育的普遍性特征，也要重视部分学生的特殊性。诚信教育联系实际生活，贴近学生需求，满足学生情感需求，充分尊重理解学生。诚信教学活动中同时要防止一味地迎合学生的情况，大学生虽已步入成年阶段，但想法片面、对是非的评判能力不强，因此要发挥教师的引导作用。目前，我国高校针对大学生诚信情况的考查较少，尝试以思想政治教育课程为主导，加大对学生诚信现状的考核，将日常诚信状况列入德育考评中。诚信教育只有立足于学生的实际需求、以学生为本、关心学生，才能使诚信教育为学生所接受，达到诚信教育目的。

其次，增添诚信教学新内容于思想政治课中。充实诚信教育内容，结合时代特征与时俱进，形成系统科学的诚信道德教育体系。改革开放增强了我国与世界的接触，同时也带来了不同思想的相互碰撞，面对纷繁复杂的世界与社会上的失信现象，难免会感到困惑。这种体现出鲜明时代性特征的诚信问题，仅凭学生自身的判断力是远远不够的，还需要教师对他们进行有效指引。因此，思想政治课程不应停留在对马克思主义基本原理、毛泽东思想、邓小平理论的枯燥说教，引起学生的逆反心理，而是将教科书中的原理讲解融入当下社会现象中，分析失信现象产生的原因，引导学生提高自我约束和道德批判的能力。开展心理咨询工作。在诚信教育中通过与学生的沟通，了解他们有关诚信的困惑，适时发现问题并帮助他们调整心态。因为多数学生在做出违背诚信原则的行为时，大多经历了激烈的思想斗争，即使事后未被发现，内心中也会有负罪感。心理咨询工作的推进能够及时有效制止不诚信行为的发生。因此，与时俱进地调整诚信教学内容，符合思想政治教育教学的时代要求，也是提高诚信教育收效的客观要求。

最后，采用诚信教学新方法于思想政治课中。教育方法的选择在某种程度上能够决定诚信教育的收效，采用科学合理的教学方法对提高教学质量、完成教学任务、实现教学目标都有着重要的作用。青年学生正处于世界观、人生观、价值观形成的关键时期，虽然已经具备一定的独立思考、明辨是非的能力，却仍旧需要诚信教育作为指导。要想使诚信的道德规范根植于学生心中，由道德意识深入至道德意志，最终体现在自觉道德行为上，就要求思想道德课程转变传统授课方法积极创新，与学生产生共鸣，更易接受传授者所讲述的知识。诚信教育可以利用网络技术，通过制作诚信方面的案例短片、开发诚信教育软件，提升诚信教育的趣味性、参与性、时效性。课堂教学加入启发式教学方法，调动学生的主动性学习，促使学生对已学知识融会贯通和举一反三，在面对学习生活的问题时，能够将在思想政治课中所学内容学以致用，做到严格要求自我，坚守诚实守信的原则。

四、提高会计学专业学生诚信素养

中共中央国务院《关于进一步加强和改进大学生思想政治教育的意见》中指出“加强和改进大学生思想政治教育的基本原则之一就是——坚持教育与自我教育相结合。既要充分发挥学校教师的引导作用，又要充分调动大学生的积极性和主动性，引导学生进行自我教育、自我管理、自我服务”。在课堂教学活动中，教师是引导者，学生是参与者，二者缺一不可、通力合作。

唯物辩证法强调内因是事物发展的根本，外因只能通过内因发挥作用。社会、校园、家庭环境对青年学生的诚信教育有着至关重要的作用，而要想达到切实提高会计学专业大学生的诚实守信品质，提高自律意识显得尤为重要。因此，诚信意识的树立既需要外界诚信环境的净化、他人的正确引导，也需要学生加强自律性。在外界诚信教育的有力推动下，调动起大学生对自主学习的积极性。第一，深入理解诚实守信的品质。大学生对诚信有一定的认知，但存在知行背离的情况，没能全面掌握诚信的涵义，对诚信的认知仅停留在思想政治课程的理论上，无法在实践中践行诚信理念。学生渴求诚实守信品质，也认为自己是一个讲诚信的人，但在与他人交往和社会活动中却难以做到诚实守信，可见学生没能理解诚信的本质涵义，诚信不仅是每个人应当具备的基本道德品格，更是需要通过实践活动体现出来。可以通过积极主动的自律教育，提高诚信自律方面的认知力和判别力。第二，增强对诚实守信的态度。在面对纷繁复杂的社会大环境时，加强自身对社会问题的判断力。对社会上的失信行为加以批判和谴责，向诚信道德典范学习逐步提升自己的思想道德修养。分析会计行业出现舞弊事件的原因，总结如何在未来的从业过程中如何避免此类现象的发生。第三，倡导学生多参与社会实践活动。将诚信教育渗透于实践活动的每一个环节，在潜移默化下引导学生塑造诚实守信的品德。鼓励青年学生多参与多种多样的社团实践活动，高校创造良好条件吸引学生参与其中，培养学生团结协作、公平竞争的意识。大学生在拥有扎实的理论基础之上要积极参与社会实践，通过与实践的结合，检验理论知识与实践需求不适应的方面，与消极思想作斗争，不断培养自身的高尚情操。养成诚实守信的习惯，遵守会计法律法规，恪守会计职业道德准则。在实验课程与毕业实习等专业实践活动中，加强诚信素养的提升，信守承诺、自我教育、自我提高。

面对会计学专业大学生诚信缺失问题时，要注重学生的自我约束，不断提升参与自我修养的积极性，增强社会责任感和使命感，把诚实守信真正落实到行为上。

第五章　会计专业实践教学

第一节　会计专业实践能力培养的思路与目标

高校财会专业人才培养定位在技能型，是高校会计专业特色教育的表现，也是以学生就业为目的、以市场需求和就业竞争力为导向、以大学教育为支持、以培养“厚基础、宽口径、强实践、高素质”技能型人才为目标的体现，是打造高校财会专业毕业生核心竞争力的主要途径。经济社会发展所需要的会计人才，不仅要具有扎实的会计基础理论知识，具有高超的职业技能，具备娴熟的网络技术和灵敏的信息流反应能力、驾驭能力，还要具备良好的职业道德、职业素质和准确的职业判断能力。这些都离不开综合实践能力的培养。实践是创新的源泉，由于实践能力与创新思维、创新能力的培养密切相关，更突出了高校财会专业技能型人才综合实践能力培养的重要性。实践教学是教学过程的重要组成部分，是培养理论联系实际能力的主要环节，是实现课程目标的重要途径。

当前，用人单位对财会专业人才的实践能力提出更高的要求。要求具备一定实践经验，能够合理运用税务法规、财务技术、会计准则、财务软件，目前的高校会计教育仍很难满足这些要求。这对高校会计教育加强综合实践教学、提升学生实务能力和执业水平提出了更高的要求。

一、综合实践能力培养思路

根据会计本科教育培养目标的要求，兼顾学科发展的前沿性和实践性，改革创新实验教学容和实验教学方法，建立先进、完整、最具代表性和可操作性强的实验课程体系，涵盖基础性实验、综合性实验、创新性实验、研究性实验等多种实验，形成实验课程系列化、实验内容系统化、实验教材配套化、实验技术科学化，全方位、全过程、全员参与的财会专业实验教学体系；完善实习实训和社会实践活动，加强校外实习基地建设，为专业实习提供良好支撑和依托，辅之以密切结合毕业论文内容的毕业调研实习和创新教育实践，构建立体化、多元化的社会实践教学体系，培养学生批判性思维能力，培养与形成学生系统全面的会计理论知识体系和分析解决复杂问题的实践能力和创新能力。

基础实验是指对所属课程知识点的练习，培养学生的专业能力或信息系统操作能力；综合实验是以业务操作和流程认知为手段，培养学生的业务能力和决策能力；创新实验是以业务流程为主线进行的跨专业实验，培养学生的创新能力。

立体化的社会实践体系包括：社会调查、基地实践和顶岗实习。

（一）社会调查

社会调查是会计教学活动的重要环节。调查报告可作为学生课程考察的一个方面。调查内容由代课教师根据课程所学内容进行宏观上的安排，学生根据自身的实际情况做具体选择。社会调查一方面有利于学生实践能力的提高，同时可以提供一些好的教学案例，充实教学资源。社会调查可安排在节假日进行。由于目前网络版会计软件或相关软件在企事业单位和行政治理中使用得已经比较普遍，所以学生做这样的社会调查是完全可行的。

（二）实习基地实践

选择会计管理比较规范、应用比较成熟的企业，与之建立比较稳定的联系，作为实践教学基地，学生分批分期到会计实习基地参观学习，了解企业实施会计核算和管理的过程。使学生在真实的环境、真实的条件下得到针对性极强的业务技能练习与感受。

（三）顶岗实习

结合毕业实习，安排一定时间的顶岗实践。将校内模拟实践课实地运用到岗位实践中，使学生在走上工作岗位前，就具备了较强的实践动手能力。对已签订就业协议意向的学生可离校顶岗实习。

二、综合实践能力培养目标

1. 结合实际的上机实验设计，以一个核算主体的业务活动贯穿始终，每个实验反映企业管理的不同方面，以凭证、账簿、报表管理为核心，撇开了一般实验课程按系统功能展开的思路，以企业实际业务流程为主线，便于学生对系统的整体把握。

2. 通过依托会计学实验室的手工模拟实验，给学生提供一套真实原始凭证的复制件和相应的记账凭证、账簿、报表等，让学生手工操作一遍，期间要贯穿以下思路：第一，会计程序。填制会计凭证→登记账簿→编制会计报表。第二，资金运动程序。筹集资金→物资采购→生产→销售→成果分配→上缴税金和偿还债务。

3. 通过会计综合模拟实训，让学生了解并熟练掌握企业的业务处理过程，为学生进行财务预测、决策、计划、控制和分析等打下坚实基础。

4. 通过去实习基地现场调研，让学生了解企业实际运营中的财务管理状况。

5. 通过创新实践（包括大学生科研训练计划和企业竞争模拟）培养学生的创新能力和实际应用能力。

三、综合实践教学体系的层次和环节

财会专业本科生的培养目标是理论与实践并重，重在提高学生的理论应用素质，要将学生培养成具有较强分析问题、解决问题能力的复合型会计人才。借鉴理工科实验教学的经验，结合会计学专业的特点，调整实验室的设置，减少验证性实验，增加综合性、设计性实验。增加开放实验、综合实验、专业实验内容，同时鼓励和引导学生自行设计实验。

经过多年实践教学的探索，逐步形成综合实践教学体系，该体系由五个层次、八个环节组成。五个层次即基本技能训练（珠算、点钞、书写规范等）、专业单项技能训练（基础会计、财务会计、成本会计、财务管理、管理会计、会计信息化、税务、审计、财务管理等模拟实训）、综合应用技能训练（以职业能力为导向的职业资格培训）、企业在岗实习、创新创业训练（参加“挑战杯”大学生创业设计大赛、GMC 企业挑战赛，培养团队意识和创业技能），纵向上形成体系，横向上与理论课程有机结合，从而形成多层次实践教学体系，改变目前高校会计实践教学项目单一的现状，有利于培养学生的综合能力。技能训练旨在训练学生作为会计师的基本技能。程序训练旨在训练学生掌握对年度报表的整套操作和分析程序。能力训练旨在通过大型案例训练学生的独立思考能力、专业判断能力和综合素质。每一层次的训练都应向学生清楚地传达学习目标、知识点和能力点，并将其作为评鉴的考核指标。

八个立体化综合实践环节由课程实验、课外小组实验、课堂实验演示及答辩、课程设计、综合实验、专业实习、毕业实习、毕业论文等环节组成，旨在充分调动高校财会专业学生投身实践的自主性和能动性，使他们能够亲自感受到企业运作的全部流程，对企业进行更深入、全面而具体的了解，强化训练学生的实际动手能力、创新思维、创业能力、团队精神和应用实践能力。

（一）课程实验

通过课程实验，教师展示会计实物、会计资料，演示会计工作流程，增强学生的感性认识；并根据教学内容给学生一个企业一个生产周期的基本业务以及前期有关资料，让其通过一套真实的会计凭证、账簿、报表来模拟企业财会部门进行会计实务处理。学生在老师的带领下，将学习到的会计理论知识进行实际运用，避免只注重理论、缺乏实务能力的现象。会计专业理论知识涉及一般企业日常的会计核算和会计管理，因此范围较广，内容较多。通过课程实验以及会计试验课，可以将课堂上老师介绍的知识进行实际运用。不仅可以让学生复习课程上所学习的知识，而且可以通过实务操作，发现存在的问题，并及时地给予解答。每门专业主干课程都设有课程设计环节，可以增强他们对财务会计应用软件、会计凭证、审计凭证、审计流程、财务管理实务等的感性认识和操作能力，提高分析问题、设计解决方案的能力。

开展课程实验的基本要求是，让学生了解实验目的、实验要求、实验的重点与难点、实验方法以及完成实验的步骤等。会计学专业主要课程有《会计学原理》《中级财务会计》《高级财务会计》《成本会计》《管理会计》和《审计学》等课程。每门课程都可以在教学中或教学后进行相关课程的实验，通过实验能够将每门课程理论知识应用于实务中，从而达到巩固基础理论知识、培养基本动手能力的目的。

课程实验的实施可采取单现实验或整体实验两种形式。单项实验一般在教学过程中，以课程的章节为实验单位，按理论教学进度分别组织实验。整体实验一般在课程结束后，以课程系统理论知识为实验单位进行较综合的实验，以强化对课程知识的系统性。在一门课程中可分别采取两种单独的实验方式，也可采取两种实验方式结合的形式。

比如在《会计学原理》的教学过程中，可分别进行原始凭证及记账凭证的填制和审核、会计账簿的开设和登记等单项实验，又可以在课程结束后设计一整套关于企业账务处理流程的整体实验，让学生完成从建账开始，到处理原始凭证、填制记账凭证、登记账簿，以及最后编制会计报表等一系列基本会计业务。又如在《成本会计》的教学过程中，可分别进行各种费用分配表的编制、辅助生产成本分配、产品成本计算表的编制等单项实验，又可于课程结束后设计一套运用所学的成本计算方法，完成从费用的发生、归集和分配到产品成本计算的整体实验。

（二）课外小组实验

要求学生组成学习小组（通常5人为一组），分配角色，分工协作，在课堂实验的基础上，在规定的时间内共同完成实验项目。小组学习的教学组织形式，是协作学习理念在实验课程中的改革实践，不仅锻炼了每个学生分析问题、解决问题的能力，而且培养了学生的团队协作能力。

（三）课堂实验演示及答辩

要求课外学习小组的实验作品在课堂上演示，并根据老师和同学提出的问题进行答辩。该教学环节的实施，极大地调动了学生学习的积极性和主动性，有效地挖掘了学生的潜力。通过课堂演示、讲解与答辩，提高了学生的语言表达与沟通能力。同时，课堂演示及答辩效果也是本课程评定成绩的主要依据。通过课堂演示、讲解与答辩，发现实验中存在的问题并提出解决方法。

（四）课程设计

课程设计强调“知识点”的巩固和训练，强调“知识线”的贯通，强调“知识面”的拓展，通过课程设计，引导学生理论联系实际，全面培养学生独立、综合分析和解决实际问题的能力。比如会计信息化课程设计，要求学生选择一个综合性实验项目，独立完成会计软件功能模块的分析、设计与开发，目的是提高学生对理论知识的综合应用能力，并为毕业设计打好基础。又比如通过《财务管理学》课程设计，能够使学生进一步熟练掌握财务管理的知识要点，把财务管理理论知识与企业实务结合起来，强化理解理论知识，熟悉各种理财技巧和方法，对财务管理问题形成系统的认识。利用课余时间向学生开放实验室，并有计划地安排实验老师进行指导。课程设计作品必须经过学生的自我演示与现场答辩，促进学生深入研究问题，培养创新性思维。

（五）综合实验

一般在学完主干专业课程之后进行，通过综合实验可以提高学生对专业知识的综合运用能力，加强学生的会计职业判断能力。综合实验的主要内容分为三大部分。第一部分，针对企业全面经济业务进行会计实务模拟实验。第二部分，在第一部分实验资料基础上进行财务分析和企业筹资决策、投资决策、营运资金管理、股利分配政策等实验。第三部分，根据前两部分实验资料进行综合实验。因此，综合试验的内容可涵盖《会计学原理》《中级财务会计》《成本会计》《财务管理》《审计学》等多门会计专业课程。

（六）专业实习

基本内容包括了解实习企业生产经营的基本情况、企业管理组织形式和方法、企业进行内部改革等方面的情况；了解企业财务会计工作的组织情况；企业会计核算工作和会计管理工作的全过程。通过专业实习，使高校财会专业学生深入社会实践，接触实际工作，了解企业现实状况，加深对改革开放、建立社会主义市场经济的认识，把握现代企业管理，特别是现代企业财务会计管理的发展趋势；通过专业实习，使学生基本掌握企业会计核算和财务管理工作的组织形式和基本方法，综合运用所学知识进行调查研究、分析判断，以培养观察问题、分析问题和解决问题的能力；通过撰写实习报告，培养综合分析能力和文字表达能力。

（七）毕业实习

在学生毕业之前进行，往往结合毕业论文选题和将来的就业方向进行有目的的实习。可以分散方式将学生安排到企业、事业、会计师事务所等单位进行会计实习，主要实习各类型企业、事业单位的会计核算程序和核算方法及财务管理、审计等内容。毕业实习的目的一是结合毕业论文选题在实习中收集相关资料，为学生顺利完成毕业论文打下基础。二是学生可以根据将来的就业方向有选择地进行实习，既深入实习了某一领域也为将来就业奠定了良好基础。三是让学生在实际工作环境中运用专业知识，提高操作技能，尽快适应实际工作。比如，如果将来要到会计师事务所工作，那么毕业实习就可以选择会计师事务所进行；如果就业单位已经确定，就可以到就业单位进行毕业实习，为毕业后即能上岗工作创造良好条件。

通过毕业实习，高校财会专业学生在实际工作环境中锻炼了动手能力，并掌握了基本的会计核算技能和财务管理能力，为他们毕业后走上工作岗位，尽快地适应实际工作奠定了基础。不仅学生会受益，而且实习单位同样也有所收获。安排学生来单位实习，有助于企业会计工作的促进，找出实习单位财务工作中的疏忽之处；实习单位如果有意选拔会计人才，可以利用实习机会对实习学生进行全面的考查，有利于实习单位招聘到合适的人才；学生在实习过程当中从事的一些基本的会计工作，比如填制凭证、凭证复核等，可以减少实习单位财务人员的工作量。从整体来看，毕业实习不仅有助于学生掌握实际操作技能，而且有利于实习单位完善会计核算，提高工作效率。

（八）毕业论文

毕业论文的工作流程包括：组织准备、征题审题、确定选题、下达任务、开题、中期检查、撰写论文、评阅、答辩、复议、档案管理、总结评优。提倡整个流程由本科导师全面负责，专业指导，加强论文指导的针对性，提高本科毕业论文的完成质量。

针对年级不同，可安排主题不同的实践活动。安排大一的学生利用寒假到农村进行社会调查，组织大二的学生利用假期到工厂进行社会调查，组织大三的学生到学院的实习基地进行专业实习，组织大四的学生到签约单位进行毕业实习。将专业课程列入学生的毕业实习计划，每年专业课程组教师都组成项目团队，带领学生到实习基地实习，学生通过实习熟悉了企业会计和财务活动流程，真正使专业课程贯穿学生学习过程的始终。努力做到以会计实践需求为出发点，以会计公司为基地，以公司代理的会计业务为依托，以仿真会计实训为支撑点，以扎实的会计专业理论为基础，统筹安排实践性教学，逐步形成仿真模拟实习与全真实战训练相结合的实践教学模式。突破“财会实习壁垒”，实现仿真模拟实习向全真职业实战训练的过渡，创新出独具特色的会计综合实践能力培养的新模式。

第二节　会计专业实践能力培养现状分析

一、实践教学的内容和范围狭窄，实践教学方式与内容脱离实际

目前高校开设的实践课程大多是基础会计、中级财务会计、成本会计等，而涉及财务管理、审计、税收等课程的实习项目很少。即便是针对操作层面，也多以虚拟的企业为主，其涵盖面及难度远低于现实企业，所以学生在校期间掌握会计的学科理论是重点，但获得丰富的操作经验或职业判断能力几乎是盲点。

目前高校会计实践教学主要仍以模拟为主，大致可分为：单项模拟和综合模拟，单项模拟主要是在相关课程如基础会计、财务会计、成本会计学完之后进行模拟实训；综合模拟一般是在学生毕业前根据企业一个生产经营周期的基本业务以及前期的有关资料为基础，通过模拟企业会计实务处理的教学形式。近年来，随着会计新准则的颁布实施、现代信息技术在会计中的应用，会计实践内容也在不断发展变化，但由于渠道不畅、政策不力等多方面的原因，造成实践教学内容总是滞后于社会实践。

二、会计实训项目单一，实践内容缺乏全面性

财会专业的实践教学是理论与实践相结合的重要环节。由于当前财会专业招生人数较多、实习经费短缺、固定的校外实习基地太少等原因，财会专业的实践教学环节往往得不到保证，导致学生的实践能力在学校内得不到锻炼与提高；而校外的大部分生产企业出于对商业机密的安全性，财会工作的阶段性、时间性，接纳学生实习能力的有限性等因素考虑，不愿意让实习生更多接触生产、经营和

管理事务。即便是给学生安排工作，也只是做一些辅助工作，因而学生的实际操作能力得不到锻炼，实习收效不大。因此，上述因素致使财会学生实践技能欠缺，工作适应期长，经常发生用人单位不满意的情况。财会实训大多只能在财会模拟实验室完成，高校财会专业学生不仅体会不到财会部门与其他业务部门的联系，更体会不到财会工作的协作性，无法真正提高实践能力。如大多数高校会开设《会计模拟综合实训》课程，往往开设在第七学期，时间相对集中，这样会导致理论知识与实际操作脱节，起不到理论指导实践并运用于实践的作用，同时很多高校安排实践性教学课时偏少，实践性效果降低。实践教学主要以集中式的手工记账为主，而且仍在采用传统的教学方法，即先由教师讲解或演示再由学生实际操作，实践内容所涉及的凭证、账簿种类有限，业务范围狭窄。

三、实践过程缺乏仿真性，财会岗位设置不够明确，实践环节缺乏技能性

财会模拟实验的层次较低。目前的财会模拟实验仅能完成凭证填制、账簿登记、成本计算、报表编制的过程，而且缺乏复杂业务和对不确定环境的判断。这样就只能培养学生一定程度的账务处理能力，但在培养学生分析和解决实际问题的能力方面明显不足。

距离通过仿真财会实训达到“上岗即能工作”的培养目标，还有一定的距离。原因是仿真财会实训难于创设不同企业实际财会业务流程与企业经营管理相结合的工作情景。而且工商、税务登记业务的办理；纳税申报与筹划；银行存贷款业务和结算业务的办理，特别是与这些部门的业务往来及协调配合等会计接口协调处理，以及不同企业会计政策、会计处理方法、内部控制制度的选用等财会实践操作能力难于在仿真财会实训中解决。

就财会学专业教学而言，虽然很多高校建立了财会手工实验室，进行“会计凭证—会计账簿—财务报表”全方位的仿真模拟，但实验在一定程度上受规模小、时间短的限制。随着我国经济的改革与发展，社会对财会专业人才的要求越来越高，学生也不断走入社会，信息反馈逐步增加，社会需求逐渐明确。通过对用人单位领导的调查，认为财会毕业生最应具备的素质和技能是日常财会操作；从对财会在职人员的调查发现，目前本科毕业生最欠缺的是业务操作能力。

财会是一门对职业判断能力要求很高的学科，要求从业人员具备对不确定事项有判断和财会估计能力。而在财会实验中，会计政策与方法是既定的，即方法是唯一的、答案是确定的，最终要求所有学生得到一致的报表数据，不注重财会职业判断能力的培养。

实践教学所引用的资料大多是虚拟的或打印的黑白样式，尤其是原始凭证，高校财会专业学生很难得到填制真实凭证的机会，因此他们对部分凭证的填制较为生疏。财会工作岗位的适应性不强。据调查，在每年财经类毕业生中，分配在企事业单位从事财会工作的占很大的比例。因此，大批学生亟待解决的是实践能力问题而不是理论知识问题，通俗点说就是到了企、事业单位后如何以最快的速度、最短的时间适应具体财会工作。虽然市场需要很大一部分财会专业毕业生从事财会实际工作，但目前，我们的课程设置、教学内容和教学方法无法适应这一要求。为了使学生一毕业就能胜任实际工作，缩小理论与实际的距离，在学习期间注意培养学生的实践能力是完全必要的。通过财会实验教学，能够使毕业生走上工作岗位后很快适应各行业财会工作的需要，满足用人单位的要求，这是因为财会模拟实验教学的内容，就是企、事业单位具有代表性行业的经济业务。财会岗位设置不够明确不利于他们熟练掌握各个岗位的业务内容，也不利于强化他们对整个会计核算组织程序的理解在财会实践教学中往往忽视了一些基本技能的训练，例如点钞、装订凭证、装订账簿等，使得他们毕业后并不能立即走向岗位、胜任工作，因此就形成了“高等教育供给”与“市场需求”相背离的就业状况。

四、基本采用“封闭型”“报账型”的验证性实验教学模式

即把学生关在各自的实验室里按实验教程要求的资料、方法和步骤进行分岗协作或个人独立完成实验，验证性地观察、记录实验过程和结果。实验后要求学生对实验结果进行综合分析并写出实验报告。通过实验使学生对实验过程获得一些感性认识或理性经验，着重于帮助学生深化对理论课程的理解。实验对学生要求不高，学生开始都有一种新鲜感和积极性，但一段时间后，由于实验资料单实验方式单调，要求和层次也只停留于能够正确地填制凭证、登记账簿、计算成本和编制会计报表等基本技能的训练上，且实验内容千篇一律，在很大程度上限制了学生能力的培养和发挥。

五、缺乏具有较强实践能力和丰富实际工作经验的师资力量

大部分高校缺乏专门的财会实践教学教师队伍，专业教师既担负财会理论教学任务，又担负财会实践教学任务。由于高校财会专业教师大部分直接来自高校毕业生，没有参加过会计工作的实践，教学内容仅局限于教材知识，无法结合会计工作的实际案例来生动的讲授，造成学生动手能力不强，在实习、实训中只能靠自己的知识和能力来想象。另外，由于各种原因，很多高校也没有把教师参加社会实践纳入教学管理计划或形成制度，在时间上、组织上和经费上都没有相应的安排和保证，不可避免地出现教师脱离实践的现象。由于他们缺乏操作真实经济活动的经历，使得教师在实践教学上缺少举一反三、灵活应用、列举实例的能力，对会计适应社会经济发展，特别是现代信息技术对会计领域的深刻影响把握不够，从而严重影响实践教学质量。

六、强调培养学生会计核算能力，忽视培养其管理能力

目前的财会实践教学主要强调对学生会计核算能力的培养，例如实践教学的主要形式——会计模拟实验，它是将账务处理作为教学重点，着力培养学生对会计信息的处理、反应能力。但随着市场经济的发展，企业间竞争日益激烈，企业对财会工作的要求也发生了变化，财会工作对于企业管理者和企业会计信息使用者来说，其决策、支持等管理方面的职能越来越重要。如果现今的实践教学环节依然停留在核算型账务处理方面，即使学生在学校中很好地完成了财会课程的实践学习，其实际能力还是远远不能满足社会的需求，因此，现阶段这种单一层次的财会实践教学在人才培养中并没有起到应有的作用。

七、开发技术或平台落后，校内实验与校外实习没有实现有机结合

由于财会软件规模相对要小些，加上早期的开发者大多是非计算机专业人士，所以一般都选择大众化的开发工具。目前尽管部分财会软件已从 DOS 转到了 WINDOWS 平台，但大多数软件的开发工具仍然摆脱不了 DBF 的文件体系，缺乏 ORACLE 之类大型数据库管理系统在功能、性能、安全等方面的有力支持。学生仅限于实验室进行模拟操作，没有深入实际工作中，不便于增强学生对财会

部门内部信息及与其他部门业务信息联系的直观感受和消除模拟实验可能存在的不真实感。

第三节　会计专业实践能力培养策略

一、实行岗位轮换制度，实施“订单”培养，打造综合实践的自主创新能力

财会行业是资金密集、知识密集、技术密集型行业，是企业管理的重要组成部分，并随着社会经济的发展而不断发展。高校财会人才培养应直接面对岗位需求，符合用人单位的特殊用途。同时，由于财会是实践性很强的学科专业，因此必须注重应用能力、操作能力的提高。通过不同岗位的轮换，解决学生对各个工作岗位的模糊认识，使他们能够真正了解各个财会岗位的工作职责、工作内容及其操作方法，从而使学生毕业后就能顶岗工作。在财会实践性教学中虽然比较重视让学生从凭证的填制、审核、汇总、装订、登账到填制报表对会计整个流程的认识，但是往往忽略对每一个财会岗位的工作职责、工作内容的认识。对此可以专门收集不同类型企业的《会计岗位职责》供学生了解。同时要求学生学习财政部颁发的《会计基础工作规范》，了解会计基础工作规范要求。在教学中要针对企业岗位实际，采取项目教学法指导学生，围绕工作项目进行“订单式”培养，加强能力训练，引导学生模拟实训，提供会计核算全过程的具体内容及会计核算业务的基本操作技术，通过仿真演练和操作，给学生提供完整的财会业务操作技能锻炼的机会。通过模拟实际打造学生综合实践的自主创新能力。比如通过 ERP 沙盘模拟实验室提供一个模拟现实的场景，并模拟实际经营一个企业过程中出现的问题，学生扮演企业的经营人员进行决策实战，教师只起到辅助、启发的作用。这种教学方法融角色扮演、案例分析和专家诊断于一体。例如，企业财务决策沙盘模拟对抗训练就是典型的模拟实际的课程组织方式，学生通过扮演企业的财务总监、市场总监、生产总监等角色，对企业生产、财务、营销、运行等活动进行决策。学生在模拟企业实战时，会遇到企业经营中经常出现的各种典型问题，针

对出现的问题，学生们必须通过团队去共同分析问题、找出对策、制定决策，并组织实施。

二、产、学、研、服相结合，提高学生的综合实践能力

随着我国市场经济的发展，社会对财会人才的需求发生了新的变化，用人单位更加注重财会专业人才的综合实践能力。

如何通过人才培养模式的改革与创新，理论与实践结合，培养高素质技能型财会人才，是创新实践能力培养实验区要解决的主要问题。产、学、研、服相结合是应用型财会人才培养模式构建的关键，要树立产、学、研、服结合理念，建立“生产—学习—研究—服务”相结合的机制，突出社会服务功能，有利于培养学生将理论知识转化为实践能力，提高学生创新精神和实践能力、将学校教育与社会实践相结合、培养学生对社会适应能力。

三、将手工会计的技能训练和财会软件的技能训练有机地结合起来

利用现有的资源，在手工基础会计技能训练资料的基础上，重新进行计算机技能的训练，从原始数据的录入、原始凭证的填制、记账凭证的编制，到计算机自动登记账簿和生成会计报表，让学生从计算机会计技能训练中体会到财会软件的快捷方便，体会到学习的乐趣。计算机技能训练是在手工技能训练之后进行的，学生对经济业务已比较熟悉，可以实现手工技能训练和计算机技能训练的平滑对接。比如，财务软件系统初始化作用体现在两个方面：一是将一个通用的商品化财务软件转化为适合某企业使用的专用财务软件，二是实现手工数据处理向计算机数据处理的过渡。

对于财会技能训练成绩的认定，应从单一标准转向多元化，建立一个科学的考核评价体系。具体考核时，应综合考虑学生在技能训练中的基本操作能力、理论联系实际的能力、技能训练后的总结、技能训练报告和技能训练成果资料等方面，评出优、良、中、差，进行量化，作为财会技能训练的成绩，记入学生学籍。

四、通过技能比赛和专题讲座，增强学生实践技能

鉴于财会行业的特殊性，学生参与到企业的机会非常少，为了提高学生的实践技能，尽早融入社会，尽快适应财会岗位，组织校内专业技能竞赛和参与国家、省或地区技能大赛是增强高校财会专业学生实践技能的有效方法。根据课程设置及教学内容的改革，财会专业有计划地开展专业技能竞赛，提升学生的专业素养。在竞赛活动中，体现就业需求、岗位工作能力的结合。如举办全校层面的点钞比赛、填制会计凭证比赛、登记会计账簿比赛等财会专业技能竞赛，有效地培养学生秉持诚信、爱岗敬业、钻研业务的良好风尚，提高学生的专业技能。除了积极组织策划举办各种类型的校内财会专业技能大赛，还应带领学生参加省市级、国家级的各种技能大赛。例如一年一届的全国大学生创业设计大赛暨沙盘模拟经营大赛和“用友杯”全国大学生会计信息化技能大赛暨ERP技能大赛，都是他们锻炼的良好途径。

定期邀请社会上实践经验丰富的高级会计师、财务总监、资深注册会计师，以及财政部会计司制定相关会计准则制度的专家，以及社会知名的兼职教授等大师级人物到学校做专题报告，传授经验，披露信息，让学生深入了解社会对财会人员在专业理论、专业技能方面的要求，使之明确学习目标。

开展财会科技活动月，鼓励学生将课堂知识应用于科研。为调动学生参加学术科技活动的积极性，提高学生学术研究水平，每年固定某月为财会科技创新活动月，主要内容包括征文比赛、会计从业资格考试讲座、CPA与考研经验谈、财会基础知识竞赛、财会信息化知识竞赛、师生沙龙、学术报告等。举办财会科技创新活动月，可以营造学习与研究的氛围，激发学生对财会专业的认同感，培养学生的组织能力、沟通能力及科研能力等。

五、通过“依托行业、背靠企业、校企联合”培养综合实际操作技能

依托行业：行业部门则可以通过行政手段协调各方关系，为高校财会人才操作技能培养创造实习等方面的条件。背靠企业：充分依靠企业，一切为了企业。在制定操作技能培养计划和训练大纲时，企业起决定作用。校企联合：学校和企

业实行优势互补，联合办学，能充分发挥企业的优势，为操作技能培养提供有效实习基地。为了使学生对财会工作有更直观的认识，我们安排学生到企业参观、学习，与企业财会人员进行面对面的交流，进而创造条件，让学生直接参与企业的某些财会管理工作，进一步提高他们的实际操作能力。

六、以实验教学为基础，强化配套实验教材的建设，优化实验教师知识结构

实验教学基础性表现在以下几个方面。

（一）实验教学有利于提高教学效果，实现师生互动

案例教学灵活生动，能将理论与实践良好结合，有效形成教师与学生的双向互动以及学生与学生之间的良好沟通。

（二）实验教学手段先进，大大提高了教学效率

财会专业课程大多涵盖较大计算量，计算机和多媒体的使用可以极大地提高教师的工作效率和授课效果，从而使宝贵的课堂时间有效地得到利用。

（三）实验教学有助于培养学生的实际管理能力

在实验室中，教师可以在计算机、多媒体等硬件的辅助下，自如地实施案例教学。教师可以运用语言或各种视听手段，描述一个真实的特定的实务环境，将企业带入课堂，让学生自己通过对案例的分析，以及在群体中的共同讨论，进入特定的实务情景，建立真实的管理感受，找到较为实际的操作感觉，学会寻求解决问题的办法。

会计学是一门操作性很强的课程，必须在学习的过程中多做一些接触实际会计事项练习，增强学生的感性认识，才能收到良好的学习效果。应组织实验指导教师编写配套实验教材，教材涵盖丰富的内容、详细的讲解、真实的案例，切合实际，锻炼学生的实际动手能力，增强实际工作技能，让学生掌握基本的理论知识和实践操作技能。

财会实验教学必须有一支具有扎实理论知识和丰富实践经验的实验教学师资队伍。指导教师既要有扎实的理论知识，又要有丰富的教学、科研、实践和管

理经验。因此必须加强财会实验教师队伍建设，提高财会实验教学质量。为了更好地解决实验师资问题，学校可以选择那些具备理论与实践素质要求的教师担任实验指导教师。同时，为实验教师创造有利条件到企业或会计师事务所去参加社会实践，让他们能有机会接触、了解财会实践，积累实践经验，提高实务能力。创造条件让财会专业教师平时经常到财会岗位第一线去发现问题、研究问题和解决问题，积累丰富的实践经验，熟练掌握会计循环各个阶段的实务操作，并能够解答会计循环过程中出现的操作问题，熟练掌握会计核算中一些特殊会计事项的处理，具有综合会计信息、分析会计信息的能力。另外，还可以通过聘请来自企业、事务所的高级会计人员、注册会计师和高级管理人员作为兼职教授，通过专题培训来提高教师的实践能力。经常组织财会职业界与教育界参加的学术交流、研讨活动，提供相互学习的平台。

七、在《会计信息系统》《网络财务》等课程中推行实验原型教学法

组织教师自主研发会计信息系统、网络财务等系列实验原型案例库。实验之前，根据教学要求与学生的实际情况，精心准备实验相关的软件模块原型，并将原型中涉及的主要源程序向学生讲解清楚，学生在实验过程中，通过运行原型案例以及阅读其源程序来理解软件模块的基本架构，同时，要求学生在读懂实验原型的基础上，由学生根据自身情况选择不同的实验要求模式。采用该教学方法，使能力不同的同学都能够完成实验，并从中获得最大程度的提高，培养了学生对系统的二次开发能力。该方法为同学开展自主学习和研究性学习提供了有效的途径。

八、借助信息技术手段，建立实验教学管理系统

为了实现实验中心管理的网络化和信息化，为实验教学的开放运行创造条件，实验室可组织力量研发基于内部网的管理系统。它主要包括：实验日志管理、实验报告管理和课表管理等模块。日志管理模块：通过学生登录管理信息系统学生端，教师可以掌握实验室教学的到课率，管理人员也可查询到实验室的使用情况，尽量使实验室的资源得到有效利用。实验报告管理模块：实验结束后，学生

可以把所写实验报告直接发送到实验室的服务器上，教师可以通过后台察看和批改实验报告。通过实验报告的电子化，可以节约大量的纸张等资源，也可方便日后的实验档案管理工作。课表管理模块：管理系统后台提供课表信息的管理平台，通过不断更新课表数据库，使教师学生可以随时看到最新的开课信息。以上几个模块在实验中心日常管理工作中能够发挥巨大作用，为实现教学管理带来便利。总的来说，中心信息平台的建设为激励自主实验、个性化学习提供了条件，为实验中心建立实验教学的科学评价机制，引导教师积极改革创新提供了支撑。

九、改革学生成绩考核管理，形成以学生为主体的综合实践考核方式

为了更客观、真实、全面地反映财会专业学生实践环节的学习能力与效果，有必要进行课程考核方式改革，开发网上考试系统，财会专业课程的考试成绩实行网络管理，形成以学生为主体的课程考核方式。课程考核方式的改革，有利于发挥考试指挥棒的作用，为学生营造一种团结协作、相互监督、充满竞争的学习气氛，使学生更注重平时的学习过程。其具体措施如下。

（一）强化过程的监督考核，弱化期末笔试考核

通过强化过程的监督考核，弱化期末笔试考核，使学生更加注重学习的过程与实际能力的提高。在课程考核方面除实行试题库选题外，还根据课程的特点和学生的实际情况进行综合能力考查，考核方式多样化。进行理论考试与实务操作考试相结合，有纸考试与无纸考试相结合，计算机阅卷评分与人工阅卷评分相结合。

（二）自主开发网上考试系统

使用网上考试系统进行课程考核，学生积极参与，不仅提高了工作效率，也使得课程考核成绩更加公平、公正。学生考试成绩的公布改变了传统的做法，过去先是由任课教师在阅卷完毕后填写“成绩单”送交学生所在系、学院、教务处，再由学生所在学院张贴公布，这样做传送的环节比较多，信息送达速度慢，影响学生及时了解自己的考试成绩。对学生的考试成绩实行网上管理，在任课教师阅卷完毕后，根据教务处的统一要求，直接将学生的成绩录入校园网，缩减传

送环节，加快了信息送达速度，也便于学生及时查阅考试成绩。

（三）通过学生自评、小组互评、教师综合评定等实现评价主体“多元化”

通过学生自评、小组互评、教师指导综合评定来给出学生的成绩，从而实现评价主体“多元化”。通过自评与小组互评，可以充分调动全体学生的积极性，通过作品演示与答辩，培养学生的演讲与沟通能力。

为了完善课程考核系统，真正做到以学生为本，充分调动学生的学习主动性，做到学以致用，加强师生互动，在课程考核的设计上，除原有的理论卷面考试和实验操作等终结性考核方式外，还可采用国际上先进的“形成性考核”模式。选择部分国内、国际热点问题，在实验课前先发给学生讨论提纲，要求学生结合理论课内容，并自查资料，完成讨论课前准备。在实验课上安排30分钟时间进行讨论，让学生通过幻灯片、图片或文字等完成自己观点的阐述，教师启发性提问，结合当今的经济现象进行讨论。老师根据每位学生的发言情况记录同学的成绩，并结合实验过程中的其他表现，构成形成性考核成绩，权重可分配为总成绩的30%。同时做到考核形式的多样化、考查时间的可选择性，如在课程网站上设计了无纸化网络考试系统，可实现客观题及论述题的考试，并且可在互联网上进行考试，对于大四毕业生的实验考查，可实现灵活多样的考核形式。

只要重视实践性教学，为高校财会专业学生创造一个合适的实践技能训练环境和条件，并调动起他们学习的积极性和参与性，就能提高他们的综合实践技能，为社会培养出既有理论修养又具有扎实实际操作能力的技能型人才，培养和造就一批精通业务、善于管理、勇于创新、熟悉国际惯例、具有国际视野和战略思维的高素质、技能型高端财会人才，提升财会服务质量和财会管理水平，促进我国财会人才整体素质的全面提升，为服务经济社会发展提供充足的人才储备和强大的智力支持。

第四节　会计专业实践教学质量评估

一、教学质量评估的历史回顾

20 世纪末期，我国经济成功实现软着陆，并且成功地实现了由商品的计划经济向社会主义市场经济的转变，我国经济走上了平稳发展的快车道，随着经济的稳定发展和改革开放的不断深入，我国高等教育也在不断改革的基础上蓬勃发展。特别是进入 21 世纪的最初几年，高校扩张成为主旋律，主要表现在高校通过合并扩张、向外扩张地盘、大量上马硬件设施建设、新增专业并大量扩招学生等。这种“大跃进”式的扩张，必然导致所有迅速扩张的实体都有的问题，就是容积扩大外表看似强悍其实综合实力并未增强，如果管理跟不上，还会在一段时间内削弱实力，影响高校培养人才的质量。在这种背景下，对本科教学质量进行一次全面的检查与评估，从而督促高校在扩张硬件和容积的同时要强化教学科研管理、增强整体实力、确保教学质量的不断提高，确实是非常必要的。

鉴于此，在早几年的试点工作基础上，教育部于 2003 年正式启动了周期为期 5 年的普通高等学校本科教学评估工作，并于 2008 年 4 月暂停，至今没有再次启动，而 2008 年后仍然有部分高等学校在坚持进行以专业为被评估对象的教学质量评估的自检工作。据有关统计，在 2003—2008 年的 5 年多时间内，分年度分批次接受了教育部教学质量评估的高校超过 600 所，评估结果为优秀的占 70%以上，仅有 17 所大学被评为合格等级，没有不合格的，其余的被评为良好等级。如据教育部 2008 年 4 月 8 日发布的关于大学教学质量评估结论的通知所示，在该批审核的 198 所大学中，160 所大学的教学质量评估获得优秀，占 80.8%；38 所大学获得良好，占 19.2%；没有被评为合格等级和不合格等级的。

从评估的直接结果看，我国高校教学质量普遍良好，似乎高校扩张、扩招并没有给高校的发展带来不利影响，这种一片大好的结论其实和我们的实际感受并不相符。事实是，作为高校的教师员工和学生，感觉高校扩张扩招带来的管理跟不上、教学质量下降、教学事故增多等问题仍然存在，虽然各个高校的硬实力确实加强了，教学硬环境和办公条件得到了很大改善，但软实力及软环境并没有提升反而有些方面还相对有所下降。这种反差也警示我们，应该好好思考这轮持续了5年的普通高校教学质量评估给我们带来了什么，我们应该需要怎样的教学评估，在积极肯定教学质量评估给各个高校发展带来的促进作用的同时，更要反思这次教学评估给我们带来的经验教训。

二、教学质量评估存在的问题

由教育部组织实施、始于2003年的普通高等学校本科教学质量水平评估，经过5年的工作，积累了经验，但整个评估工作存在的问题直至今日仍然受到各方的关注。不少学者进行了分析研究，普遍认为评估工作存在评估目的不够明确，评估意义普遍缺乏正确认识，评估主体单一、行政干扰因素严重；评估体系设计不够完善、评估内容不够全面；评估方式比较简单甚至粗放；评估的专业针对性、评估机制缺乏科学性不够等问题，不一一列举。可以看出，各位学者对评估的整个过程，从评估的目标意义，到评估操作过程各环节及评估方法，再到评估结果的科学性和合理性，都提出了意见甚至是批评。可以看出，这次高等学校教学质量评估给我们带来的经验教训是丰富的，也是值得我们去总结的。笔者从不完全角度，从几个层面，总结了这次历时5年的评估存在的主要问题。

（一）从评估组织领导层面看

教育部历时5年组织的全国主要高校教学质量集中性评估，无论对结果的评价好还是不好，从意义上看确实是一次有益的尝试，也是一次值得总结经验的工作。不过，直接由教育部这个单一主体组织，由业内专家教授组成专家组，采用相对集中方式，大规模覆盖式进行高等学校教学质量评估工作，本来是为了解决高校“大跃进”扩张问题带来的教学质量下降问题，但评估工作本身却陷入了“大跃进”式的困境。专家组评估走过场、评估过程的监控不严格甚至成为一场持续3～5天的评估秀，被评估高校突击应对评估要求甚至作假等问题层出不穷，这严重违背了评估的初衷，虽然大家都打着坚持“以评促建、以评促改、评建结合、重在建设”的理念，其实大家更多做的都是如何应对评估检查、为评估获得优秀进行突击准备，我们到底是为了摸家底、找问题还是做一次检阅式的表成绩、现功劳，如果连这些基本问题都抛在脑后，这种评估所带来的影响和结果可想而知。

所以从领导组织层面看，即使教育部的目标明确，但其实一进入评估组织过程，评估的意义就不明确了，或即使明确评估工作的意义但并没被完全认同，这就注定了这是一项先天存在缺陷、从始至终存在问题的工作，也就注定了本次集中式评估是经验和教训紧密伴随的过程，评估的促进作用与带来的问题也是紧密伴随的。

（二）从评估体系及内容层面看

由教育部委托某些高校进行了评估指标体系及内容的设计，评估指标体系是一种标准化的体系框架，在不同批次和不同年份，评估指标体系内容会有所调整。

从评估体系和指标设计来看，不能说参与评估指标体系设计的专家学者没有尽力。从具体设计看，专家学者是尽可能把教学质量评估应该涵盖的内容基本都纳入评估指标体系内，在指标权重及其评分的设计上也是下足了功夫，从这个意义上看，不能说这个评估指标体系不科学、不合理。但为什么这个评估指标体系会成为大家最大的意见之一呢？究其原因，这个评估指标体系“太完善”了，成也于此败也于此。一个由教育部组织的评估，评估体系设计成一个标准的、面面俱到的统一模式，是很自然的选择，这也为集中式、短时间内进行大面积评估工作打下了基础，但同时也给评估过程和评估结果带来无法避免的问题。

从大的方面说，各个高校存在属性不同、办学目标不同、办学特点不同等差异；从小的方面说，各高校存在专业设置差异、专业发展定位差异、教师及学生来源差异等。用一个统一的评估指标体系进行评估，难免在设计上存在不能细致到位的问题，使评估指标体系看起来“完善”，其实在具体指标设计上是“退而求其次”的，只有这样设计才能照顾通用性要求，这是通用性、统一性评估指标体系无法避免的问题，是评估指标体系固有的缺陷，也是评估工作的先天缺陷之一。运用这样的评估指标体系进行评估，即使我们假设评估前学校不进行突击准备、评估过程规范科学、专家评估态度公正负责，如果两所大学得分一样，就能说明两所学校的教学质量水平基本一样吗？显然答案不言之明。事实上的结果也印证了我们提出的问题，通过这个评估指标体系进行评估，被评估的600多所学校有70%以上获得优秀，获得良好的占20%多，不足3%的学校获得合格等级，没有不合格的学校。这种局面的结果，导致了我们现在看到的奇怪现象，一是重点高校不在乎评估结果，普通高校在乎评估结果；二是评为优秀的高校皆大欢喜，评为良好的学校很不服气，基本不是从自身水平角度看问题，而更在乎的是这个形式上的名分。总的来说就是其实各个高校无论评为什么结果，内心里都是不太认可评估结果的。

（三）从评估过程的操作层面看

评估过程是个预先知道评估时间、评估过程、评估形式和评估方法的预定程序。从检查组专业角度看，评估就是个按部就班进行的程序，检查什么不检查什么、重点检查什么、检查的方法都是预先安排的，个人的意志或者随机进行的检查是基本不可能参与进去的。从被评估学校角度看，对一个心知肚明的评估，可以有充分的时间去完善符合评估要求的各种硬软件，某些方面实在一时间无法达到的评估标准要求，还可以突击做到至少形式上是有的；评估到来的时候，还可以实时进行对策，比如抽查学生毕业论文、考试考查的试卷，听哪个老师的课，重点检查哪个课堂到课情况等，是可以预先知道的，完全可以在有限的时间内，按照评估标准要求进行准备；对评估结果的认定过程，也是可以进行一定操作的，毕竟大家都是圈内的专家，彼此照应是很正常的。

（四）从评估作用层面看

评估过程完成，学校评估获得优秀的，基本会皆大欢喜，普惠奖励，但评估后好的还是好、不好的还是不好，没有根本改进，特别是对做得好的缺乏相应的奖励机制。

三、教学质量评估的要求

虽然2003—2008年持续5年的高校教学质量评估工作已经结束了近4年，但还是有部分高校仍然在坚持自我评估，对学校各个专业教学质量进行定期或不定期、抽查或全面的检查评估，应该说这是个很好的现象，不要因为过去那个5年的评估带给我们的是教训多于成绩、形式大于内容，就否定评估这个事情本身的作用。其实，无论是教育管理的领导和参与评估的教师及学生，还是从事教学研究的学者，普遍认为教学质量评估不仅要搞而且必须要搞，这个即使是反对上次 5 年周期评估的人也是赞同的，因为他们反对的不是评估本身，而是评估的形式主义和方式及方法。同时，从国际大学教育发展趋势来看，也正逐步重视本科教学质量的评估，比如美国博耶研究型大学本科教学委员会于 1998 年提出了《重振本科教学——研究型大学发展蓝图》的报告。针对本科教学中存在的问题，该报告提出了 10 条改革的意见，对提高教学质量起到了积极的作用。

我们到底需要怎样的教学质量评估，建立怎样的评估机制才能真正发挥评估应有的作用，这是摆在从事高等教育的领导、教师及相关学者面前的一个亟待解决的疑问。

前武汉大学校长，著名教育家刘道玉教授认为，一种有效的教学评估机制，必须做到三性：即独立性、随机性和非功利性。评估独立性，就是要引入第三方作为评估主体，也就是不同于教育行政领导部门和被评估大学以外的第三方——独立教育评估机构来进行评估，既不受教育部的领导和干预，也不受被评估学校的公关和利用。独立的教育评估机构，应当由具有深厚学术背景和热心教育事业的专业人员组成，依据教育律制定教学评估的条例，依据条例对大学进行科学的、实事求是的、严格的评估，并根据评估结果出具评估结果的证明。刘教授进一步认为，独立评估又是一个极为困难的问题，就像我国大学独立考试、独立招生、独立办学一样难于实施。历来，集权与独立、统一与分散是对立的，只要大一统的教育领导体制不废除，要独立地开展一切教育活动都是困难的。刘教授认为，评估的随机性是从广泛意义上说的，既包括随机方法在教学评估中的应用，又泛指随机抽样调查，它可以应用到教学和与此有关的各个领域。教学评估应该展示的是教学常态，而不应该是应付检查时展示的状况。所以，最真实的教学评估，应该是在没有准备的情况下，应用随机抽样调查得到的结果。刘教授认为，功利主义或功用主义，是一种以实际功效或利益为道德标准的伦理学说。它往往是以狭隘的目的为行事的出发点和落脚点，受强大物质利益的诱导，往往就会走偏方向。刘教授举例说，如大学合并就是以功利主义为指导的，如果合并，就成为教育部的直属大学，成为部级或副部级单位，并增加特别教育经费。于是，本不赞成合并的院校，也不得不同意合并，以便得到实惠。同样地，以这种思想来评估教学，就会使评估走偏方向。为了达到某种目的，不惜采用各种手段，甚至弄虚作假，这是导致我们这次教学评估出现诸多问题的重要原因。他进一步认为，我们应当树立一种正确的教学评估观，评估是适时地对教学水平的真实情况作出客观的判断，它不应是为某一狭隘的目的服务。

刘道玉教授提出的观点，值得我们尊重，更值得我们进一步探讨，思考高校教学质量评估的出路。我们认为要坚持高校本科教学质量评估至少应该重新重视几个方面的问题。

（一）重新明确高校教学质量评估的总体目标

应该说，在这次持续5年的评估中，大家普遍已经认同了本科教学质量水平评估的基本原则是“以评促建，以评促改，以评促管，评建结合，重在建设”，评估本身不是目的，而是手段，通过评估促进专业建设和发展，培养社会需要的合格人才才是最终目的。教学特别是本科教学是高校的中心工作，高校专业教学质量评估的侧重应该是本科教学质量问题，专业教学质量评估的核心应该是学生的发展。明确了评估应该坚持的目标，落实才是关键。不管由谁来进行评估，不论是定期或随机评估检查，真正从思想上和日常工作中，树立教学工作为中心的理念，把日常教学监控管理做好，把培养学生专业素质和能力作为最终目标，教学质量评估才是有意义的，否则还是会流于形式。

（二）重新构建出科学合理的评估指标体系

高校教学质量评估要想取得理想的效果，构建出科学合理的评估指标体系是评估的关键内容。当然，现有评估体系基本都会包含专业规划与建设问题、教学条件问题、教师队伍建设问题、课程体系及课程结构问题、课程教学质量与监控问题、教学效果问题等方面，这些方面无不是需要涉及的重要考察内容，它是一种综合性很强、微观与宏观观察点相结合的教学质量评估体系，但实际运用过程中出现了诸多问题。如果需要在不久的将来恢复高校教学质量评估或者是本科专业质量评估，构建更科学合理的评估体系是重要的工作。我们认为，构建一个科学的合理的评估体系应该坚持下面几个原则。

1. 专业合格评估原则

首先，从各个高校内部来看，各专业发展是不平衡的，以一个高校为整体进行教学质量评估，显而易见是不科学的，因而对高校的各个本科专业进行评估是更合理的选择。其次，从前几年的教学质量评估的实际情况来看，专业教学质量评估能够比较客观公正考察的是各个高校高等教学或专业教学质量的基本条件是否具备、教学水平和效果是否被大多数师生认可这种命题，而对各个高校或各个高校的某个专业的教学质量进行评分并分出三六九等，其实其中有多少水分、多少泡沫大家都是心知肚明的。因而坚持专业合格评估原则，让各个高校的各个专业回复到重视基本教学条件的建设和让专业教师关注本专业课堂教学及实践教学的过程内容，而丢弃那些浮夸的形式或大而全的套路，才是一个正确的选择。

2. 普遍性与特殊性相结合的原则

由于各个高校的使命和责任不同。高等学校在类型、层次上有差异，高校本科教学质量评估的方案就应该具有类型、层次上的差异，不能搞“一刀切”。未来的高校教学质量评估应根据不同类型、不同层次的高校，采用不同的评估指标体系，进行分类、分层评估。比如按学校类别分为综合型大学和专业型大学，也可按照研究型高校、教学型高校、应用型高校进行分类；再按专业分类可采用按教师教育类、工科类、农业类、林业类、理科类、医学类、艺术类、体育类等。这样构建具有针对性的评估体系及方案，评估出来的结果才在保持可比性的情况下，更能兼顾各类高校及其各个专业的特殊性，更好地督促同类型、同层次高校的相互学习和共同发展。

（三）引入第三方鉴证

一个教育系统内部自说自话的评估结果是不能让社会信服的，其实也不能让置身其中的各个高校的领导、专业教师及学生信服。只有引入外部公正机制，才能更好地实施客观公正的评估，并能得出让各方都能接受的评估结果。当然，不能因为为了避嫌，就否定政府教育管理部门及教学专家在评估中的重要作用，只有教学管理专家最熟悉教学工作本身，因而他们仍然是评估最主要的专业人选，因而坚持以政府教育管理部门和教学专家为评估主体，引入第三方鉴证（或叫审计）机制，其实就能有效解决或至少能有效降低评估过程及结果泡沫横飞现象，以提高评估过程及结果的社会公信力。

（四）引入随机抽检与定期全面检查相结合

防止“大跃进”式的突击，避免过程的舞弊造假现象，在仍然保持定期全面检查的评估方式上，应该增加随机抽检方式。把两者有机结合起来。只有这样才能把各项工作要求落实到日常教学工作中，真正实现“以评促建，以评促改，以评促管，评建结合，重在建设”的评估工作目标。

四、会计本科专业质量评估体系的构建思考

从我国实践现状来看，会计学专业教学质量评估仍然处于探索阶段，虽然早在 2005 年教育部就初步构建了普通高等学校会计学专业合格评估体系（以下简称会计学专业合格评估体系），但是由于所构建体系本身存在一定的缺陷，同时未进行广泛的调查，没有充分反映我国会计学教育发展的现状与需求，结果到目前为止仍然无法有效实施。基于这一背景，我们认为，在现阶段状况下结合我国国情，在已有的实践经验基础上重新构建会计学专业质量评估系统，是具有十分重要的实践意义的。下面结合高校教学质量评估的经验和教训，对会计学本科专业质量评估体系的构建提出一些思路。

（一）会计本科专业质量评估系统构建原则

会计学本科专业质量评估应该是由教育主管部门、相关教学指导委员会及专门认证（鉴证或审计）机构按照一定权限组织开展的一项具有公信力的教学质量评估工作。我们构建会计学专业质量评估系统，应该遵从以下基本原则。

1. 目标性原则

也就是以贯彻国家教育政策为质量评估系统构建的出发点和主要依据，把质量评估系统的构建与现阶段高等教育改革和发展的要求相结合，最终落脚点是反映会计教育的环境特征和会计学专业人才培养的目标的实现情况。

2. 系统性原则

就是说会计学专业评估系统应该是一个由各相关要素组成的具有整体目的性和内在联系的整体。会计学专业质量评估系统应当包括评估主体、评估客体、评估目标、评估指标、评估标准、评估方法和评估报告等基本要素。

3. 真实性原则

真实性原则，是指在构建会计学专业质量评估系统时，必须本着实事求是的态度，真实地反映本专业的现状和特征，并经得起检验。

4. 可操作性原则

可操作性原则是指会计学专业质量评估系统的构建必须从国家对教育的要求以及学校工作的实际情况出发，在设计评估体系的各个环节中，都要使考核要点和相关工作切实可行，具有符合实践要求的可操作性。

（二）会计专业质量评估要素

1. 评估主体

就目前我国的现实情况看，由于其他评估主体受评估条件、获取评估资料的能力等多方面的制约，专业质量评估的主体应该仍然以国家及代表国家的各级政府和教育管理部门为主，辅以教育专家参与。

2. 评估客体

评估客体就是被评估的对象——当然就是被评估各个高校的会计学本科专业，具体看就是会计学专业教学工作的实施组织——各个高校的会计学院或会计系。但需要注意的是，各个高校有很多资源是若干个专业共享的，比如图书资源、网络资源、教学设置资源等，这个也应该纳入评估客体的范畴。

3. 评估目标

我们认为，在会计学专业质量评估中，总体基本目标应该是借鉴专业评估的做法，进行专业合格评估，即审核被评估专业是否符合办学最低条件，是否具有专业办学资质。在确定会计学专业质量评估目标的过程中，还可以适当计入一些诊断专业建设中存在的问题与不足，加强专业建设、提高专业教育质量、杜绝各个高校专业设置的随意性等指标，做到“以评促改、以评促建”。

4. 评估指标

评估指标是指对评估客体的哪些方面进行评估，是质量评估的依据。评估指标的选择应依据评估客体的特性和评估目标并按照系统设计的原则进行。评估指标不仅要注重教育活动的投入过程，更要注重产出结果及学校的整体绩效水平，使评估成为被评估方寻求可持续发展的有效途径，为学校的长期发展打好基础。

在构建会计学专业质量评估系统时，按照现有评估指标体系的六个方面“专业规划与建设、教学条件、教师队伍建设、课程体系及课程结构、教学质量与监控、教学效果”进行设计仍然是合理的。只是在设计具体要素内容及权数时，要把握会计学专业基础性、应用性和实践性的特点，在构建会计学专业质量评估系统时应充分考虑。

5. 评估标准

评估标准是对评估客体进行分析评判的标准，具有一定的相对性。在设置评估标准时，应当考虑评估目标和专业特点。会计学专业质量评估系统应分别对各个评估指标的主要观测点的评估标准进行规定。从教育评价的基本原理来看，质性评价比量化评价简便易行，但不如量化评价精确具体，往往比较主观，容易人为操纵；而量化评价可以使一些概念精确化，增加评价的区分度。现行专业合格评估体系的评估标准应该说绝大部分是比较明确的，但仍然有一些评估标准是比较模糊的，比如主干专业课的设置的评估标准中提出应注意主干专业课设置及其开设先后安排是否合理，那么对于会计学究竟应该包括哪些主干课程、应该怎么样的先行后续才是合理的呢？其实是个仁者见仁、智者见智的问题。因而，应该设置合理的评估指标和评估标准，尽可能把量的标准和质的标准结合起来。

6. 评估方法

评估方法是会计学专业质量评估的具体手段，是对评估指标和评估标准的进一步应用。评估可以采用定期全面检查方法和随机检查方法结合，全样本检查方法和抽样检查方法相结合，理论考评方法和实践能力考评方法相结合等评估方法进行。另外，设置不同指标的权重也是评估方法最终输出结果是否合理的关键问题，可以采用层次分析法、熵权度量法等解决。

（三）结语

随着历时5年的高等学校教学质量评估周期的结束，教育部没有组织新一轮的基于高校整体或高校某专业作为对象的评估工作。但我们认为高校教学质量评估其实是应该坚持下去的工作，方式上可以改变原先以整个高校为评估对象为以专业为评估对象，在评估的原则上、评估的过程上、评估的目标方式上做适当的调整，并配合本科教学质量工程建设，就能让本科教学质量评估重新成为高等学校本科教学质量和改革工程的重要组成部分，并在本科教学质量工程建设中发挥应有的促进作用。

会计学专业作为在我国发展历史悠久的基础应用性长线专业，既有深厚的专业发展基础，又有着很好的就业势态，但不可忽视的是，由于专业发展时间长、毕业生社会需求一直看好，就难免忽视发展中的问题而积累一些顽疾，因而在强化会计学科建设、积极参与本科教学质量工程建设的同时，适时开展专业教学质量评估，对促进会计学专业学科建设发展、提高会计学人才培养质量都是有着重要的现实作用和历史意义的。

第六章　会计信息化及其教学目标研究

第一节　会计信息化概述

2018 年是我国改革开放 40 周年，在这 40 年中，中国的经济飞速发展，以计算机技术为代表的信息产业更是发展迅速。会计信息化正是会计与信息技术融合的产物，它以实现会计业务的信息化管理为目标，是企业信息化的重要组成部分。在信息技术飞速发展的 40 年中，会计信息化也经历了多次里程碑式的变革与发展。

一、我国会计信息化的发展历程

本节回顾了改革开放 40 年中，不同时期我国会计信息化的特点，将其分为萌芽、产生及初步应用、推进与发展三个阶段，每一个阶段内容包括实验探索、理论发展、应用推广等若干阶段，分析了各个阶段理论研究热点，总结了标志性的理论研究成果，强调了随着计算机网络的普及，网络环境下的会计信息系统的发展对会计理论与实务产生了巨大影响。同时，本书重点描述了会计信息化的发展现状。通过与国外先进的信息管理理念和信息技术相比较，分别从数据存储、系统架构、财会业务需求等方面，提出了我国会计信息化发展的优势和劣势，进而明确了我国会计信息化未来的发展方向。我国会计信息化将发展成为以 ERP 系统为载体，以有效的事前管理和事中控制为主线，拥有便捷的应用环境和开放的网络架构，集会计核算、财务管理、财务决策于一身的新型管理系统。

（一）我国会计信息化发展历程及其对会计理论的影响

1. 会计信息化的萌芽——会计电算化（1978—1998 年）

我国的大多数学者根据理论研究特点，将这一时期的会计信息化细分为两个阶段：前十年是对会计电算化理论基础的构建，包括会计电算化的内容和会计核算软件单项应用研究；后十年主要是对商品化会计核算软件整体研制、评审与推广及对会计软件市场发展的研究。

（1）会计电算化的试验探索及无序发展阶段（1978—1988 年）

1978 年，财政部拨款 500 万元给长春第一汽车制造厂，进行计算机辅助会计核算工作试点。同时，在全国企事业单位逐步推行在会计工作中应用电子计算机。1981 年 8 月，在财政部、一机部、中国会计学会的支持下，由中国人民大学和长春第一汽车制造厂联合召开了“财务、会计、成本应用电子计算机问题研讨会”，并在这次讨论会上提出了“会计电算化”的概念，这标志着我国会计电算化已经起步。当时财政部会计司杨纪琬先生出席了这次讨论会，他是我国会计信息化最早的倡导者和推动者。这一阶段，我国还处于改革开放初期，工作重点是恢复、健全会计核算制度，对计算机应用还处于起步阶段，计算机信息处理技术还比较落后，设备和人才都很缺乏，对于会计信息化的理论研究也相对较少，整个 20 世纪 80 年代十年期间相关研究文章只有 98 篇，会计信息化发展相对缓慢。这一时期的学者主要以专著的形式来研究会计信息化，代表作品主要有中国人民大学王景新教授撰写的我国第一部会计电算化专著《会计信息系统的分析与设计》以及《电子计算机在会计中的应用》，还有由台湾林蕙珍教授撰写的，探讨会计电算化内部控制与计算机审计的《电脑化会计资讯系统之控制与审计》。1987 年 11 月中国会计学会成立了会计电算化研究组，会计电算化的理论研究开始得到重视。

（2）会计电算化的有序发展阶段（1989—1998 年）

随着会计电算化的深入开展，要求加强组织、规划、管理的呼声越来越高，各地区、各部门也逐步开始了对会计电算化工作的组织和管理。财政部从 1989 年开始对会计电算化进行宏观管理，制定并颁布了一系列的管理制度，如《会计电算化管理办法》《会计电算化工作规范》等，基本上形成了会计软件市场并逐步走向成熟。90 年代中后期推出“两则”“两制”及全国范围内的会计大培训及会计电算化初级上岗证的施行，使我国的会计电算化事业取得了突飞猛进的发展。

会计信息化理论研究在这一时期也得到了长足的发展。袁树民（1989 年）较早地阐明了电算化会计系统的设计要经过系统分析、系统设计、系统实施及系统运行与维护四个阶段的生命周期法，并指出作为一个完整的会计信息系统应该包括会计核算系统、会计管理系统和决策支持系统三个子系统。郭文东（1992 年）对计算机会计信息系统的人机接口设计进行了研究。葛世伦（1993 年）从信息系统硬件的可靠性、软件的安全性和组织管理的完备性分析了会计信息系统设计的安全性因素。王景新（1992 年）研究了会计电算化下的内部控制内容与设计，提出了管理制度、职能分离、授权控制、时序控制、防错纠错措施、修改限制、文件属性控制、安全控制、防毒措施、管理控制、访问控制等十多项控制内容。此时广大学者已经开始对会计信息系统网络环境下的设计、应用以及内部控制进行研究，分析了我国会计软件由核算型向管理型改造的理论基础（许永斌，1996 年），确定了网络会计信息系统将成为今后的研究重点。

2. 会计信息化的产生及初步应用（1999—2002 年）

随着市场经济的高度发展以及现代金融、证券、保险、期货等金融衍生工具的产生，企业已不再是单纯的生产经营单位，投融资和资本运作，以及集团企业下的内部财务资金管理居于越来越重要的地位，并提出了企业集团财务管理的协同管理模式，“会计信息化”这一概念也孕育而生。

1999 年 4 月 2 日至 4 日，深圳市财政局与金蝶公司在深圳联合举办了“会计信息化理论专家座谈会”，提出建立开放的会计信息系统，进而引出了会计信息化概念及其含义，标志着我国会计信息化的产生。此时，一方面人们将目光转移到“会计信息化”这一概念上来；另一方面，随着电子商务、ERP、SCM、CRM 等信息系统的发展，网络技术在会计领域深入运用，网络会计极大地推动了会计的信息化和网络化。杨平波（2000 年）探讨了网络环境下会计信息系统的物理安全、会计信息安全、网络系统安全、人员管理安全等问题；马万民（2002 年）研究了会计信息系统硬件、软件和网络安全两方面的关系。此时，学者们也开始重视对于会计信息化实施的研究，给出了企业实施会计信息化的五个重要条件，即企业需要、部门协调、管理基础、专业人员和经费保证。

3. 会计信息化的推进与发展（2002 年至今）

随着会计信息化软件在企业中的广泛应用，我国会计理论界也开始对会计信息化的理论进行更深入研究。2002 年起，中国会计学会每年都定期召开会计信息化年会，对会计信息化理论进行了深入的研究与探讨。中国会计学会会计信息化专业委员会主任杨周南教授为会计信息化年会的召开，会计信息化发展起到了极大的推动作用。在第二届会计信息化年会上，杨教授在“会计信息化若干问题的研究”主题发言中，阐述了会计电算化向会计信息化转变中的若干理论问题，给出了会计信息化的概念和会计信息化的内涵。在第六届会计信息化年会上，杨教授首次提出将工程学的理论和方法引入内部控制体系，建立内部控制工程学，对内部控制的物理模型构建展开了研究，该论文为信息化环境下，内部控制研究提供了新的思路，开辟了新的领域，引起了相关学术界的兴趣和密切关注。在第七届信息化年会组织的 XBRL 辩论会上，杨教授作为“反方”代表，谨慎地认为将 XBRL 语言视为财务报告发展的“全部未来”或“不一的选择”等观点有失偏颇，并指出应研究是否存在适用性更强的某些技术或模式能够替代 XBRL 语言。庄明来教授在 2007 年一篇《我国上市公司宣告采用 XBRL 的市场反应研究》文章中也表明，XBRL 的应用对于我国的上市公司股价反应并不显著，并给出了原因及建议。

我国政府也积极颁布政策制度，以推进我国会计信息化及其相关软件产业的发展。2002 年以来，财政部门允许地方对各单位用账实行备案制，不再组织应用验收。2002 年 10 月，国家经贸委企业改革司委托用友公司组织编写了《企业信息化基本知识系列讲座》，成为我国企业开展信息化工作的权威普及读本。同时，国家标准化管理委员会发布了《信息技术、会计核算软件数据接口规范》，从而建立了会计信息化的标准体系结构。

4. 会计信息化对会计理论与实务的影响

如上所述，会计信息化是随计算机网络的快速发展孕育而生，而以网络为基础的会计信息化对传统的会计理论与实务都产生了一定的影响。首先，从会计假设上看，网络虚拟公司及临时性组织的特性，使会计主体可持续经营等会计假设受到冲击，使核算主体模糊，核算期间也只是一次性的交易；其次，网络会计中会计期间的变化，使得权责发生制失去了基础，而收付实现制更加合理；再次，会计信息化变革了账簿形式，以电子账簿取代了纸质账簿，同时，通过对数据的分组、组合，可以生成更加灵活的账簿形式；最后，会计信息化也使审计制度与审计方法发生了变革，会计信息化促进了审计工作的现代化。

（二）我国会计信息化的发展现状

虽然我国会计信息化起步较晚，但由于经济的快速发展，企业管理需求的不断提高，我国的会计信息化也伴随着 ERP 的发展而迅速发展。我国的 ERP 产品，主要有两种：一种是厂商在国外 ERP 软件基础上结合国内企业实际情况直接开发的 ERP 产品；另一种是财务软件厂商在面临市场发展势头下降以寻找新增长点而转型开发的 ERP 产品，强调账务管理的功能。与先进的信息管理理念和信息技术相比，我国的会计信息化存在许多不足：（1）系统数据的集成性不高。有关调查资料表明，90%以上的大中型企业都实施了会计信息化，部门级财务软件虽然提高了财务人员的工作效率，但实际上形成了信息孤岛，并未给企业整体效益带来明显提高。（2）管理会计实际运用率不高。（3）成本管理体系缺陷突出。偏重实际成本核算，内部量本利分析不足，以凭证驱动业务流程，而不是以流程来产生凭证。（4）以 REAL 模式为代表的新会计模式的应用还需加强。但在国内企业管理环境中，我国的会计软件也存在着一定的优势：（1）提供了完全满足我国政府及各级财务部门需要的财务报表。（2）初始设置更加简明，输入界面更符合中国财会人员的习惯。（3）功能稳定，基本满足了各行业会计工作的要求。

（三）会计信息化的未来发展

1. 会计信息化的纵向延伸

（1）由核算型向管理型发展

管理型会计软件不仅是满足日常业务核算的要求，更重要的是满足管理者对企业生产经营活动进行管理和决策的需求。企业管理本身就是一个完整的决策过程，而在会计核算基础上添加一些查询功能、报表分析功能，虽然对管理人员进行企业管理能够起到一定的辅助决策支持作用，但只是对管理者提供了一些制定决策所需的信息；接下来怎样辅助管理者构建、制订出可行的方案，并对被选方案进行分析，保证决策的顺利执行，对决策正确与否进行评价等都没有涉及。企业的财务管理仍然是原来的事后核算，无法进行有效的事前预算和事中控制。因此，开发管理型会计软件就显得尤为重要。

（2）向开放式网络型发展

网络财务软件以整合实现企业的电子商务为目标，能够提供互联网环境下的财务模式和财务运作方式。网络会计软件是以全面会计核算和企业级财务管理为基础，实现购销存业务处理、会计核算和财务监控的一体化管理，为企业经营决策提供预测、控制和分析的手段，并能有效控制企业的成本和经营风险。

（3）将建立 ASP 商务服务

ASP（Application Service Provider，应用服务提供商）是透过因特网提供企业所需的各种应用软件服务。ASP 强调以网络软件服务为核心，替企业提供主机服务及管理和维护应用软件。企业使用这些服务，只需终端电脑及浏览器，极大地方便了中小企业开展电子商务活动。ASP 所提供的应用环境，无须客户对服务器、软件开发以及其他资源进行先期投资，只需以租赁方式与软件商达成契约性协议，获得对软件的使用许可，企业只需支付少量成本（租金）就可进行信息化管理。

（4）向决策支持型发展

会计信息化的发展一般可分为三个层次：会计核算层、财务管理层、财务决策层，分属于事后核算，事中控制和事前预测、决策。

从目前国内会计信息系统的实际应用情况来看，会计核算系统已逐步普及，发展势头良好，财务管理系统也已逐步为用户理解和接受，而财务决策支持系统的发展尚处于初级阶段，鲜见成功实例。

2. 会计信息化的横向拓展

（1）将融入 ERP 系统中

ERP 系统是一个以销售管理为龙头，以生产和计划系统为核心，整合供应链系统和物料需求计划系统为一体的综合企业管理系统。在整个 ERP 系统中，各子系统之间是融会贯通的统一整体，会计信息系统将逐步融入其他业务管理系统中，实现会计与业务一体化，特别是凭证处理环节将可能完全被整合到其他业务管理系统中去，其原因是会计数据来源于业务管理系统，因此，业务管理系统能够产生几乎所有会计凭证。企业的财会人员也不仅是算账、查账，而将参与企业各方面的管理工作，真正实现企业资金流、物流、信息流的统一与同步。目前，我国绝大多数企业信息化建设也不断向横向拓展和纵向延伸，在 ERP 功能的基础上，正在与供应链管理（SCM）和客户关系管理（CKM）整合，应用于 SCM 和 CRM 中的电子商务也必将随之融入 ERP 系统，将来 ERP 系统必将成为从供应链、资源计划、到客户关系的企业全方位管理信息系统。同时，ERP 还纵向由 MIS 向 DSS 层面延伸。

（2）计算机集成制造系统 CIMS

随着企业规模和效益的发展，在大型企业集团中，绝大多数不采用通用软件，而是结合本企业的特点，将生产工艺（生产线）上实时产生的数据立即传送到企业管理层，再转入企业决策支持层，从而使企业构成一个实用的 CIMS 信息集成系统。CIMS 是数控系统（DCS）与 ERP Ⅱ集成的产物。

二、我国企业会计信息化发展中存在的问题分析

在市场瞬息万变的形势下，企业会计信息化的应用，能为其提供及时、准确和完整的财务信息，从而提高企业管理效率和经济效益，不断提升企业在市场中的核心竞争力。我国企业会计信息化开展以来，取得了很大的成绩，培养了一批既掌握会计学又了解计算机技术的人才，为我国信息化的发展奠定了很好的基础。但是由于种种原因，我国企业会计信息化发展的总体效果不是很理想。本节针对企业在会计信息化发展中存在的问题进行了认真分析，找出了解决对策，以此切实推进中国信息化的发展。

会计信息化是会计与信息技术的结合，指将会计信息作为管理信息资源，全面运用计算机、网络通信为主的信息技术对其进行获取、加工、传输、应用等处理，为企业经营管理、控制决策和经济运行提供充足、及时、全方位的信息。随着信息化的到来，信息、现代通信技术等资源越来越受到人们的重视。而会计作为企业管理的基础工作，将首当其冲地面临信息化问题。从企业管理信息化的发展历程来看，通过发展会计信息化建立企业信息系统，从而提高企业整体管理水平是企业建立信息化的一条捷径。近年来，一些企业的管理信息化工作在短期

内都已建立了自己的信息化系统，包括 OA、DCS 和 ERP 系统等，但从总体来看，我国会计信息化还处在发展之中，因此，有必要研究我国企业目前会计信息化的特点，并就其发展中存在的问题提出相应的对策。

（一）我国企业会计信息化的特点

1. 信息化基础良好、基础建设扎实

我国企业，尤其是大型企业，基本上都实现了工业自动化。管理信息化在工业自动化之后出现了强劲的需求，ERP 的资源管理思想正在被广泛地接受，大多数企业都自主地提出了管理信息化的实施要求。企业领导层意识到，信息化是一项长期投资，盲目建立信息化、管理不当，也会出现“黑洞”现象，因此，企业在信息化方面的投资是经过深思熟虑的，在网络、硬件、软件、实施环境方面的投资比较合理，充分体现了务实精神。企业从硬件到软件，再到运行环境，在近几年中普遍得到了很大的改善，网络的覆盖面积、宽带及安全设施都走在了前面，一般企业都做到了 1000 M 到楼，100 M 到桌面的通信条件，从而为今后的信息化发展打下了良好的基础。

2. 企业组织规划良好、信息化分步实施

目前，我国企业基本都成立了内部的信息化领导机构，绝大多数企业的领导亲自组织信息化建设，成立了内部的信息管理部门，配置了专业人员组织设计开发工作，部分企业还培养了自己的开发队伍，同时也引进了合作伙伴，从组织上保证了信息化工作的质量。另外，企业一般都做了自己的信息化规划及分步实施计划，规划从企业的实际出发，考虑了战略发展的要求；实施中有重点，重实效，引进了项目方法，有的还引入了信息化的监督机制，注重了培训和流程改善。

3. 信息化理念已形成、企业对资源系统的认识趋于成熟

ERP 系统是一个闭环的系统，但其应用网络是开放的，ERP 的思想是开放的。企业在信息化的建设中充分认识到了这一点，并在实施中体现了这一理念，有的企业还提出了新的发展与完善要求，如提出了 APS（ERP 的高级应用）及“动态联盟”的概念，使 ERP 向外部供应商、客户扩展。

4. 企业信息化的软件平台呈现出了多元化特征

从实施的软件来看，企业选择软件系统供应商的标准各有所异。目前，我

国企业信息化采用的软件大致有以下几种。

（1）国外企业集成管理型软件

这种企业管理型软件，一般包括：财务管理、销售预测、采购与库存管理、制造控制、后勤、项目管理、交易处理、服务与维修、分销和运输等内容。其用户往往是规模较大的企业，且以企业居多。这些企业管理规范、分工明确，无论生产流程，还是核算体系都较复杂，而且数据处理量很大。目前这类软件有：SAP（德国）、SSA（美国）、JDE（美国）和 BAAN（荷兰）等。

（2）国内企业资源计划系统

这类系统适用于规模适中、很多数据最终要由财务部门处理的用户。其目的是便于管理，提高工作效率、数据的精确性和数据传输的及时性。这类用户采用的模块主要是账务处理、报表、应收、应付、工资和固定资产管理等；而对于仓库、采购、销售、成本等委托软件商或者系统集成商进行开发。这类软件有用友、万能、金算盘、金蝶等。

（3）单项管理的小型财务软件

有许多经营单位只需要单项的管理系统，如账务、工资、进销存等管理。“打天下”“明星”等软件在单项管理方面相对完善并极具特色。

（4）小型商务软件

“管家婆”“速达”等软件适用于国内大量的小型私营企业。

5. 信息化实施效果参差不齐

总体来看，我国信息化是朝着全面信息化的方向发展的，但是，由于企业信息化起步时间不同、认识不同、做法各异，我国企业也表现出了不同的信息化道路。大致有以下几种：第一种是一次到位型的，采用了国外的大型 ERP 系统，为以后的应用铺垫了可扩展的平台；第二种是自主开发的模式，投资少，见效快，还培养了自己的信息化队伍；第三种是联合开发的模式，企业提出自己的经营模式，由软件公司实现软件化。各企业的实施模式各有优势，但长期来看，自主开发及联合开发的实施模式是一条具有中国特色的 ERP 之路。

（二）我国企业会计信息化发展中存在的问题

1. 企业会计信息化工作的理念较差

一些企业把会计信息化的实施看作是纯技术问题，其实会计信息化绝不仅仅是一个纯技术问题，它涉及企业的业务流程重组，部门职责和权利的重新分工、管理制度制定、贯彻和落实，企业会计信息化是一场管理变革，不是安装了信息化系统就完事了。因此，必须体现出会计信息化的管理思想和意义。这需要企业彻底地转变思想和管理习惯，以适应软件的数据实时情况的管理。在这方面部分企业还停留在软件实施的层面上，过分重视了自动化操作，或是依赖于软件的功能，很少在实施前对企业实际进行透彻的管理分析，自主地提出流程优级化的方案。

2. 企业整体管理水平及内控制度的严密性较差

如果说没有 ERP，企业就不可能进步、不可能发展，那只能说明 ERP 中包含一种使企业行为更加合理、更加有效的操作理念。但是 ERP 仅仅是一种管理手段，如果企业的内控制度不健全、整体管理水平低下，即便有再科学、再完备的信息管理系统也无济于事。会计信息化的真正价值在于其所依据的管理理念，而不是其所使用的计算机软件。其发挥作用的前提是它必须处在一个科学化、现代化的管理体制之中。

目前，我国正在加速进行国有大中型企业建立现代企业制度的改革，正在大范围地进行企业重组和股份制改造工作。重组改制后的企业必须建立真正意义上完善的内控制度和顺应市场的竞争机制，才有可能利用现代化的会计信息系统，把各项管理工作通过资金管理量化后，实现资源的集成管理、实行成本控制和资源的有效配置。

3. 存在“信息孤岛”

多数企业重视财务核算，而忽视了业务核算。从信息化的层面上来说，业务管理在前，是基础，财务管理是在业务管理之上的应用，反过来对业务起到监控和实时核算的作用，所以全面的信息化的实施结果会使企业的财务管理更为精细化。大多数企业都是走了先会计电算化，后业务信息化的道路。所以观念陈旧导致了业务与信息化的业务环节脱节，数据不能共享，财务成为信息化的新“孤岛”现象。

4. 会计信息化从业人员综合素质偏低，缺乏复合人才

目前，我国企业的会计人员很多，而且对会计业务也很精通，但是精通计算机知识的人员却不多，一部分是“半路出家”的信息化会计人员，对计算机知识了解极其有限，无法将计算机知识和会计知识有机结合起来，造成了会计信息化人员知识的不全面、不均衡、不系统。另外，一些计算机专业人员对会计知识又比较贫乏，对运行会计软件过程中出现的问题不能及时解决和处理。所以，长期以来，会计信息化复合人才的缺乏一直是制约我国会计信息化发展的关键问题。虽然有不少部门组织各种培训，但由于培训时间、培训内容、单位事务及个人精力等因素的制约，会计信息化方面的人才总体素质仍然不高。

信息时代，会计信息化的应用，对会计人员提出了更高的要求。既要求会计人员要掌握会计专业知识，还要掌握相关的信息技术、网络技术、计算机科学等知识，了解财务软件的使用、保养和维护。会计信息化从业人员综合素质偏低的突出表现是对财务软件的应用方法和技巧掌握得不够透彻和熟练，对软件的认识有局限性，对软件运行过程中出现的故障不能及时排除，导致系统不能正常运行。这个问题已成为企业快速实现、发展会计信息化的障碍。

5. 安全性忧虑

网络是一个开放的环境。在这个环境中一切信息在理论上都是可以被访问到的，除非它们在物理上断开链接，否则很难避免非法侵扰。因此，网络下的会计信息系统很有可能遭受非法访问甚至黑客或病毒的侵扰。这种攻击可能来自系统外部，也可能来自系统内部，而且一旦发生将造成巨大的损失。对于系统安全性的担忧也成为影响企业选择会计信息系统的因素。

（三）加强我国企业会计信息化的对策

1. 政府进行有效的宏观调控

要充分利用政府职能部门的调控手段，一方面尽快建立完善的会计软件市场；另一方面要宣传信息化的理念和技术先进性及对管理的推动作用。对企业进行帮助扶持，并组织力量，进行关键技术的攻关。同时，为了我国的财务软件，开发拥有自主知识产权的管理软件，政府相关部门应对我国的会计软件行业进行

适度的保护。

2. 加强会计信息化理论的研究

要加强会计信息化理论的研究，企业管理层要认识到会计信息化理论研究的重要性，要从制度、政策上给予支持：会计信息化理论研究人员要把握好理论研究的着力点，把时间和精力放到关键问题的研究上，切实加强会计信息化理论的研究。

3. 加强会计信息化的管理，完善会计信息化的配套法规

通过准则类法规对会计信息化进一步约束，使会计信息化工作走上规范化的道路。应注意数据库的加密技术，防范非法人员的入侵，设计增加在重要数据修改前的自动备份功能。严格机构和人员的管理与控制，严格系统操作环境管理和控制系统。操作过程控制必须制订一套完整且严格的操作规定来实现。操作规程应明确职责、操作程序和注意事项，并形成一套信息化系统文件。建立计算机机房管理制度，给计算机设备创造一个良好的运行环境，保护机器设备，同时防止各种非法人员进入机房，保护会计运行程序和数据的安全。

4. 处理好财务系统与 ERP 系统的关系、解决“信息孤岛”

目前，由于大多数企业都在信息化的过程中保留了或单独使用了国内的财务系统，一些业务与财务连动控制信息，一般要经过人为转换才能使数据同步或为财务所用，这样，财务的预先防范和实时监控作用没有在ERP系统中得到体现，有悖于信息化的初衷。这类问题可能是大多存在于信息化起步早、基础环境好的企业。因此，独立使用的财务系统就有可能存在“信息孤岛”。因此，企业在会计信息化规划时就要想到财务与业务一体化，处理好财务系统与ERP系统的关系，解决“信息孤岛”现象，这是进一步深化企业信息化的关键环节。

5. 提高会计信息化从业人员素质

要提高会计信息化从业人员素质，加大对会计信息化人才的培养力度。就要针对单位会计人员的特点和工作要求，科学地确定培训内容，做到教育对象层次化，知识结构系统化，更新会计人员的知识，提高会计技能，以适应市场经济的要求。应把会计信息化列入学历培训、会计专业技术资格考试范围之内，以形成必要的外部压力。可通过建立培训中心，抓好在职会计人员的培训，保质保量

培训合格人才。还可以在各财经院校开设并逐步增加会计信息化课程，保证会计信息化后继有人。同时，单位会计信息化人员要正确认识会计信息化后自己的作用和地位，敢于从实践中学习，在实践中成长，不断丰富工作经验，提高操作技巧，提高发现问题和解决问题的能力。

总之，会计信息化不仅是会计发展的必然趋势，而且也是企业生存发展的迫切要求，但是应该看到，我国企业会计信息化是一个渐进且艰难的过程，我国会计信息化的发展程度距离现代信息经济的要求还很远，企业会计信息化任重而道远，因此，这必然要求广大的会计工作者积极地适应时代的发展，更好地投入到会计信息化的发展历程中。

三、会计信息化是社会发展的必然结果

众所周知，会计产生和发展的历史表明，会计是经济发展到一定阶段的产物，任何社会要发展经济，都离不开会计，经济越发展，生产力水平越高，生产规模越大，人们对生产过程和分配过程的管理要求就越高，会计也就越重要。会计正是随着社会经济的发展和科学技术的进步而不断发展变化，经历了一个由简单到复杂，由低级到高级，由不完善到逐步完善的发展过程。纵观会计发展的历史：1494 年复式簿记的出现是会计发展史上重要的里程碑，从此，会计开始以一门真正的、完整的、系统的科学而载入史册。这是会计发展史上的第一个里程碑。

18 世纪末和 19 世纪初发生了工业革命，世界的贸易中心转到了英国，给当时的资本主义国家（特别是英国）生产力带来了空前的发展。由此引起了生产组织和经营形式的重大变革，适应资本主义大企业的经营形式——“股份有限公司”出现了。

股份有限公司的基本特点是：资本的所有权和经营权相分离。作为公司外部利害关系人的所有者和公司代表的管理者，从不同角度关心企业的财务状况和经营成果，例如，要求通过会计来保护那些不参加公司管理但又关心公司管理的股东的合法权益。因此，以“自由职业”的身份出现（实际上是为公司股东服务）的“特许”或“注册”会计师协会——爱丁堡会计师协会。从此，扩大了会计的服务对象，发展了会计的核算内容，会计的作用获得了社会的承认。这可以说是会计发展史上的第二个里程碑。

到了 20 世纪 40 年代，特别是第二次世界大战以后，为了应付激烈的市场竞争，企业广泛实行职能管理与行为科学管理，借以提高产品质量，降低产品成本，扩大企业利润。同时，电子计算技术被运用和推广到会计领域，引起了会计技术的彻底革命，使会计的性质、职能和作用发生了很大的变化。这时，传统的会计逐渐形成了相对独立的两个分支："财务会计"和"管理会计"。前者主要为企业外部利害关系人提供财务信息，而后者主要帮助企业内部管理层进行经营决策。管理会计的诞生可以说是会计发展史上的第三个里程碑。

1992 年由联合国研究机构提出了知识经济这个说法。按照世界经济合作与发展组织的定义：知识经济即以知识为基础的经济，是以现代科学技术为核心的，建立在知识信息的生产、存储、使用和消费之上的经济。知识经济既是一种新的经济形态，又是一个新的世界时代。知识经济对旧的经济（工业经济）是一种否定，又是一种提升。否定了旧经济的主导地位和时代特征地位；提升了旧经济的内在素质和水平，旧的经济靠知识经济增添了新的腾飞的翅膀。知识经济的产生，高新技术的快速发展，给会计理论和模型等方面带来一系列变革和创新。处于企业管理核心地位的会计管理逐步朝着网络化、信息化方向发展，这正是新兴的会计信息化理论产生的动力和源泉。

会计信息化是会计与信息技术的结合，是当今社会对企业财务信息管理提出的一个新要求，是企业会计顺应信息化浪潮所做出的必要举措。会计信息化是采用现代信息技术，对传统的会计模型进行重整，并在重整的现代会计基础上，建立信息技术与会计学科高度融合的、充分开放的现代会计信息系统。为企业经营管理、控制决策和经济运行提供充足、实时、全方位的信息。会计信息化能使业务处理高度自动化，信息高度共享，能够进行主动和实时报告会计信息。

会计信息化不仅仅是将计算机、网络、通信等先进的信息技术引入会计学科，与传统的会计工作相融合，在业务核算、财务处理等方面发挥作用，更代表的是一种与现代信息技术环境相适应的新的内容和理念。如会计基本理论信息化、会计实务信息化、会计教育的信息化、会计管理信息化等。

因此，我们可以毫不夸张地说会计信息化是会计发展史上的又一新的里程碑。全球信息化浪潮冲击着传统社会生活的每一个角落，信息化已成为这个时代的主旋律。会计信息化是社会经济发展的产物，是未来会计的发展方向，也是会计发展的客观规律。对于这个客观规律我们只能去适应它，研究它，更好地利用它，为当今社会发展服务。

要真正实现会计信息化，会计人才是关键。从我国会计人才供给调查报告来看，我国会计中低层人才供给十分充足，而高尖端人才却极度缺乏，供不应求。即手工记账式的人才比比皆是，而真正能够掌握现代信息技术，能够满足会计信息化需要，适应会计信息化发展的人才却非常欠缺。尽管现在有大批受过高等教育的财会专业毕业生走向社会，但据调查大部分高校会计专业教学，还没有真正按照会计信息化的要求来组织教学，无论是师资力量、培养目标定位、课程设置、实践环节、教材编写等与社会发展的现实情况都还存在着很大的差距和问题。因此，笔者提出如下建议。

1. 全国相关高校会计专业的同行，组织一个会计信息化研究的机构。每年至少组织召开一两次会议，对教学中存在的问题和值得总结推广的经验，进行交流。

2. 组织相关专家为更好实施会计信息化教学，对会计专业的教学大纲、课程设置、教材等进行修订和编写。

3. 加强师资培训。大力培养“双师型教师”，为教师的进修、学习创造条件，创建和谐、宽松奋发向上的学术环境，加强教师现代信息化教育理论的培养。

4. 各个高校的会计（院）系除了对在校学习的学生加强培养外，还要对在职的会计人员开展培训。因为在职会计人员的素质有待进一步提高，才能满足会计信息化发展的要求。

21 世纪将是一个信息化的社会，当今社会正在向“知识经济”时代迈进，随着经济全球化和中国社会主义市场经济的深入发展，以及信息技术、网络技术的快速发展和广泛应用，尤其对会计信息化提出了更高要求。在这种背景下，打造一支熟悉国际规则、掌握企业管理、信息技术和会计业务的复合型会计信息化人才队伍，显得十分急切和重要。

会计信息化代表了一种全新的会计思想与观念，是传统的会计理论和现代信息技术、网络技术等相结合的产物，是现代会计发展的必然结果。作为承担会计人才培养的教育工作者，既要看到改革开放以来，我国会计信息化取得了长足的进步和发展，也要看到存在的问题和不足，与世界先进国家相比还有很大的差距。一定要明确自己肩上的重任，必须抓住机遇，迎接挑战，为努力推进我国会计信息化的发展作出自己应有的贡献。

四、论会计信息化特征及实施条件

随着市场经济体制的逐步确立，在社会经济和网络通信技术的双重推动下，会计电算化逐渐向更高级的阶段——会计信息化方向发展并成为会计工作发展的必然趋势。本节从会计信息化的含义出发，通过对会计电算化和会计信息化区别与联系的介绍，着重对会计信息化的特征以及实施条件做了分析和探讨。

（一）会计信息化的内涵

会计信息系统就是通过一定的技术手段，以一定的处理模式对各种相关的会计数据进行收集、加工处理、存储、整理分析，并根据具体要求输出不同形式会计信息系统。会计信息化就是信息技术和会计信息系统融合的过程，即以计算机及网络通信技术为手段，通过建立技术与会计高度融合的开放的会计信息系统，运用会计信息处理软件对与企事业单位有关的会计信息资源进行深度开发和广泛利用，以促进企事业单位发展业务、提高经济效益，并向利益相关者提供多方位信息服务的过程。会计信息化程度主要反映在所使用的技术手段上，取决于经济业务和技术的发展，经济业务的发展导致新的业务形式和业务信息需求的变化；技术（信息技术和管理技术）的发展带来了会计目标和相应会计思想的变革。随着会计信息技术水平的不断提高，会计信息系统在逐步完善，会计信息化的程度也在不断提高。

（二）会计信息化与会计电算化的区别与联系

会计学是一门以研究方法论为主的经济应用科学，而研究方法论离不开其技术手段。会计电算化旨在突出信息技术在会计中的作用，强调计算机替代手工核算的技术与方法；会计信息化在于引起人们对网络信息技术在会计中应用的重视及信息技术和会计信息系统融合程度的不断提高。两者没有明确的边界划分，只是同一事物在不同时代的不同称谓。

1. 信息技术与会计信息系统的融合程度不同

会计电算化是信息技术在传统会计模式下的简单应用，只是实现了会计核算环节（报账、算账等）的电子化，在其他环节仍然要依靠手工完成，是会计信息化的初级阶段。会计信息化除了必要的录入审查环节外，全部的业务流程均实现了计算机的自动化。与企事业单位相关的业务数据全部一次性录入单位数据库同时生成会计信息，并且可以按照给定的参数自动生成更具有针对性、操作性的控制和决策报告信息，实现真正意义上的人机交流。不仅如此，会计信息化系统还可以通过授权与外部系统（如证监会、银行、工商、税务、经销商等）相互沟通，进行网上结算，网上报税、网上审计等。

2. 会计职能不同

会计电算化根据已经发生的业务将原始会计信息录入系统，由计算机进行平衡校对后记账，生成会计报表，实现了会计核算的自动化，仍然是事后核算和监督。会计信息化收集了企业内外几乎所有与之相关的业务信息，随时可以将系统产生的会计信息与相关标准信息（定额、预算、行业平均水平等）相比较，通过人机交互作用，实现了事前优化决策、事中实时监控，职能由单纯核算转变为全面管理预测决策。

3. 在企业信息化中的地位不同、开放程度不同

会计电算化阶段，系统使用者主要是单位会计部门，其职能是完成会计日常核算的自动化，输出的会计信息具有较高的专业性和保密性，与部门外部信息隔绝，非财务人员很难知道并加以利用，处于“信息孤岛”的状态。在会计信息化高级阶段，系统几乎涵盖了与企事业单位相关的所有业务数据，单位各部门共同使用单位的同一数据仓库，所有业务信息在发生时分散录入会计信息系统并由计算机网络自动传输、实时转化，根据不同的要求直接生成会计信息或转化为控制信息、综合信息，动态地提供给各部门及决策者使用。

4. 运用的会计模式和理论基础不同

会计电算化强调会计数据处理的规范化，要求会计信息系统的运行按照我国统一会计制度的要求规范操作，立足于财务报告的规范生成；会计信息化阶段，相关业务数据信息在发生时分散录入会计信息系统，相应的会计信息由计算机网

络自动传输并计算、分析，根据不同的要求输出特定的报告，传统会计模式下的财务工作逐步消灭。

随着会计信息化程度的提高，四大基本假设会计主体、持续经营、会计期间、货币计量也受到了全方位的冲击。（1）随着网络通信技术的快速发展，网络电子商务已经出现，可以预见，不久的将来虚拟公司将大量存在。虚拟公司有自己的经济活动，理所当然是会计主体，但它的存在显然又有别于传统的会计主体。（2）虚拟公司往往是为了完成一个特定目标而出现，目标完成后随即解体，也不具备持续经营的前提。（3）会计信息化系统根据相关业务的发生实时输出所需要的会计信息，按项目或作业进行管理并核算，效益更直观、准确，传统会计期间的划分也许只是对外信息呈报的需要了。（4）各部门共同使用单位的同一数据仓库，会计信息化系统在反映货币计量信息的同时反映非货币计量信息，以多元化信息反映同一项业务的发生，货币计量假设相对弱化。

（三）会计信息化的特征

会计信息化的特征显著地体现在其所应用的计算机通信技术及会计信息系统上。

1. 渐进性

会计信息化程度的提高依赖计算机及通信技术的进步，依赖于会计信息系统的逐步完善。从技术上讲，从 1946 年世界上第一台计算机诞生时只是简单的数值计算，今天我们可以运用计算机技术从事航天、军事等复杂问题的研究，这种进步是快速的，但也是渐进性的。从会计信息系统的角度讲，按系统论的观点，系统是一个有着特定功能的有机整体，这种功能的完善是一个漫长的过程，不可能一蹴而就。会计信息化经历的会计核算、会计管理、会计业务一体化、全面网络会计等发展阶段可以看出信息技术与会计信息系统的融合是逐步递进的一个过程。

2. 动态性

会计信息化的动态性体现在会计信息系统自身的发展进程和会计处理对象即会计数据上。首先，从会计信息系统角度讲，随着经济及计算机通信技术的发展，会计信息系统在会计核算、会计管理、会计业务一体化、全面网络会计各阶

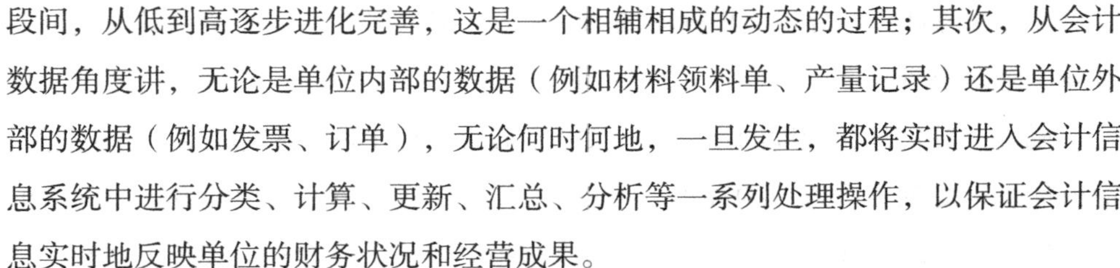

段间，从低到高逐步进化完善，这是一个相辅相成的动态的过程；其次，从会计数据角度讲，无论是单位内部的数据（例如材料领料单、产量记录）还是单位外部的数据（例如发票、订单），无论何时何地，一旦发生，都将实时进入会计信息系统中进行分类、计算、更新、汇总、分析等一系列处理操作，以保证会计信息实时地反映单位的财务状况和经营成果。

3. 开放性

会计信息系统实时地处理随时被录入的各相关业务数据，并根据要求输出不同的报告，这决定了会计信息化的开放性。

4. 互动性

会计信息系统具备系统的一般流程：数据录入、整理、分析、储存、报告等环节，同时建立了与人进行多向多位信息交流的方式。一方面，不同的业务人员向单位同一数据库录入数据信息，系统自动转化成会计信息，不同的信息使用人输入自己不同的需求参数可以使系统输出不同要求的信息报告，获得自己所需要的信息；另一方面，信息使用人可以通过对系统的数据处理流程加以调整和改进，来满足特定的信息需求。通过会计信息系统的互动功能，系统和信息使用人同时成为信息的提供者和使用者。

5. 集成性

信息集成的目的是信息共享。与企事业单位有关的所有原始数据只要一次输入会计信息系统，就能做到分次或多次利用，在减少了数据录入工作量的同时，实现了数据的一致、准确与共享。全面实现管理 / 决策型网络会计是会计信息化的最终目标，突出特点是实现会计信息和业务信息的集成化。可以从以下两个方面来说明。

（1）同一个时间点上，集成三个层面的信息。首先，在会计部门内部实现会计信息和业务信息的一体化集成，即实现会计账簿各分系统之间的信息集成，协调解决会计信息真实性和相关性的矛盾；其次，在企事业单位内部实现会计信息和业务信息的集成，在两者之间实现无缝连接，真正融合在一起；再次，建立企事业单位与外部利益相关人（客户、供应商、银行、税务、财政、审计等）的信息集成。

（2）在时间链上集成与企事业单位相关的历史、目前、未来的所有信息。

（3）统一业务的多重反映。比如，固定资产折旧的计算，现行会计制度规定可以在历史成本的基础上选定一种方法，现在可以选择多种方法同时计算，作为决策的参照。

（四）会计信息化实施前提与条件

1. 政府引导、规划、协调和管理

随着政治体制的改革，我国政府的主要职能已逐步转变。在信息技术逐渐发达的今天，政府必须从国民经济和社会发展的全局出发为全社会、全体企事业单位营造一个良好的社会法律、信息、教育环境，对企业信息化建设工作进行宏观规划、协调和管理。其实政府在这方面已经做了许多工作：2003 年国家信息产业部颁布《企业信息化技术规范》，2005 年国家标准委发布《信息技术会计核算软件数据接口》，同年相关部门召开“中国城市经济发展与城市信息化建设研讨会”，提出了信息化建设的许多创新理念。目前，在相当一部分政府机关（工商、银行、税务机关等）、国有大中型企业、事业组织已经实现了会计信息化的建设。另外，财政部从 1994 年开始对会计人员展开了全面的会计信息化培训工作，并且统一了培训大纲、教材和教学软件。但现在的信息化建设仍然处于试点、探索阶段，距离信息化的全面、规模化建设要求还相差甚远。当只有一人使用电话作为通信工具时，电话是装饰品；当社会上很多人以电话作为通信工具时，才能发挥电话的作用，这就是规模效益。会计信息化建设存在同样的道理。当前信息化经济是一个集供应商、生产商、营销商、客户为一体的产业链，同时和工商、银行、税务等政府机构紧密相连，客观上要求与产业链相关的各方面都实现信息化，都能在网络环境下自由完成各自的业务活动，实现各自的职能。所以只有在社会上全面、规模地实现信息化，并且政府真正起到规划、协调、管理的作用，才能真正达到会计信息化的要求。

2. 经济及信息技术的约束

会计信息化的发展程度受所处时代经济及信息技术水平的影响和制约，并反映着一个时代经济及信息技术的发达程度。在社会的不同历史阶段，经济及信息技术的发展水平不同，对会计的影响也不相同。在我国计划经济体制下，随着计算机技术的发展，从传统会计逐步发展到会计电算化；随着市场经济体制的逐步确立，出现了会计管理软件；随着计算机网络通信技术的发展和电子商务等新经济业务形式的出现，高度会计信息化阶段正逐步走来。

3. 现代会计信息系统的建立

会计信息系统的完善标志着信息化的发展程度，而采用何种会计软件则是信息系统完善与否的直接体现。会计信息化的成效如何，视其所用的会计软件在多大程度上提供有价值的会计信息。目前运用现代计算机及网络通信技术，围绕信息增值而设计的会计软件少之又少，所提供的能支持管理 / 决策的会计信息非常有限。

4. 无纸化凭证的推行

从会计信息化的发展历程可以看出，随着信息化程度的不断提高，会计信息的数据来源将逐步无纸化——数据电子化，这是会计信息化提高的结果，也是会计信息化的必然要求。虽然这些原始电子数据必须通过人脑的会计确认才能进入会计信息系统，但在原始数据全部电子化以后，电子签名将代替手工纸制签名，原始凭证的表现形式将发生革命性的变化。另外，随着市场经济竞争的加剧，会计信息使用者对会计报表报送周期的时间要求将大大缩短甚至具有不确定性，进一步加重了会计人员对相关业务数据进入会计信息系统进行判断和选择的时间要求。

5. 现代会计信息系统内部控制制度的制定

任何一个系统的有效运行，都需要相关控制制度的建立和完善。会计信息系统亦不例外。尽管传统会计内部控制制度在电算化阶段得到了及时的更新和完善，但网络环境比单机甚至局域网要复杂得多。会计信息系统使得相关的不同部门的不同人员在不同地点的不同微机终端上完成相关业务数据的录入并通过网络进行传输，原始凭证的表现形式电子化，业务数据的会计转化由计算机自动完成并保存。可以看出，会计信息化系统的内部控制由对人的内部控制转变为对人、机控制并重。对人的控制，我们有以前的经验可以借鉴，而网络环境下的对机控制则不同，对我们完全是一个陌生的问题，例如，交易的授权、完整性及正确性不如传统环境下那么明显，网络数据容易被截取与修改，等等，因而，制定严密完善的内控制度保证会计信息系统对业务活动准确、完整、及时的安全反映是会计信息化成败的关键。

6. 财务人员知识结构的更新

在会计实现信息化前，会计人员只要具有扎实的专业知识，按时保质保量地完成相关业务的会计记录和报表输出即可。而在高度的会计信息化阶段，会计人员不仅要及时地运用扎实的专业知识对进入会计信息系统的业务数据进行会计判断和选择，要利用娴熟的计算机知识（相关计算机程序和系统数据库知识）编制满足不同信息使用者的特定会计报告，更为重要的是，会计人员还要利用丰富的经济学、管理学知识解析和拓展会计信息系统输出的会计信息，为决策者提供最佳的业务预测和决策建议。所以只有财务人员的知识结构及时更新，业务素质得到提高，才能保障会计信息化的顺利实施，充分发挥会计信息化的优势。

总之，随着全球经济的进一步融合和计算机及网络通信技术的进一步提高，构建高度开放的、具有智能化、实时处理能力的会计信息系统已是会计发展的必然趋势。从 1981 年正式提出会计电算化以来，经过多年的努力，我国会计工作的电算化技术已经成熟，已基本具备了向更高程度的会计信息化阶段进军的条件。

五、会计信息化对会计理论与实务的影响及对策

会计信息化使会计核算工作更多地利用现代信息技术高速发展的成果，推动了会计理论与会计实务的进一步发展完善，促进了会计管理制度的改革，会计信息化对会计理论和实务必将产生深远影响。本节就网络时代会计信息化的定义、会计信息化对会计理论及实务的影响进行了分析，并在此基础上提出了相应对策。

信息时代的到来，使工业时代的竞争中许多基本概念变得过时，信息时代的环境决定，要想在竞争中获胜，必须具备新的能力。作为国民经济信息化基础和企业信息化核心的会计信息化，将会计信息作为管理信息资源，全面运用以计算机、网络和通信为主的信息技术，为国民经济平稳运行，为企业管理高效运作提供实时充足的信息。从会计电算化到会计信息化，并不是一个简单的概念变化，它更代表一种会计改革的理念和发展变化趋势。现代信息技术的革命，使会计核算工作更多地利用现代信息技术高速发展的成果，此外，它同样深刻地影响和改变着会计的基本理论体系和方法，但会计信息化和网络会计对传统会计理论体系

带来冲击和影响的同时，仍须对一些基本会计理论问题加以肯定并赋予其新的含义和内容。

（一）会计信息化的含义

目前在我国，会计信息化是不同于会计电算化的全新理念，如何准确把握其内涵，是目前会计界一直在探讨的课题，不同的专家学者以各种形式表达了他们的观点。会计信息化可以说是从会计电算化、会计信息系统概念的基础上派生的。

早在1999年，谢诗芬教授在《湖南财政与会计》第11期上发表《会计信息化：概念、特征和意义》一文认为："会计电算化是会计信息化的基础和前提条件。""会计信息化就是利用现代信息技术、计算机、网络和通讯等，对传统会计模式进行重构，并在重构的现代会计模式上通过深化开发和广泛利用会计信息资源，建立技术与会计高度融合的、开放的现代会计信息系统，以提高会计信息在优化资源配置中的有用性，促进经济发展和社会进步的过程。会计信息化是国民经济信息化和企业信息化的基础和组成部分。"该定义强调会计信息化的本质是一个过程，利用的手段是现代信息技术，其目标是建立现代会计信息系统，作用是提高会计信息的有用性。这种观点符合演绎推理的思维逻辑，先定位会计信息化的概念，然后设计其内容。而在2003年第10期《会计研究》上，杨周南教授发表的《会计管理信息化的ISCA》一文中，作者认为"会计电算化"应该改称为"会计管理信息化"，简称"会计信息化"较为确切。何日胜在《我国会计信息化问题初探》中认为："会计信息化是采用现代信息技术，对传统的会计模型进行重整，并在重整的现代会计基础上，建立信息技术与会计学科高度融合的、充分开放的现代会计信息系统。这种会计信息系统将全面运用现代信息技术，通过网络系统，使业务处理高度自动化，信息高度共享，能够进行主动和实时报告会计信息。"

因此，会计界对于会计信息化概念有不同的理解。会计信息化是一个新概念，实现会计信息化，其重要的目标和根本任务在于建设能够迅速提高企业的现代管理水平、满足现代企业管理需要的新一代会计信息系统，也是将会计电算化发展为会计信息化的现实意义所在。它不仅仅是信息技术运用于会计上的结果，它更代表了一种与现代信息技术环境相适应的新的会计思想。

（二）会计信息化对会计基本理论体系的影响

会计理论是由具有一定客观逻辑关系的会计理论要素组合而成的一个系统化有机整体，我国的传统会计理论体系是以会计目标为理论起点，以会计基本假设为前提和会计应用理论为内容的有机整体。会计应用理论是以基础理论为指导，运用于财务会计实践所形成的一系列方法性的理论，主要是制定和实施符合会计实务规范，是引导和制约会计工作的标准、评价会计工作的依据。传统会计应用理论主要有基本会计准则，会计信息质量和会计计量等层次。

1. 对会计目标的影响

会计目标是指在一定的社会条件下，会计工作所要达到的要求和标准，会计目标是决定会计实务发展的方向性因素，是会计最终所要求达到的目的。目标是把会计职能具体化，随外部环境变化，会计的目标将变化，会计的具体职能也将发展。在会计信息化时代，会计的基本目标仍然是提高经济效益，具体目标是向信息使用者提供决策有用的会计信息。财务会计报告的目标是向财务会计报告投资者、债权人、政府及其有关部门和社会公众等提供与企业财务状况、经营成果和现金流量等有关的会计信息，反映企业管理层受托责任履行情况，有助于财务会计报告使用者做出经济决策。但由于会计信息化的本质是会计与信息技术相融合的一个发展过程，因此会计信息化的目标是通过将会计学科与现代信息技术有机地融合在一起，以建立满足现代企业管理要求的会计信息系统。特别是在网络经济高速发展的今天，会计信息更容易满足公众对企业的经济信息需要，它为企业外部各方面了解其财务状况和经营成果提供信息，在信息技术例如数据库技术、人工智能技术、网络通信技术的支撑下会计信息处理将实现自动化、网络化、系统化，甚至可以利用自身的信息通过人工智能技术使预测与决策变得更容易、更准确。然而这种发展并未改变原有目标，相反它促进了传统会计目标的实现。只有这样会计信息化才能与市场经济体制相适应，从而得到更好的发展，如果偏离其所服务的目标，那么无论多么先进的技术都无异于南辕北辙，失去其前进的方向。

2. 对会计基本假设的影响

（1）对会计主体假设的影响

会计主体又称为会计实体，指会计为之服务的特定单位。在传统的工业经济时代，会计主体的范围很明晰，一般表现为独立核算企业，企业会计只核算企业范围内的经济活动，并向有关方面提供会计信息。但是在会计信息化条件下，网络技术的发展和普及不仅为会计信息的传播提供条件，而且使企业的组织形态、经营方式等方面呈现外在的不确定虚拟化状态。网络交易的发展，导致会计主体界限越来越模糊，但不论是高科技企业，还是所谓的“虚拟公司”都离不开会计主体假设。

会计信息化则极大地拓展了会计主体的外延，各种“网络公司”处于媒体空间中。然而依据实质重于形式的原则无论会计主体的外部表现形式和存在介质如何变化，今后会计服务的对象仍同为某一特定主体，并以其客观存在或发生的经营行为或事项作为处理会计信息的唯一依据。无论会计电算化还是网络化只是改变了会计信息的储存介质与传输方式，因此，不可能动摇会计基本理论的根基——会计主体假设。这一实质无论是在会计主体假设的形成初期，还是在网络公司兴起的今天，都未发生改变。所以在会计信息化条件下更需要全体会计人员从本质上审视会计主体。充分的挖掘假设的内涵，从思想上树立会计主体意识。

（2）对持续经营假设的影响

持续经营假设的基本含义：除非有反面例证，否则就能够认为企业的经营活动将无限地经营下去，即可以预见的将来，企业不会面临破产清算。在传统的工业经济时代，企业的大部分资产差不多都具有实物形态，而构成这些实物形态的主体通常是具有一定价值的自然资源，其中的技术因素和人工成本所占比例很小，这些有价值的资源不仅是企业有形资产在企业经营中的任何时候都具有较强的客观能力，而且可以合理预见其物理寿命。这在客观上降低了经济生活中的不确定性和风险。所以在这个意义上，尽管工业社会中企业经营仍存在经营失败的危险，但这种风险似乎并不影响人们长期持有持续经营的观念，而且也不影响以此为基础构建的会计系统所具有的理性。而信息化时代使各媒介主体的存在、发展、消失变得“扑朔迷离”，难以判断。因为“网上公司”的外部虚拟化常常掩盖了其发生真正交易或事项的行为，经营活动常呈现“短暂性”，它们适时的介入、联合、退出与转换，其网上交易的游离性和随机性难以控制。在这种经营方式下，就要求我们从市场空间的角度来确定企业的经营之间是否存在联系。必须以会计主体为基础，用发展的、联系的思想解释这种经营现象。另外从现行法律意义上理解将这类企业确定为持续经营主体，更有利于企业自身的权利实施和承担应有的义务。另一方面许多“虚拟公司”在发展中也将不断向实体企业转变，持续经营假设也不会因信息传输方式改变而有所改变，即使是所谓的网络公司也是如此。我们可以考虑这样一个问题，如果“百度”“新浪”等公司在可以预见的将来就要解散清算，美国证券交易委员会怎么会同意他们在美国资本市场上融资并挂牌交易。

（3）对会计分期假设的影响

会计分期是将企业不断的经营活动分割为若干个较短时期，据以结算账目和编制会计报表，提供有关财务状况、经营成果的会计信息。会计分期假设本身是对持续经营假设的一种补充。会计信息化条件下不仅使企业与外部实体之间的空间距离大大缩小，网络技术为我们随时了解企业的财务状况、经营业绩提供了可能。因此会计期间在网络环境下由于网络在线、实时反馈的功能可以进一步细分，比如一个月、一周，但不能趋向于无穷小，因为许多经济业务具有连续性和周期性，分割太细就无法反映某些业务的全貌，况且，评价一个企业的经营业绩乃至发展前景瞬时数据是没有任何意义的。执行统一的会计期间核算为国家、企业之间、社会公众提供了客观可比的标准，有利于国家加强宏观管理进行经济决策，其他利害关系人可以在相对稳定的期间了解企业的经营和效益，所以必须坚持会计分期。

（4）对货币计量假设的影响

货币计量假设是指会计主要运用货币对企业活动进行计量，并把结果加以传递的一个过程，在使用货币计量时，必须同时附带两个假设：（1）货币的币值不变（或稳定）。（2）币种的唯一性假设。在传统会计中，货币计量是会计系统产出所依据的尺度约定。随着企业经济活动的对象和范围不断向非资金领域扩展，尤其是知识资本和人力资本等新资源的产生，使许多人开始对货币计量假

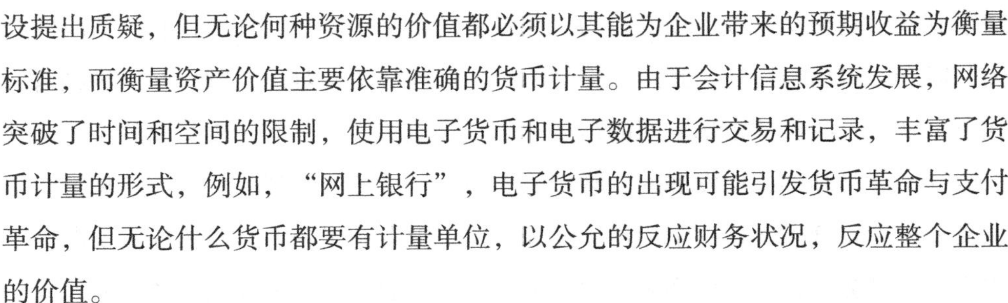

设提出质疑，但无论何种资源的价值都必须以其能为企业带来的预期收益为衡量标准，而衡量资产价值主要依靠准确的货币计量。由于会计信息系统发展，网络突破了时间和空间的限制，使用电子货币和电子数据进行交易和记录，丰富了货币计量的形式，例如，“网上银行”，电子货币的出现可能引发货币革命与支付革命，但无论什么货币都要有计量单位，以公允的反应财务状况，反应整个企业的价值。

3. 对会计信息质量的影响

会计信息的质量特征主要包括可靠性、相关性、可理解性、可比性和及时性，直接关系到决策者的决策及其后果，从而要求会计信息必须真实有用，能够满足决策者的需要。而对会计信息质量起到修订作用的操作限制主要包括实质重于形式、重要性和谨慎性。这些质量要求与财务报告相协调，体现了会计核算的共同要求，是会计核算一般规律的概括和总结。在会计信息化条件下，会计信息系统处于企业管理的控制层，这会更有利于体现会计核算的质量要求，其不仅使会计信息的质量有所提高，而且在体现会计要素确认与计量方面有一定的突破。如及时性、可理解性所要求达到的标准在信息化条件下很容易做到。

4. 对会计信息质量的影响

传统的工业经济时代要求企业在对会计要素进行计量时，一般应当采用历史成本进行计算，确定其金额。然而在会计信息化下的会计核算要求下，计量方法已发展成为以历史成本为主，以公允价值、市场价值、重置价值等其他计量方法为补充的相互结合的多元计量模式，使会计信息既反映历史成本，又反映现时价值。在不同的会计领域使用不同的价值计量形式。确立以历史成本为基础的会计报表系统和以公允价值等其他计量为依据的财务成本管理系统，使各种计量方法适应信息使用者的需要并发挥更好的作用。

（三）会计信息化对会计实务的影响

1. 对会计核算方法的影响

会计核算方法是对经济业务进行完整、连续和系统的记录和计算，为经营管理提供必要的信息所应用的方法，传统会计的核算流程一般包括设置账户、复式记账、填制和审核凭证、登记账簿、成本计算、财产清查和编制财务报表。

实现会计信息化后，会计系统将是一个实时处理、高度自动化的系统，会计处理流程将采用集成化的软件代替，可以与业务处理流程实现无缝链接和实时处理。

传统会计的核算显得纷繁复杂，使得许多企业在确定核算方法时，更注重简单、易用而忽视了科学性和合理性，而且数据在不同凭证账表中的抄写和结计造成人工的浪费，但是在会计信息化系统中，会计核算的方法将科学合理，很大程度上提高了会计资料的准确性。会计人员从繁杂、重复的会计日常事务中得到解放，科学性和合理性成为选择核算方法的主要考虑因素。而且实现会计电算化后，利用计算机可以采用手工条件不愿采用甚至无法采用的复杂、精确的计算方法，从而使会计核算工作做得更细、更深，使参与企业经营管理工作的重点更多地转向非事务性工作，如业务流程的优化、组织结构的调整，更好地发挥其参与管理的职能。

2. 对会计分析方法的影响

会计分析是企业经济活动分析的重要组成部分，是会计核算的继续和发展。会计分析是以会计核算资料为主要依据，结合统计核算、业务核算和其他有关资料，采用专门的方法，从相互联系的各项经济指标中进行分析对比，查明各单位经济活动和财务收支的执行情况和结果，客观地评价计划和预算完成或未完成的原因，肯定成绩，找出差距，总结经验教训，提出改进措施，借以改善经营管理，提高经济效益。在网络环境下，会计信息系统将采集到的数据和加工生成的会计信息存储在系统数据库中，既可以按约定的格式和内容提供会计信息，也可以由用户根据自己的信息需求，在数据库数据的基础上加工生成个性化的会计信息。在各种信息高速发展时代，会计信息对社会经济发展和企业经济效益提高起着越来越重要的作用。现代信息技术和会计电算化能将社会经济活动的细枝末节精确地记录、保存和传播，会计人员可以通过计算机分析会计信息，从中发现企业生产经营过程中的问题，对客观经营活动进行调节、指导、控制、减少资源浪费。通过分析用户的信息需求，会计人员不但可以制定有关的信息纪律、储存、维护和报告的规则，还可以制定在信息处理过程中用到的相关模型和方法等，并将这些结果经过信息系统的处理后传递给相应的用户。

3. 对会计检查方法的影响

会计检查是指由会计人员对会计资料的合法性、合理性、真实性和准确性进行的审查和稽核。会计检查是对经济活动和财务收支所进行的一种事后监督，是会计核算和会计分析的必要补充。随着信息技术的普及网络媒体的应用，企业将利用互联网络使会计信息处理高度自动化，工作流程简化且易于管理。网络型的数据结构达到信息高度共享，冗余度降低，各管理、生产组织部门的数据信息都将通过网络直接进入会计处理系统，每个员工都可能成为会计信息的生产者和使用者，会计信息可随时监督和检查。企业领导也可以通过网络直接实现生产现场管理，对产生的问题及时发现处理。但由于会计事项由计算机按程序自动进行处理，如果系统的应用程序出错或被非法篡改，计算机只会按给定的程序以同样错误的方法处理所有的有关会计事项，系统就可能被不知不觉地嵌入非法的舞弊程序，不法分子可以利用这些舞弊程序侵吞企业的财物。系统的处理是否合规、合法、安全可靠，都与计算机系统的处理和控制功能有直接关系。会计信息系统的特点，及其固有的风险，决定了会计检查的内容要增加对计算机系统处理和控制功能的审查。在会计信息化条件下，为防范计算机舞弊，企业会计内部控制制度也要随之改变，随之建立新型的会计工作组织体系。会计人员要花费较多的时间和精力来了解和审查计算机系统的功能，以证实其处理的合法性、正确性和完整性，保证系统的安全可靠。

综上所述，会计信息化不仅改变了会计核算方式、数据储存形式、数据处理程序和方法，扩大了会计数据领域，提高了会计信息质量，而且改变了会计内部控制与检查的方法，推动了会计理论与会计实务的进一步发展完善，促进了会计管理制度的改革，是整个会计理论研究与会计实务的一次根本性变革，会计信息化对会计理论和实践必将产生深远影响。面对这种发展趋势，会计人员必须重新审视有关会计基本理论，不断挖掘新的理论内涵：会计人员必须转变观念以适应会计信息化条件的新型会计工作；会计人员必须参与到企业信息系统的建设中，并与信息人员一道完成对信息系统及其资源的管理。

第二节 网络环境下会计信息系统的“五化”

网络环境下的会计信息系统所表现出来的协同化、实时化、智能化、多元化、动态化特征，为提高会计的运行效率与管理水平，提供了坚实的技术基础。通过网络，金融事务、会计往来将越来越频繁，单位内部的财务活动和单位外部的财务活动高效化、实时化，并对单位的经济运作、财务往来、会计核算等作全面、及时的监控，实现财务的静态管理为动态管理，提高企业整体效益。

我国的会计软件起步于70年代末，企业会计信息化在政府、企业和会计软件开发商等的通力协作下，得以不断的发展进步。会计软件开发经历了从自主开发、委托定点开发到标准化、通用化、商品化、专业化阶段。会计软件应用从过去的单项业务处理到核算管理一体化，从事后记账（反映、分析）到事中预警、控制、事前预测，管理模式由分布式向集中式发展。网络延伸会计及企业管理范围，提高会计信息系统的通信质量和运作效率，降低经营成本，实现资源共享，并使会计信息系统获得了更为宽广的发展空间。因此在网络环境下，会计系统以网络技术等新型的信息处理工具置换了传统的纸张、笔墨和算盘。这种置换不仅仅是简单工具的变革，也不再是手工会计的简单模拟，更重要的是对传统会计理念、理论与方法前所未有的、强烈的冲击与反思。那么，网络环境下会计信息系统具有哪些本质呢？

一、会计与相关者协同化

网络环境下，网络使得会计与企业内部各部门协同、与供应链协同、与社会有关部门协同，使得会计系统不再是信息的“孤岛”，真正体现了“数出一间，数据共享”的原则。由于企业间、企业同客户间的物理距离都将变成鼠标距离，不仅要求企业内部网上采购、销售、考勤预算控制、资金准备等协同、企业与供应链的协同（网上询价、网上催账、网上订票、网上生产计划等），而且要求企业与工商、税务、金融、保险等发生着频繁联系的部门，可以在网上实现（如网上银行、网上保险、网上报税）协同。会计与相关者协同化，使得会计管理能力能够延伸到全球的任何一个结点，可以顺利实现远程报账、远程报表、远程查账和远程审计，也会很方便地掌握远程仓库、销售点的库存销售等业务情况。这不仅可以降低企业采购成本，提高资金周转率，而且还可以降低整个社会工作成本，从而使社会经济生活将更加高效有序。

二、会计信息处理实时化

在网络环境下，会计信息系统一改传统会计事后的静态核算。企业的生产、销售、人事、仓储等各个业务部门借助于网络将各种信息实时传输到会计部门，发生交易的数据通过网络传递直接下载到会计应用程序中去，会计部门及时处理后并将相关信息反馈回去，从而使各个部门信息处于随时的沟通之中，最大程度地发挥会计的反映与控制各类交易的职能。至于对外公布，企业可通过防火墙（Firewall）及相关的加密过滤技术将动态数据库内容在Internet上实时传送给税务、审计、统计、证券机构等外部信息使用者，各种信息使用者从自己的实际利益出发各取所需，搜寻出及时性、相关性较强的信息。这种实时化不仅可以使会计信息系统通过内联网、外联网直接采集有关数据信息，实现会计和业务一体化处理，还可以使会计核算就从事后的静态核算转为事中的动态核算，极大地丰富了会计信息的内容，提高了会计信息的质量和价值。使得从原始单据到生成最终会计信息的过程瞬间就可以完成，所需的会计信息随时都可获得，会计信息的搜集、输入、处理和提供实现了实时化。尤其会计核算数据在互联网上的传递与传统会计信息披露方式相比，是没有时间和空间的限制，因为电子数据在网络上是以光速传送，几乎可以看作是没有时间差。只要给网络内输入会计信息，任何地点的信息使用者在任何时候都可以在网上查询到相应的会计信息。因而，日常会计信息的披露将变成现实，极大地增强了会计信息披露的时效性，能够满足决策者的及时需要。

三、会计信息管理模式智能化

网络环境下，企业的管理将变成以知识和信息为核心的管理，这就要求企业信息高度集成，会计信息资源高度共享，而网络技术的发展正为这种信息集成提供可能。因为在网络环境下，会计信息系统采用在线管理和集中管理模式。为了适应这一要求，由过去的会计人员，都是独立的封闭的工作单元，改变为会计信息系统的有关人员都在一个开放的网络上进行工作。如网上会计审批、会计制度在线更新、在线服务支持、在线会计岗位教育、在线调度资金（异地转账）、在线证券投资（外汇买卖），软件维护、应用指导、版本更新等均可以在线实时处理。由于网络会计信息系统实现了会计信息的网上发布，投资者及其相关利益集团可随时上网访问企业的主页，以获取企业最新的及历史的财务信息，从而减少了外部信息使用者的决策风险。也由于管理信息系统最大的子系统——会计信息系统实现了实时跟踪的功能，从而使管理者可以及时了解最新的情况，管理决策效率极大地提高。网络的出现使得集中式管理成为可能。企业的规模越来越大，为整合企业会计资源，加强对下属机构的财务监控，采取集中式管理，这不仅消除了物理距离和时差概念，高效快速地收集数据，并对数据进行及时处理和分析，而且还能够实现业务协同、动态管理、及时控制、科学预测，使企业实现决策科学化、业务智能化，使企业充分利用信息，提高投资回报率，保障企业在有序的智能化状态下高速发展。因而，实现降低运营成本和提高效率的目标。

四、会计信息提供多元化

网络环境下，会计信息使用者需要的信息多样化，使得会计信息的提供必须多元化。首先，会计理论多元化，为会计信息提供多元化奠定了基础，使得会计理论、内容、目标呈现多元化特征。会计假设得到扩展，多主体、多币种、不等距会计期间成为可能和必要，计量属性多样化，权责发生制与收付实现制并存，历史成本与重置成本并存，采用多种记账法。其次，会计方法多元化，为会计信息提供多元化提供了保证，计算机强大的运算功能及网络技术的发展使得会计核算能多种方法并用，以满足不同使用者对信息的要求。最后网络技术提供了多元化会计信息的功能，使得多元化会计信息真正成为现实。企业不仅可以提供规范的标准会计信息，而且还可以提供所有可能的会计方法为基础的会计信息。此外，还能通过对这些所有可能的会计方法的多种组合，推出自己的信息产品。具体来讲，包括收集与提供信息的多元化，处理信息方法的多元化和提供信息空间的多元化等。

五、会计信息核算动态化

网络环境下，企业主要在网上进行交易，出现了电子单据、电子货币等多种交易方式，也使电子结算成为可能。由于电子计算具有强大的运算功能，从会计凭证到会计报告全过程的信息处理都是由计算机来执行，人工干预大大减少，客观上消除了手工方式下信息处理过程的诸多环节，如平行登记、错账更正、过账、结账、对账、试算平衡等。相对手工会计而言，大幅度地降低了计算的复杂程度。也由于各种数据实现在线输入，电子货币自动划转，业务信息实时转化，自动生成会计信息，省却了手工方式下将业务资料输入到会计账簿的过程，使得会计核算从事后核算变为实时核算，静态核算变为动态核算，会计信息管理实现在线管理。会计信息收集处理的动态化使得会计信息的发布和使用能够动态化。会计信息生成后，将通过会计软件实时反映到企业公共信息平台上，或直接送到有关用户的电子信箱中去。这样，信息使用者可以随时了解企业的信息，及时做出决策。

总之，网络环境下，会计信息系统可以理解为一个由人、电子计算机系统、网络系统、数据及程序等有机结合的应用系统。它不仅具有核算功能，而且更具控制功能和管理功能，因此它离不开与人的相互作用，尤其是预测与辅助决策的功能必须在管理人员的参与下才能完成。所以，网络环境下的会计信息系统，不再是一个简单的模拟手工方式的“仿真型”或“傻瓜型”系统，而是一个人机交互作用的“智能型”系统，它使会计工作由核算型向管理型转移，推动着会计职能向深层次延伸。

第三节　会计信息化的教学目标

会计教育的“产品”是人才，如果不适应市场的需求，这一教育“产品”就找不到销路。当前高校培养的会计人才面临着结构性过剩，就业压力较大，与市场对操作能力强、综合素质高的高级会计人才的需求不相适应。要改变这一现状，会计教育就要满足市场对人才的需求，就要进行市场需求与会计教育的有机整合。

随着科学的发展与技术的进步，企业信息化直接冲击着会计信息化，在新的会计环境下对会计人才也提出了新的要求，当前的会计人才培养已经不再能满足企业的需求。因此，各院校必须紧密结合会计信息化对高素质人才的需要，调整教育方案，以培养出促进社会进步、符合社会需要的复合型会计人才。

一、当前市场需求与会计教育国际化导向

“经济越发展，会计越重要。”随着我国会计准则与国际会计准则已经实现基本趋同，社会对会计人员的素质又提出了更高的要求。会计通过财务信息的传递，实现为管理层提供决策的职能，会计信息又具有“公共品”的某些属性，这使会计人员又要具有很强的社会责任，必须对社会公众负责。可是近几年，会计专业培养的人才出现了结构性过剩，会计专业学生就业的市场环境发生了很大变化，市场对会计专业人才的素质也提出了更新、更高的要求，会计专业的学生以及各高校均感到一种巨大的压力存在。会计专业要生存、要发展，就必须培养能适应环境变化、满足市场需求、能为投资者和企业管理者等提供高质量的会计信息、能为社会创造财富的新型专业人才。这在客观上就决定了会计教育目标的调整，从而会计教育模式也要做一系列改革创新。

（一）人才的市场需求与会计教育目标的整合

会计人才的培养是一个系统工程，同时需要教师和学生、教学和科研、学校和用人单位、主观和客观等多方面相互支撑。特别是通过会计人员自身的反馈信息以及用人单位对会计人员的需求情况，进行调查与分析，得到一些关于会计人才培养的有益启示，会计教育目标应与市场对会计人才的需求进行有机整合。

1. 会计人才的培养首先应满足当前我国企业对会计人才的市场需求

我国的企业主要以中小型企业为主，中小企业作为一个特殊的企业群体，占到我国企业个数的95%以上，资金运动相对集中、机制灵活，在国民经济发展中占举足轻重的地位，对知识全面、综合素质高的会计人才需求十分强烈。但是，目前我国中小企业的会计人才却不容乐观。如刚走出校门的大学生理论足、实践经验少，已在岗的文化层次与综合素质往往达不到，因此造成低层次的会计

人才相对过剩。而5%的大型上市企业对高级会计人才的需求更是迫切。

会计专科（高职）教育处于我国会计教育体系的第一个层次，根据其教育对象的特点，我认为其会计教育的目标可以定位为：具备较强的实际操作能力，具有更新会计知识的能力，具有敬业精神的中级实用性人才，主要面向中小企业。本科教育是处于专科与研究生教育中间的一个层次，本科教育自身又可以分为精英教育和大众教育两个层次。而对于大众教育，就可以培养成具有组织、决策、管理和领导能力的高级应用型人才，将来就业方向可以面向大中型企业。硕士研究生教育应区分应用型教育和研究型教育两个层次，对于应用型人才应作为高层次人才进行培养。将来就业方向可以面向大中型企业或上市公司。

2. 部分会计人才的培养应满足科研的需求

对于本科中的精英教育，要为他们继续深造创造一定的条件，如果能考取研究生可以培养成研究型人才。

硕士研究生中，如果有潜力继续深造的可以作为研究型人才培养，让他们考取博士研究生或从事高校教育、科研工作，把教学目标定位为研究型教育人才培养；否则，以高级应用型人才作为培养目标也不失为一个最佳选择。

博士研究生教育应培养研究型人才。目前，尽管我国博士研究生的招生呈上升趋势，但毕竟还是占较低的比例，对博士研究生的教育目标问题也没有形成一个统一的认识。在借鉴国外教育实践经验，结合我国实际来看，我觉得，培养博士研究生从事科学研究或会计教育工作，也许是其最好的目标。因此，我们在会计学博士研究生教育中要注重他们研究能力，特别是创新能力的培养，为其以后的发展奠定基础。当然，还要注重他们研究方法多样性的培养。

3. 还应培养一些适应国际经济形式的高级会计人才

面对经济全球化的趋势，会计行业迫切需要一批善于管理、精于业务、熟悉市场规则和国际惯例、具有国际视野和战略思维的高素质、复合型会计领军人才。财政部高度重视人才培养特别是高端人才的培养，自2005年开始，财政部希望通过打造会计领军人才队伍，发挥其带动和辐射作用，提升会计队伍的整体素质、工作质量和服务水平。为适应这一经济形势，首先，高校会计教育的目标应该走规范化、科学化、国际化的发展道路，力求从高校中培养精通会计业务、通晓会计基本理论、熟悉国际会计惯例、了解世界主要会计模式异同、懂外语和计算机、具有较广泛的商业知识的国际会计人才。其次，要重视在职会计人员的继续教育。一是近期内有计划、分步骤、有针对性地加强对我国现有 1200 万会计人员进行培训。既要提高会计人员的整体素质，也要加快高级会计人才队伍的建设，自 2005 年开始，我国财政部已在会计人员中选出了 249 名高级会计领军人才，计划 10 年内要培养企业类 450 名领军人才。建议领军人才规模应再扩大。另外当前我国的 CPA 队伍，面对国内外经济形式的剧烈变化，也面临着前所未有的挑战，应加强计算机和英语及国际会计准则的学习，即要强化我国 CPA 在国际中的地位，也要培养一大批拿到 ACCA（国际注册会计师）证书的人才。

应该注意到，会计教育目标的定位应是一个动态的过程，各个时期的目标要根据形势的变化而调整，特别是在全球经济和知识经济条件下的会计教育更应如此。只有根据市场的需求，依据会计职业界对会计人才需求的变化，及时调整各教育层次的会计教育目标，才能培养出适销对路的产品，为职业界输送适当的人才。只有按照各教育层次会计教育目标，培养学生实际操作能力、创新能力、终身学习的能力和良好的职业道德素质意识，我们的会计教育才能蓬勃发展。

（二）会计教育模式的创新

当前我国高校会计教育模式存在诸多问题，企业界会计人员的继续教育也存在若干问题，这是大家有目共睹的问题，就不再详述了。这里根据会计教学目标来谈一下会计教育的改进问题。

1. 高校会计教育模式创新

（1）会计教育的国际化导向

要求会计教材、教育组织形式等应适当面向国际化。当前一些高校已经在这方面有了很好的尝试，已经开始采用英文教材进行教学等，这一工作应当继续加强。随着会计国际化进程的加快，特别是一些名牌财经类高校或专业应当把国际会计准则当成教学和研究的重要参考蓝本。当然会计教学的国际化，并不是简单地重述会计准则条文，而应当主要分析国际会计准则背后所包含的原理和理念，这些原理和理念应当成为今天会计学教学的基础和重要内容，而不应当局限于特定条文的含义。比如说，我们已经发布了 39 条会计准则，仅准则概念的内涵就

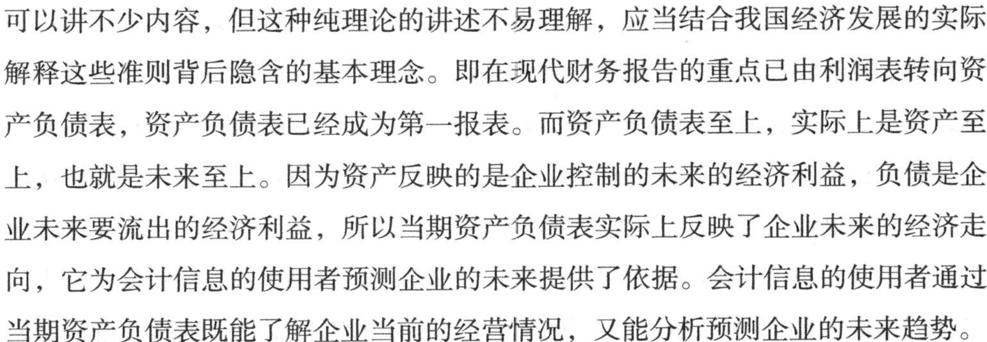

可以讲不少内容，但这种纯理论的讲述不易理解，应当结合我国经济发展的实际解释这些准则背后隐含的基本理念。即在现代财务报告的重点已由利润表转向资产负债表，资产负债表已经成为第一报表。而资产负债表至上，实际上是资产至上，也就是未来至上。因为资产反映的是企业控制的未来的经济利益，负债是企业未来要流出的经济利益，所以当期资产负债表实际上反映了企业未来的经济走向，它为会计信息的使用者预测企业的未来提供了依据。会计信息的使用者通过当期资产负债表既能了解企业当前的经营情况，又能分析预测企业的未来趋势。

（2）高校会计专业教学内容与课程设置的调整

会计准则或制度随着经济形势的变化常有调整。特别是财政部于2006年2月发布了新的企业会计准则，而我们会计方面的教材内容却跟不上这一新形势的需要，高校会计教师不但要把新的企业会计准则的内容融入教材，还要尽可能地开展双语教学，多增加一些西方会计的内容，把考国内会计资格证与考取国际会计职业资格证LCCI的内容融进课堂，甚至把考国内注册会计师CPA与考国际注册会计师ACCA的内容融进课堂，还要为提高学生的实践能力多想办法。同时还要注重学生专升本、考研的辅导等。教学内容的变化决定了课程设置的不断调整，目前会计专业的学生普遍存在着知识面过窄，数学和计算机知识不足等问题。为此，应增加数学课的课时，加强计算机课程体系的开课量，以满足信息环境下对会计人员的要求。另外根据各地经济形势和就业形势的需要还要增设交际方面、诚信教育与职业道德、财会法规、银行会计学、商业会计学和涉外会计学等课程以及信息化方面的课程。

（3）高校教学方法与教学手段的不断创新及有机结合

在教学中教学方法因教学目的、教学内容和教育对象不同而多种多样。正所谓“教学有法，却无定法”。笔者通过多年的会计教学实践体会到：会计是一门实践性很强的学科，它不应该是单纯的“黑板或多媒体会计学”，应该是多种教学方法的交叉或结合运用。比如根据教学内容合理选择案例教学法、图解法、交互式教学学习法、团队研究式学习法、考核评价法等，并注意在会计授课中实现从传授知识到传授方法的转变。

在教学手段上逐步实现信息化，广泛地开展多媒体教学。会计多媒体教学的关键之一是会计教师所做课件的质量，教师应掌握进行多媒体教学的相关技术，多媒体课件不是教师讲义或教案的电子版，不仅要有活泼、生动的表现形式，而且不能忽视会计学科的实践应用与理论相结合的特点。

（4）高校应加强实践教学，注重“双师型”教师队伍建设并融入诚信教育

国外先进国家高校学生的实践动手能力较强，这与他们的教育体制有关。而我国是应试教育体制，大多数学生存在高分低能的问题。高校教育想改变这一现状，必须加强实践教学，特别是会计课操作性比较强，应加重校内实验课内容和实验课时，同时还要多联系实习单位，实习单位应尽可能地增加一些外资企业。加强校外实习的分量，以提高实践技能。

这一客观要求与当前的高校教师的实际情况相脱节，我们的高校教师大部分是理论较充分，缺乏实地工作经验。要改进这一状况，高校会计专业应每年分批分期地外派青年教师到规模以上的企业挂职担任会计，或到企业经常调研以获取第一手的会计案例资料；也可以聘请企业高级会计师来校兼职任教等，以期把会计教师培养成为“双师型”队伍，适应加强实践教学环节的需要。

同时会计教学要融入诚信教育。《会计法》赋予所有会计人员必须以诚信为本，操守为重，遵循准则，不做假账。保证会计信息的真实、可靠，高校会计教育要把诚信教育放在首位，培养出的人才不仅要有一流的专业技能知识，更要有一流的职业道德水平，绝对不做假账，因此，会计教师应把“诚信教育”贯穿于整个会计教学过程中，根据教学内容列举一些诚信方面的案例，并要求学生在作业、考试、实习中都以诚信为本。

2. 在职会计人员继续教育创新

（1）继续教育应强化培养会计人员的职业判断力

随着我国市场经济的发展和会计改革的不断深入，新的业务不断出现，国家财经法规也相对滞后，那么会计职业判断越来越受到社会各界的关注。会计职业判断，一般是指会计人员根据会计法、会计准则和会计制度等会计规范，充分考虑企业面临的经济环境和企业自身的经营特点，运用掌握的会计专业知识和实践经验，对存在不确定性的经济事项所做出的判断。会计职业判断的目的是保证会计信息的质量，减少判断的偏误。以前会计遇到问题，很少通过自己的思考和

判断解决，而随着经济环境的变化和会计准则的大量出台，会计会碰到许多诸如企业合并、分立、资产重组、关联方、非货币性资产交换、债务重组、会计政策、或有事项等新问题。而会计准则告诉人们的只是处理会计事项的原则和方法，不是某具体事项的具体处理方法，这就要求会计人员在资料整理分析的基础上，对会计确认、计量、记录和报告等环节做出正确的职业判断并给予充分的披露，为会计信息使用者提供真实、可靠、完整的会计信息。因此，敏锐的职业判断力是新时期会计专业人才应具备的能力。

（2）重视会计公共关系，以培养会计人员良好的沟通与协调能力

俗话说："知己知彼，百战不殆。"会计工作也是如此。从某种角度来讲，企业与投资者、政府、工商、税务以及银行等部门的关系，与其他企业和相关单位之间的公共关系，主要是财务会计方面的关系，需要会计与之沟通与协调。会计专业人才只有具备良好的交流与协调能力，才能了解对方并进行良好的沟通，才能做好会计工作。新时期要求会计不仅要善于取得他人的支持，更要以良好的心态去与他人协作，共同完成工作任务；会计人员对内要具有协调、沟通的能力；对外要具有谈判、联络、交际的能力，能为所从事的会计工作创造良好的工作氛围。因此，具有丰富广博的知识，公共关系能力较强，能善于沟通社会的方方面面，能很好地处理与各方面的关系，是新时期对会计专业人才的技能要求。

（3）较强的法律意识和充实完善的知识结构的培养

随着我国法制化进程的加快，通过法律手段来调节经济行为已成为法制化国家的一个重要特征，会计如何面临逐步健全的法制化社会，已成为会计所面临的一个新问题。现阶段的经济主体用法律手段维护自身的权益，已经成为普遍现象，法律诉讼成为每个主体保护自身权益的有效手段。因此，在新的经济环境下，作为经济主体中的会计人员，面对日益复杂多变的经济活动，必须加强法律意识，要用法律武器来维护经济主体的自身权益，以免其受到侵害。另外，随着知识经济的迅猛发展和会计国际化趋势的加强，会计所面临的新情况、新问题越来越多，这都需要会计人员通过不断的学习、研究以及拥有充实完善的知识才能解决。因此，新时期要求会计专业人才不但要掌握相关的专业知识，还要熟知国家的经济政策，熟知财政、金融、投资、国际贸易、税务、法律、市场营销和外语等相关

知识，才能适应时代发展对人才的要求，不被市场竞争所淘汰。

（4）及时更新知识，树立终身教育的理念

只有不断地对会计人员进行知识的补充和更新、新技术的传授与培训，才能使他们在工作中很顺利地解决新时代出现的新问题。正规的学历教育，最多只能传授或培养受教育者终身学习的能力，而终身所需知识只能靠后续教育得以补给。今天，信息技术快速发展，知识不断更新，学校常规教育所传授的知识很快就会过时，每一位会计工作者，要想保持竞争力，就必须使其知识水平跟上时代的步伐，最好的办法便是树立终身学习的观念，不断学习，使自己的知识结构及时得到更新，将学习作为终身的挑战。因此，要树立新的教育理念，注重培养会计人员终身学习的意识和能力，使他们掌握科学的学习方法和技能，积极主动地学习，活到老学到老，以适应信息时代的要求。

（5）创新能力的培养

创新是当代经济的灵魂，没有创新就没有企业的发展。经济环境的变化，给会计带来多方面的冲击，这就要求会计面对新变化和新问题能创造性地开展工作，即会计人员要具有创新能力。一方面，创新是会计的内在本质，没有创新，会计就会墨守成规，失去生机；另一方面，面对新的经济环境，企业要走出国门，进入国际市场，作为“国际性商业语言”的会计必然要融于统一的国际会计体系中，我国是一个多种经济成分共存的国家，经济状况有其特殊性，面对会计国际化的进一步加强，我国的会计专业人才不仅要具备广博的知识，还必须具有敢于创新和善于创新的能力，并在会计实践中不断加强自我修养，不断地充实和完善自己，才能做好新形势下的会计工作，才能适应新时期的经济发展对会计专业人才的要求。

二、对当前会计信息化人才教育发展现状、问题及对策分析

信息经济的背景下，我国的会计信息化水平也在不断提高，尤其加入WTO之后，与国际接轨的现实状况使得会计信息化建设发展刻不容缓。

当前，传统的会计电算化系统在网络化、全球化的时代背景下，面临日益增长的信息需求以及信息多元化的挑战，已经无法满足广大的会计信息使用者，会计信息化的实施、发展势在必行。与此同时，要想顺利地发展会计信息化，人

才培养是关键，而会计信息化教育则是信息化人才培养的重要路径，因此发展会计信息化教育，改革教育思路迫在眉睫。教育培养出来的会计人员不单单是只懂得记账管账的财务人员，而是应该与会计信息化的发展相匹配，他们能够全面运用计算机、网络和远程通信等信息技术，将会计信息加工传输、存储、应用，为企业经营管理、控制决策和社会经济运行提供充足、实时的信息。

从当前会计专业教育状况看来，教学目标取向不清，一方面守旧，另一方面又盲目西化，导致教育最终没有质的变化，社会教育机构对会计人才的培养还只是停留在以理论知识为重点的初级阶段，会计信息教育存在着教学方法比较单一，教学手段比较落后，教学目标定位未能与时俱进，课程内容设置不合理的诸多问题。因此，从实际出发，我们急需改革现在的会计信息化人才的培养教育模式。

（一）当前会计信息化教育的发展状况

1. 计算机的应用加速会计信息化教育的进程

自从 20 世纪 80 年代会计电算化的起步到 21 世纪，会计信息化经历了一个飞速发展的过程，由简单的计算机代替手工记账、算账、报账，到90年代的商品化、通用化软件，再到今日的管理型软件发展阶段，会计软件已不再仅仅作为手工记账的替代品，而且还具备了对企业内部的财务资金管理、提供控制决策等功能，进而实现信息的集成化。

当然信息化的发展离不开适应时代需要的具有综合能力的人才，这样现实的要求使得各大院校就要对社会需求及时调整人才培养计划，转变人员培养方案，加大对信息化系统的投入，调整会计人才培养方向，在会计专业的教学中应设置会计电算化课程，课程教育实现“一人一机”，使每一个会计专业学生都能有机会学习会计软件操作，切实地保证会计人才的优化培养。

2. 会计信息化技术课程在各高校中已经广泛开设

会计电算化课程教育更多的是作为会计专业学生的必修课，在课程的学习中，要求学生简单了解会计应用软件的基本知识，进行上机的实际操作，学会进行会计账户的初始化，编制会计分录，依据原始凭证在系统中生成记账凭证，进行审核凭证，转账结账，进行试算平衡，最终将会计信息生成会计报表。通过对软件的学习，初步掌握会计软件的应用，这样有助于以后到企业中更快地掌握技术，熟悉业务。

虽然，全球的信息化已经使得各大院校也在积极努力，培养复合型会计人才以满足社会企业的需要。但是，在会计信息化对人才的高要求、高标准下，高校对会计人员的教育问题也初见端倪。

（二）会计信息化教育发展中存在的问题

1. 教学课程的权重分配不均衡

现行的会计教学体系虽然已经随着会计制度的改革做出了相应的调整，高等院校在会计课程体系方面基本采用“双轨运行”，即一条线是会计专业课程，主要包括初级会计、财务会计、管理会计、成本会计、财务管理等；另一条线是计算机类基础课程涉及计算机基础，计算机程序以及会计电算化课程。但是，在课程设置的比重上严重失衡，前者的课时学分占全部教学任务的近70%，而后者不到10%，尤其是会计电算化课程的课时较少，学生根本不能从课程中学到信息化系统的更多知识。两条线上，课程课时设置之间的差距使得会计专业人才的教学目标偏离了社会信息化对人才的需求目标，最终的教育结果是更多的学生偏重于专业课程，而忽视了计算机应用在实际生活中的重要地位。

2. 电算化课程学习浅入浅出

即使高校教学计划中设置了会计电算化课程，但是会计电算化课程的学习内容比较浅显，大多只是在总账下的账务处理，讲授的实例也多是以工业化企业为核算对象，发生的经济业务较少较单一，只是简单教给最基本的业务处理。然而在实际工作的过程中的情况远比理论中的复杂，主要有几方面：①会计业务信息的处理涉及的内容广泛，不单单是总账处理系统的业务，企业级会计信息系统还有应收应付账款子系统、固定资产管理子系统、工资核算子系统、通用报表子系统、存货核算子系统、成本核算与管理子系统等诸多系统下的业务处理，但这些都是学生从没实际接触的；②会计核算主体涉及广泛，然而实际上的经济企业单位不都是工业生产企业，工业、农业以及兴起的服务业等各行各业都要实现会计信息化，并且各类行业不同，企业也都有其特殊的经济核算业务，所以学习时只是以工业企业为例，限制了对学生教育培训的范围，这样不能够更好地迎合社会信息化进程中市场对人才的需求；③一个企业的经济业务也是多种多样，而学习中的经济业务处理多是简化的，所处理的最多也就是几十笔经济业务，甚至达不到一个经济周期发生的业务，所以在教育中这样的人才培训方式没有减轻企业对职员再教育的压力，学生走出校门后还需要经过对会计岗位一段相当时间的熟悉，才能熟练软件操作。

3. 会计信息化课程与理论课程脱钩

虽然会计教学的过程中引进了计算机、会计软件等辅助教学设备，但这些毕竟还只是停留在辅助教学的层面上，没有根本的对会计教学做出革新，会计信息化系统没有深入到理论学习中，没有得到应有的发挥。当前，会计专业基础课程的实践工作更多的仍然是传统的手工做账方式——手工制单、手工记账、手工制报表，而会计电算化知识的学习往往会重起炉灶，脱离会计专业基础知识课程的学习内容，这样的教学结构使得会计信息化技术没有从根本上起到为理论课程知识服务，理论业务也没有在电算化的实践教学中得到应用，两者的脱钩影响了各自的学习效果。

4. 对于会计信息化实践学习与技能培训的重视程度也不够高

此外，因为我国会计信息化起步较晚，受科学技术水平、法规制度、理论知识体系等多方面的限制，国内的会计专业人才的培养主要都是以会计理论的知识为主，以实践学习为辅，没有充分重视会计工作的实际操作以及其他技能方面的指导，培养的会计专业人员大都缺乏在实际实践中应用理论知识的学习背景。在这种实践学习落后于理论学习的教育模式下，由于外界经济环境的多变，使得培养的人才难免会滞后于会计业务处理环境的变化，尤其是对于没有过实际操作经验的应届毕业生。他们作为会计人员从业后，对会计活动认识不深，缺乏现代信息意识，只注重了会计的核算，忽视会计分析与会计管理的重要性，缺乏利用信息技术处理信息的感性认识，影响会计信息化发展进程。

（三）会计信息化人才培养对策

1. 平衡会计信息化人才培养课程间的课时分布

在目前的教育模式下传统的会计专业基础理论课程设置较多，占用的课时太多，对于会计信息化理论课程涉及的却很少，占的学时比例小。然而要培养会计人才的实践能力与创新精神，需要构建多模块、多层次的培养体系，增大信息技术类课程和实践综合能力课程的比例，例如“数据库管理”“管理信息系统”“计算机编程”“设计实验”等。使得学生能够在学校期间就可以更全面地学习掌握技术类和实践信息化知识。因为从目前的情况看来，会计人员的知识水平还很有限，在使用会计软件的过程中仅能应用软件进行业务处理，会计人员不懂得系统的维护，不能根据企业需要改进信息系统，甚至连基本故障都不能排除，然而会计信息化是要将现代信息技术应用到企业，整合企业的业务流程与会计处理流程，为企业内部与外部的会计信息使用者提供有用的会计信息，所以这就要求会计人员能够懂得基本的概念与计算机知识，掌握一定的应用技术及时对会计信息系统进行维护管理。

2. 模拟实战，弥补会计信息化课程学习的不足

举办大学生创业计划竞赛，在进行会计信息化学习的过程中，可以组织学生成立小组建立模拟企业，通过对模拟企业的实际操作强化学生应用会计信息化系统进行实践操作的能力。目前，比较盛行的是ERP企业模拟沙盘课程。方法是：将受训学生被分成若干个团队，每个团队由若干个学生组成，每个学生都有自己的职位，具体分为总经理、营销总监、生产总监、财务总监、供应总监等。每个团队经营一个拥有销售良好、资金充裕的虚拟公司，连续从事一定时间的经营活动。然后通过直观的企业沙盘，模拟企业实际经营状况，内容涉及企业整体战略、产品研发、生产、市场、销售、财务管理、团队协作等多个方面，这样学生们通过体验完整的企业经营过程，亲身体会会计信息化在实际中的应用，感受正确的经营思路和管理理念，提高会计工作的实践操作能力，提前感悟会计工作，同时也能增强队员的合作交流、应用技能以及对管理分析的能力，弥补理论学习与实际操作不足的缺陷。

3. 将会计信息化与会计基础理论学习结合

会计理论知识的学习过程同时也是学习运用会计软件的过程，在理论的学习中会涉及大量的会计实务题，若是能将这些题目加以运用，转化为会计信息化学习的案例，利用会计软件代替手工操作处理这些会计业务信息，然后再通过信息系统再把财务会计、管理会计、成本管理、财务管理这些独立的知识体系整合在同一系统中。这不但能够对单一课程的知识有更深刻的理解，加快会计信息处

理速度，为学生减少不必要时间浪费的同时，而且也使得会计信息化的学习贯穿于会计理论学习的整个过程，促进实践课程与理论课程之间的相互融合，实现理论课程与实践课程的有机结合。同时这样也更便于学生熟悉会计信息化技术操作，掌握系统管理知识，分析利用会计信息解决实际问题的能力，通过反复的操练与应用，提高业务水平。

4. 注重理论与实践的结合，建立实践培训基地

对会计信息化人才的培养不能只注重理论知识的掌握，要更多地关注学生实际实践能力的提升，将理论应用与实践结合，要注意以理论知识为指导，增强动手实践能力，充分利用社会资源，考虑建立校外的课外实习基地，学生可以利用假期到实习基地学习，这样不但可以强化理论知识的理解，加强学习实践能力的机会，将储存的知识活学活用，而且能够使之切身体会社会环境的复杂多变，培养他们的爱岗敬业精神和创新能力。校外的会计培训基地的建立，可与国内知名的会计软件开发商合作，在教学中引进品牌知名度较高的财务与管理软件，通过他们的软件开发经验与广泛的客户基础，支持院校内外实训环境的建立、复合型人才的专业培训。同时，对于软件的供应者来讲，高校也是一个巨大的潜在客户群的培育市场。这种互惠互利的双边合作教育模式，将加快会计信息化乃至社会信息化的人才培养。

总之，企业信息化的发展是历史的必然，会计工作作为企业的重要部分，也必然趋于会计信息化之路，宏观形势的变化使得传统的会计人才教育模式已经不能满足社会的需要。学校要及时整合教学体系，改善教学制度，转换教学思路，培养出复合型会计专业人才，以满足社会需求，促进信息时代发展。

三、构建面向中小企业需要的会计专业人才培养模式

从中国会计人才市场和会计需求的角度看，中小企业对会计人才的需求是非常紧缺也非常现实的。在我国，中小企业约占企业总量的99%，创造的工业总产值约占全国工业总产值的2/3，产品销售额约占64%，提供了约78%的就业岗位。从这个角度讲，高校会计专业培养的毕业生，每年有近80%将供职于中小企业。如何促进会计专业人才培养模式与中小企业的发展相适应，是当前我国会计专业人才培养模式创新的一个重要问题。

我国高校本科会计专业人才培养模式是一个久未解决的问题。从中小企业需求来看，我国中小企业财务管理和会计核算中存在的特殊性，产生了对会计专业人才的特殊需求，而现有会计专业人才培养模式与中小企业的需求不相适应。解决途径就是要适应中小企业财务会计的特殊需要，对现行企业财务会计专业人才培养模式进行改革，包括建立合理的课程体系、改进教学手段和方法、创新和改善教学团队、建立人才质量评价体系等。

改革开放以来，我国的会计专业人才培养取得了显著的成效，初步建立了会计专业人才培养模式。但另一方面，会计专业人才培养适应社会需要尤其是适应企业需要的问题，又是一个长期以来并没有解决好的问题。自 1999 年高校扩招以来，高校的招生人数呈逐年上升态势。据有关资料显示，目前高校会计专业无论是本科还是研究生，招生人数每年都位居前例且不断增加。但从实际效果看，高校本科会计专业人才（以下简称“会计人才”）的培养与实际需要有很大的差异，从实际情况看，学校培养出来的会计专业毕业生，“上不着天、下不着地”，即高层次人才人才不高，一般专业人才又达不到企业和用人单位的要求，而是“眼高手低”，动手能力较差，结果导致“高不成低不就”，学校培养的学生与市场的需求脱节从而造成“就学难”和“就业难”“创业难”的几对矛盾同时并存的局面。

提高会计人才的市场适应性和竞争力，当数适应中小企业的需求最为迫切和最为突出。但在当前高校会计专业的人才培养目标和模式中，很少有高校公开表明会计专业是以中小企业的需要为其人才培养目标和模式。从 1978 年我国会计教育界就开始围绕会计教育的培养目标和模式问题进行了长期的讨论，至今至少在实践操作上还难以形成一致的认识（王光远，1999 年）。在培养通才还是专才、应用型人才还是研究型人才、精英模式还是大众模式以及是传授知识还是培养能力等关键问题，都还没有形成一个在实践中的统一认识和行动。

（一）我国现行高校会计专业人才培养模式现状分析：以中小企业需求为例

人才培养模式是指在一定的教育制度和专业框架下，为实现人才培养目标、培养方案来组织实现的培养过程和培养行为，并在教学实践中形成一定的风格或特征，具有明显的系统性、专业性和目的性，包括专业设置模式、课程体系状态、知识发展方式、教学计划方案、教学组织形式、专业培养方式、素质教育体系、人才知识结构等。我国会计专业人员培养模式中存在的一个主要问题，是高校会计类人才培养模式与企业尤其是中小企业的实际需求不对称，这在一定程度上制约了高校相关专业办学规模的扩大，阻碍了高校会计类专业人才的发展。具体表现在以下方面。

1. 学科结构单一，会计人才知识面狭窄

长期以来，我国高校在会计人才知识结构的设计上基本沿袭“基础会计—中级财务会计—高级财务会计”外加“预算会计”的框架，侧重于会计专业知识的介绍，人才培养过于程式化，缺乏从事现代会计工作所必备的基础知识与理论知识，如管理、金融、证券与投资等方面的知识和综合技能。近年来，部分高校虽然通过拓宽专业面、实施学分制、开设选修课、主辅修制等措施加以改进，但效果并不明显，会计人才知识面窄的问题没有根本性改变。

2. 培养定位不明确，技术定位不现实，就业定位不实际

所谓会计定位不明确，是说究竟是培养会计全才还是会计专才的问题一直没有定论，在实践中操作起来也是摇摆不定；所谓技术定位不现实，是指会计技术的传授和运用没有从传统和现代方面加以划分，以传统培养理念支配现实会计操作和运行，造成会计技术性不强，难以适应多方面的实际需要；所谓就业定位不实际，是指培养人才基本上千篇一律，以适应所有企业和单位的一般需要来进行的，因此导致了学生一遇到就业的实际选择时就无所适从，难以适应。在面对中小企业时需要时就更是如此。

3. 会计教育手段相对落后

在传统的会计教学模式下，不重视会计专业学生职业判断能力的培养，主要教学模式是以教师为中心，以教科书为依据，教师根据章节内容、按部就班的讲授课本知识，但学生并不一定能够形成对课程的一个总体认识。这种描述性会计教学内容和“灌输式”的教学方法，对历史成本会计所存在的问题很少被提及，对重置成本会计和作业会计理念及方法传授很少，既不考虑中小企业的实际运用和实际需要，也不考虑其对现时经济和企业在投融资、税务政策、企业管理方面

的实际需要和变化。尽管传授了理论知识，但忽视了教会学生如何甄别、运用、创新这些知识，对企业会计的运行认识肤浅。

4. 会计职业道德教育和素质教育重视不足

目前在会计专业教育中，会计职业道德教育属于薄弱环节，没有专门的课程体系和实践教学，职业道德修养方面缺乏针对性和专业性，导致学生对相关法律规定缺乏了解，社会责任感不强，工作后不能处理好国家利益、集体利益和个人利益之间的关系，加大了会计信息失真、人格扭曲的现象。在素质教育方面，长期以来，应试教育带来的后果，就是学生独立思考和自学能力较弱，另一方面各种资格考试等又形成了轻素质教育、急功近利的学习风气。在高校会计专业教育中的另一个突出现象是不合理的师生比和教师结构（知识结构和经验指数），成为学生知识结构和素质养成的严重阻碍。

5. 会计理论与实践相脱节

会计课堂教学在内容组织上主要是以会计法规、会计原理讲授为主，以实务操作为辅，案例教学较少。会计教育中仍存在重理论轻实践、重知识轻能力、重共性轻个别的现象，把本来具有不同个性、不同特点和特长的人才，用单一的培养规格和培养模式，压成了千人一面的“合格”人才模式，扼制了人才在成长过程中创新思维的形成，培养的人才能力不强。

总的来说，高校会计专业人才培养的主要问题，可以简要的用“统一、单一、专一”来形容，既“全国统一无差异、培养单一无层次、专业专一无交叉”。从会计教育中的教学方法与手段上看，是“重教有余、重学不足；灌输有余、启发不足；理论有余、创新不足”（刘永泽等，2008 年）。这种模式自然很难适应中小企业发展的需要，如果结合到中小企业的需要来看，还可以概括为“理念不及、体系不支、内容不应、教学不适”的现实问题。

（二）从中小企业财务会计的特殊性看会计专业人才培养模式的创新

为切实解决中小企业在发展过程中所存在的人才瓶颈问题，有必要对中小企业财务会计做一个粗略分析。由于中小企业在财务管理和会计核算方面与大企业或上市公司之间存在着较大区别，使其在会计人才需求方面也存在特殊性，这些特殊性主要表现如下。

一是资金运行和财务会计管理高度统一。我国中小企业的组织结构大多采取独资企业或合伙企业形式，这些企业一般仅有一个（或家族）业主，其组织结构简单，业主往往具有所有者和经营者双重身份，同时拥有企业的剩余索取权和剩余控制权，从而使得以股权广泛分散为特征的现代企业制度下产生的信息不对称问题以及由此产生的各种代理问题在中小企业中微乎其微。企业所有权与经营权的高度集中，导致“会计乃工具”成为在中小企业中的管理层看待会计人员的一致态度。普遍现象，也成为会计信息不真实的主要制度原因。中小企业资金运行和财务会计管理的高度统一，为企业业主的不规范会计管理提供了极大的便利，同时也给企业的发展带来了不良影响。

二是财务会计核算运行与制度规范有较大差异。中小企业业主对会计工作的粗知和误解以及大多业主的独断专行，导致企业的内部核算和内部控制混乱，也干扰了会计工作的正常进行，造成了企业会计核算的实际做法在很大程度上与现行的制度规范有一定差异和背离。其主要问题在于会计核算的反序运行，即以税定账、以税建账、无账运行或套账运行等等，表现为企业各种财务制度的残缺不全或选择性设置。从微观上讲，造成会计信息披露难以客观、公正；从宏观上讲，使国家难以全面真实掌握企业经营状况及税务负担，就难以制定切合中小企业实际情况的管理政策。

三是成本费用分布不均和企业负担沉重。一方面，为应对狭小的市场规模和有限的生产规模，中小企业会不断压低生产运作成本，缩减相关费用；另一方面，由于缺乏融资渠道，造成企业融资成本费用很高。此外，企业社会负担沉重，尤其是资本积累被大量耗用，在相当程度上影响了企业的结构调整和扩大再生产，从根本上影响了企业未来的竞争力。

四是中小企业财务会计与税务、债务、内务等方面的关系。中小企业在财务会计管理和实务中存在有“三个密切关系”，即：一是与税务部门的关系是无法割离的，这使企业的财务会计需要有更多的应税方法和处理技巧；二是与债务方也存在着理不清的密切关系，除了与银行等金融机构的“官方”债务关系外，还有与各种信用机构或组织的“半官方”关系，以及广泛存在的内外部的民间借贷和私募所形成的债务关系，处理、协调好这些债务关系委实需要企业财务会计人员具有“特殊才能”；三是与内部管理和利益方的无法割离的关系，与一般股份制企业不同，甚至与国有、集体企业不同，很多中小企业在经营管理、内部权力结构、外部关系等方面存在大量的利益及其博弈关系。“利益方”关系的存在使企业财务会计在真实信息、会计处理、收益分配、支付管理等方面有很多特殊的内容和方法。会计人员在日常管理和业务工作中需要认真对待。

综上所述，中小企业财务会计人员与一般大中型企业相比，迫切需要解决三个“素养”问题，即会计人员的“综合”素养——各种财会业务岗位甚至超出财会业务的岗位的职责和能力集于一身；会计人员的“职业”的素养——既要适应和正确处理各项企业事务又要忠实于企业运行的实际，既要对老板忠诚又要对其施加影响，既要服从又要公正的双重责任；会计人员的“全能”素养——即应对税务、债务、内务、业务的全方位能力，既要有理论与实践的才能又要有灵活与规范的技巧；既要有应对各种日常的会计、管理、核算、信息报告分析等的业务能力，又要有灵活处理小而杂、少而怪的业务事项的本领。这就是中小企业对财务会计人员的真实需求和现实需要。

（三）适应中小企业需求的会计专业人才培养模式创新的思路

针对中小企业的实际需要，改进和创新会计人才培养模式，主要应围绕以下几个方面的思路展开。

1. 提升道德修养，加强职业教育

从专业教学角度讲，会计专业教师应在传授会计专业知识的同时，适时地引入会计职业道德教育。要在教育思想上把过去单纯的以培养学生“做事”转变到既要做事又要做人的模式上来。就人才素质的整体而言，“做人”比“做事”处于更为基础更为重要的位置。同时，还要紧密结合相关的法规、制度、案例，注意“从会计源头”上加强会计职业教育，具备与其职能相适应的职业道德水准。

2. 拓宽专业背景，突出市场需求

会计教育内容创新是会计教育创新的基础和重点。会计教育模式要从知识增长型向素质提高型转变，要对教育内容进行全局性、前瞻性的调整和规划，充分吸收会计学科和其他学科的最新成果，引导学生认识会计科学发展的规律和趋势，掌握科学的学习和研究方法。专业设置在一定程度上反映了学校对社会的服务方向，能否建立主动适应的市场机制，关键在于能否根据经济和企业的需求，适时地调整专业设置和专业结构，不断拓宽专业口径，不断更新专业教学内容，导入行业标准，增加会计实务，加强管理会计和会计信息管理利用等方面的实训，强化人文科学素养的培育，扩大学生知识面，为中小企业培养适销对路的高素质、复合型人才，为学生创造更宽阔的就业渠道。

3. 突出专业意识，养成“靠前”的职业素养

随着我国高等教育观念从“精英教育”到“大众教育”的转变，高等教育的投资绩效越来越体现在专业适应对路上。会计专业教育的“产品”面对着广大企业尤其是中小企业的“认同”和“接受”，已经不仅是供给方的单一行为和愿望。如何面对中小企业对会计的需求，有两点十分重要：一是会计专业培养的人才需要有强烈的职业意识，培养的是一用上手、一用对路的职业人才；二是会计专业培养的人才需要有“靠前”的职业素质，所谓“靠前”是指这些专业人才能够了解企业的实际、熟悉企业的运作、贴近企业的实际、胜任企业的操作。前者与中小企业用人的忠诚度和专业性契合，后者与中小企业的成本效率和价值追求一致。总之，突出专业意识，养成“靠前”的职业素养，是当今高等学校在培养会计专业人才方面所面临巨大挑战和艰巨任务。

4. 教学与实践相结合，专业培养与素质教育相匹配，企业与教育相呼应

随着市场经济的发展和经济全球化进程的加快，会计的应用范围变得日益广泛，会计专业的实用性和技术性日益增强。学校培养出来的学生如果满足不了市场的需要，学校就无法生存。学校办得好坏，是以满足市场需求的程度及被培养者对社会贡献的程度为衡量标准的（于雪莲，2006 年）。而会计教育培养的目标主要是为实务界输送合格的会计人才，学生只有通过参加有关的实践活动，亲身经历锻炼体验与总结，才能更深刻、更全面地认识、理解会计专业诚信问题，树立诚信理念，提升素质水准。因此，必须疏通会计人才供求双方的联系渠道，使会计人才的供给者——会计教育部门能够根据企业会计人才的需求状况，订立教育目标，注重专业和素质教育，培养出符合社会需要的会计人才。

（四）构建中小企业会计专业人才培养制度的创新要点

从具体操作方法、措施和制度方面而言，其创新要点主要有以下几方面。

1. 建立合理的课程体系

按照“宽口径，厚基础，高素质，强能力”的培养思路设计教学计划，改变长期以来注重专业需要和偏重知识传授的做法，综合考虑调整学生的知识、能力、素质结构，改革教学内容划分过细、各门课程过分强调系统性和完整性的状况，加强不同学科之间的交叉和融合。

首先，应将学科内容划分为基础课程和应用课程。基础课程注重学生的知识和能力的培养，例如，强化各级别财务会计的学习和运用。而应用课程应强制学生在学习基础课程的基础上，深化各门类会计、非营利组织会计和运用型会计这类课程的知识掌握。

其次，对会计专业的基础课程应适当压缩整合。避免教材内容僵化和重叠，减少会计准则的内容，增加对定义及不同观点的探索，避免会计标准化对会计教育的负面影响。同时，应将中小企业财务会计的内容融入教学中，既有针对性的讲授，又为学生的就业打下坚实基础。另外可适当选择一些必要的课程作为必修课或鼓励跨学科选修，既不占用太多时间，又可以让学生领略到其他学科知识的精华。

再次，对会计专业的课程体系进行改革创新。要充分考虑专业知识结构和企业需求结构的一致性。从专业结构上讲，要在基本知识、相关知识的基础上，加大专业知识和专业能力的培养；而在适应中小企业需求方面，要着重在企业成本核算、会计方法以及财务会计与税务、债务方面的能力培养，增设税务、信贷、工商、进出口业务等办理的具体业务课程，并加大基于此的实践能力强化训练；在创新能力方面，注重对中小企业在投融资能力方面和税务实践方面的训练和培训。同时，还要加大对会计方法（包括处置、操作、研究、比较分析等）的教育、养成和启发。改革现有课程体系的核心问题，一是注重能力、应变力和创新，二是注重操作和知识体系。

2. 改进教学手段和方法

教学目标体系的调整并不意味着放弃系统知识的教学，而是要求教师应用现代高科技教学手段与技术组织教学、传授知识，大力推行教学互动类方法。要多层面、全方位的采用“案例教学法”“讨论式教学法”“实践式教学法”和“创新式教学法”。其中，前三种教学法是典型的互动式教学法。

案例教学法首创于美国哈佛大学商学院，目前已广泛应用于MBA教育中，以其先进的理念，鲜活性、启迪性的教学手法及具有针对性的实施方式，成为现代管理培训中一种不可替代的重要方法。案例教学法的应用要求在学生学习和掌握一定会计理论知识基础上，将会计案例引用到教学中，通过教师的引导、分析、对案例中的会计问题或困惑找出解决方案并要求形成书面报告，最后由教师进行评述和归纳总结。通过这样身临其境的体会，深化学生对理论问题的理解，增强他们分析与解决实际问题的能力。

讨论式教学法应用是在教师主导下，通过设置若干与课程相关的问题并引导学生思考，促进学生学习自觉主动地参与教学过程，加强师生之间和学生之间的对话交流并促进教学的一种互动式教学方法。会计课程的理论与概念比较抽象，通过讨论式教学的交流与讨论，可加深学生对概念与问题的理解，达到对知识的融会贯通。“讨论式”教学法作为教与学的一种重要方式，是一种教育理念，是新的人才培养模式，也是培养学生创新意识和创新思维的重要手段。

实战式教学法是在教师的带领指导下，进入有关合作单位进行实地调研学习，或邀请有关合作单位的专业人员到学校进行交流教学。会计是一门实践性很强的学科，理论教学和实践密不可分，实践式教学法可有效地沟通学校和企业，特别是有利于解释中小企业财务会计的特殊性。教学实践证明，实践式教学法在会计教学中非常受欢迎。

“创新式教学方法”是由教师将中小企业会计和财务运行过程中的大量实际问题用互动式来解决，让学生知道在实践中存在什么实际问题和应当如何解决这些实际问题。“寻求解决方案”是这种教学的最大亮点。让学生根据所学专业知识自行去实践、去发现、识别、讨论、解决、验证，然后再由教师综合汇总，进行对比分析，将创新思路、创新知识、创新方法、创新内容始终放在专业教学的中心位置。

3. 创新和改善教学团队体系

教书育人，首先在于教，其次在于育。教育者本身应当具有相应的素质、经验和才能，教学团队必须精通至少是熟悉中小企业以财务会计的业务活动，否则就是一句空话。解决好这个问题，需要在教师培训培养、教学团队组成方面大力改善。其中突出的应该是教学团队的组成，要引进聘请适应教学的中小企业经理、财会人员进教室进课堂进教学环节，现身说法和言传身教，既教育学生又培训教师，是高校专业教育中一个新的选择和创新。从育人方面讲，要通过中小企业的案例和样本来进行现场教学和指导，尤其是把会计核算、外部会计事项、财务管理中的难点等，作为案例直接引入课堂，让学生面对、体会、讨论和尝试解决，在此基础上再进行有针对性的专业教学和考核。当然，这也是一个系统工程，不仅涉及教师、教材、教学安排，还涉及整个教学体系管理制度的改进完善。

4. 注重会计专业人才培养

我国会计人才培养正面临的问题很大程度上在于我国社会经济和教育环境，对会计专业人才素质缺乏应有的认识是导致我国会计人才尤其是中小企业会计专业人才培养状态不甚理想的重要原因。国际会计师联合会（IFAC）公布的《国际教育准则第 9 号》中，将会计人员应有的素质分为知识、技能和职业价值观三类，同时，将职业道德和职业价值观、沟通技能、交流技能和理性思维能力作为核心素质。通过对国内外学者有关会计人员应当具备的素质研究中，大多数研究者认为会计专业人才（会计人员）的最主要素质分别是商业管理技能、商业管理知识、核心会计知识、个性特征、基础知识和技能。面对不断变化的社会经济环境和基础教育在创新能力培养方面的不足，会计人才素质培养必须树立创造性教育、终身教育、人本教育和技能教育的理念，从而突出适应中小企业需要的会计专业人才培养模式。

5. 建立人才质量评价体系

现在的会计专业人才都是由各个学校自行教学、考核，学校充当了既是运动员又是裁判员的角色。事实上，各个学校在人才培养目标定位、教学体系安排、教学资源配置上都存在着很大差别。为此，要改进人才评价标准，建立统一的人才质量评价体系，这个评价体系应包括会计人员的职业道德、知识结构、素质能力三大内容。该评价体系将对会计专业学生的培养模式创新起到积极的导向作用，并有助于用人单位对会计人才的选用和评价，适应中小企业发展的专业人才需要。

四、会计类本科专业会计电算化课程教学目标定位

本节主要讨论会计类专业会计电算化课程的教学目标与内容，在分析当前会计电算化教学目标确实存在问题的基础上，对当前会计类专业进行简单的探讨，提出了分类确定会计电算化教学目标的基本思路，并通过对各会计类专业培养目标的探讨，提出了会计类专业会计电算化的教学目标和教学内容，最后以会计专业为例说明了教学目标的层次性。

随着社会信息化的发展，会计电算化这门专业课重要性与日俱增。这门课在我国会计类专业的开设虽然有相当一段时间，但迄今为止，却没有形成完整的体系，没产生一本较为理想的教材，很多问题仍然处于不断的探讨之中，因而给会计类专业的会计电算化教学及学习带来了不少困难。大多数的老师在教学中普遍对这门课的教材选用、教学内容等问题把握不准，要么将它按会计软件培训课的要求来讲授，要么按会计信息系统的程序编写课或计算机语言教学课来讲授；学生对这门课的认识更加肤浅，绝大多数同学认为这门课就是学会几个主流财务软件的操作，还有一部分同学往往也错误地认为上这门课就是学习编写会计软件。基于多年的该课程教学经验，笔者认为要上好这门课，首要的是明确会计电算化教学目标。

（一）对当前会计电算化教学目标的确定存在着问题

1. 课程设置目标定位不正确

教育目标一般要受教育观、知识观、思维方式、经济环境、经济发展水平等因素的影响，而一门课的设置目标则服从专业培养目标的需要，教学目标决定于课程设置目标。目前不同院校尽管对会计类各专业的教育目标有不同的叙述，但本质并无差异，在此不再赘述。会计电算化教学目标的确立是建立在会计电算化课程在专业课程设置中的地位和作用基础之上的，确立会计电算化教学目标首先要确立课程设置目标。

会计电算化课程设置目标因专业不同而不同，不同的会计类专业培养目标不同，会计电算化课程设置目标也不同。目前大家仍习惯于将它视作一门边缘学科。认为设置这门课程的目的就是既要学会会计知识又要学会计算机知识，教会学生如何一个模块一个模块地去设计，编写程序，基本上都作为一门以计算机教

学为主、会计教学为辅的专业课程。这样就导致各个会计类专业课程设置目标不同，没有真正确立该课程在专业课程设置中的目标，直接导致会计电算化教学目标不明确。

2. 课程体系框架尚未成熟，课程设置缺乏正确的参照体系

会计电算化作为会计学专业的一门课程开设已有十几年的历史，为我国会计电算化的普及作出了突出贡献。但由于缺乏权威性研究与规范，各院校教学内容与方法存在较大差异，纵观各高校采用的会计电算化教材，可以说是五花八门，良莠不齐。这表明在教材的采用与编写上大家仍未达成共识，从而缺乏一个相对稳定的课程框架，导致大家都难以准确地说清其教学目标，严重影响教学质量。

从目前教材内容来看，会计电算化教材大致有以下几种类型。

（1）实务型

偏重会计软件功能与操作方法的学习，一般以某种国内比较主流的会计软件为基础，分模块介绍各子系统的功能以及系统设置、日常处理、账表输出等会计软件操作方法。

（2）开发型

偏重信息系统的设计理论与技术。主要介绍会计信息系统的开发方法以及主要功能模块的处理模型、数据模型、程序编制及开发工具。

（3）综合型

在介绍主要会计软件基本操作的基础上，介绍会计信息系统的基础以及开发技术，分析主要功能模块的处理模型与数据模型以及会计软件的实施与管理，在此类型下又可进一步划分为以实务为主的综合型和以开发为主的综合型。

无论哪种类型的教材都存在几个很大的缺陷。

（1）教材框架体系尚未成熟

教材五花八门，良莠不齐，各教材之间的内容差别很大，尚未形成较为成熟的框架体系。而且在现存的教材中存在实用主义和纯理论两个极端，没有根据教学目标的要求编制专业适用的教材，从另一个方面也影响了会计电算化教学目标的确立。实用主义忽视了会计电算化的理论基础，降低了对学生的理论要求；而过于理论化又脱离学生的实际接受能力，使学生感到乏味。

（2）教材适用专业不明确

这几类教材，无论哪一类，好像都是“万金油”，或者都标明适用不同的会计类专业，或者对适用范围不进行说明。一般来说，不同的专业培养目标不同，相同课程在专业课程设置上的目标是不同的，其教学目标也是不同的，因而对教材内容的要求也有所不同。

（二）会计类专业的划分

会计电算化教学目标的制定必须遵循分类指导的原则，根据会计电算化课程在专业课程设置中的地位和作用，制定不同会计类专业的会计电算化教学目标。

到目前为止对于会计类专业并没有十分权威的界定，在高校中专业设置也各具特色，在此对这一问题不再探讨。

在 2005 年 1 月 12 日颁布中华人民共和国财政部令第 26 号——《会计从业资格管理办法》（以下称《办法》）对会计类专业进行了列举（界定），该办法会计类专业包括：会计学专业、会计电算化专业、注册会计师专门化专业、审计学专业、财务管理专业和理财学专业。

《办法》对会计类专业只是进行了列举，随着社会经济的发展，会计类专业所包含的内容也将发生变化，例如，现在上海财经大学开设的国际会计专业并没有列入现在的会计类专业中，在此只是对《办法》中列举的会计类专业的会计电算化教学目标进行探讨，对于未在此列出的不再讨论。

（三）会计类专业会计电算化教学目标探讨

根据会计电算化教学目标的相近程度，我们把六个专业分为三类，进行会计电算化教学目标的探讨。会计电算化专业；会计学专业、财务管理专业和理财学专业；注册会计师专门化专业和审计专业。

1. 会计电算化专业会计电算化教学目标

对于会计电算化专业来说，该专业培养的学生，不但要懂得主流的财务软件的操作，理解会计信息系统的运行原理和流程，懂得会计信息系统的分析和设计，更重要的是会开发会计信息系统，能参与会计信息系统开发的全过程。因此，对于会计电算化专业来说，会计电算化是专业的核心课程，就是要在计算机知识、会计知识、软件、工程知识学习的基础上，主要教学目的就是如何去分析和设计会计信息系统，要教会学生如何利用当代先进的管理思想和科学的系统开发设计理念进行会计信息系统的开发设计和维护。

2. 会计学专业、财务管理专业和理财学专业会计电算化教学目标

无论在会计学专业还是在财务管理专业，专业培养目标是培养出具有良好综合素质及较宽厚的专业基础理论知识，具备会计业务基本能力和较强专业技能的高级财会和财务管理专门人才。在这两个专业中，会计电算化这门课的定位仍然是一门会计专业课，是以会计为主要的教学导向，计算机教学处于相对次要的地位。主要教学目的绝对不仅仅是要教会学生如何一个模块一个模块地去设计，编写程序。而是要让学生在把握当代先进的管理思想基础上，形成科学的会计信息系统设计理念，对电算化会计业务流程有一个完整的概念，此外还要熟悉相关的法律法规，能较熟练地操作与比较各个主流的会计软件。因此，会计电算化教学所涵盖的内容：系统设计理念＋计算机＋会计知识＋管理思想＋会计软件应用。此外，因为会计学专业和财务管理学专业本科生大多并不具有良好扎实的计算机专业基础，因此会计电算化的教学要以系统开发设计原理为主，软件应用次之，程序开发最末。

3. 注册会计师专门化专业和审计学专业

这两个专业都是培养具有系统的审计理论知识，掌握较全面的审计实践规律，拥有基本的审计实践技能，熟悉有关经济法律法规，掌握宽广的经济管理知识，审计方面的高级复合型、应用型人才。相对于专业培养目标来说，会计电算化课程设置目标和教学目标在这两个专业中极其相近，对于这两个专业来说，主要就是为开展审计工作和其他相关工作打基础。因此，对这两个专业来说会计电算化的教学目标就是主要从审计的角度出发，让学生理解会计信息系统开发的基本原理、总统结构和流程，了解中外主流财务软件中各系统的总体结构设计与功能，为以后的工作打下良好基础。另外，还要顺应信息时代的潮流，及时补充更新教学内容。

（四）会计电算化教学目标的层次性

专业教学目标确定后，我们还应该明确，在同一教学目标下还可以分成不

同的层次目标，也就是说，会计电算化教学目标具有层次性。一方面，这是社会需求的需要；另一方面，也是学生个体发展的需要，学生的兴趣爱好不同，对会计和计算机知识的掌握程度不同、志向不同，从学生本身来说自己学习会计电算化有不同的目标。

对与会计学专业的本科大学生，根据社会需求、个体差异和教学目标，可以把他们培养成为几类电算化人才，其中包括系统分析、设计人员；系统维护、管理人员；系统操作、数据录入人员等。相应的，我们可以根据会计电算化课程的培养目标差异性，划分为初级操作人员、中级维护人员、高级设计人员三个培养层次。其中，初级操作人员阶段培养目标主要应是培养学生对财务及相关软件的实践操作能力；中级维护人员阶段培养目标主要是培养会计电算化系统管理、系统维护人员；而高级设计人员阶段则主要是培养高级的系统分析、设计人员，以满足会计软件的开发研制等需求。高校应该根据教学目标，相应调整课程体系设置和教学内容。

总之，对于会计类专业的会计电算化教学来说，最主要的是根据专业培养目标确定课程设置目标，然后确定教学目标，但教学目标的确定并非解决了所有问题，它仅仅对教学内容、教学方法手段和师资队伍的配备等方面起到指导作用，会计类专业会计电算化教学的顺利实施要围绕教学目标来组织教学内容，确定合理的教学方法和手段，并配备相应的师资，这是在明确教学目标后要做的事情，只有这些做好了才能实现教学目标，二者相辅相成，不可偏其一。

第七章　高校会计专业会计信息化教学研究

第一节　高校会计专业会计信息化教学体系重构研究

自杨纪琬先生在高等教育中创立会计电算化以来，随着社会信息化的不断演进和发展，会计电算化正在经历着向会计信息化的转变，社会对会计信息化人才的需求激增。然而，如何建立符合信息化社会特征的会计信息化教学体系，始终是困扰会计信息化教育的热点问题之一。以计算机技术、网络技术和数据库技术为代表的信息技术的发展，以 ERP、电子商务为代表的应用系统的日趋成熟，都对会计信息化教学体系的重构提出了新的要求。

一、本科会计学专业会计信息化教学体系的现状分析

作为一门年轻的课程，会计信息化教学体系与其他会计专业课程相比，具有极强的不稳定性，不同层次、不同类型、不同地域的高等院校，在会计信息化教学体系上表现出较大的差异，根据会计信息化教学内容，可以将目前的会计信息化教学体系分为三类。

（一）开发类

开发类以会计信息系统开发为主线，借鉴软件工程理论和方法学体系，介绍会计信息系统的开发模型、开发方法和开发工具。它包括会计信息系统的可行性研究、需求分析、概要设计、详细设计、编码、测试和维护等相关内容。在具体的章节安排上，又可以分为两个子类，一是借鉴国外会计信息系统课程的内容安排，以企业业务流程为主线，介绍企业获取 / 支付业务过程、转换过程、销售

及收款业务过程的系统分析、逻辑建模和系统设计；一是按照会计工作的内容，划分为账务、报表、工资、固定资产、成本核算等模块，分别介绍各模块的系统分析、系统设计和系统实现。

在相当长的一段时间，系统开发类作为会计信息化教学体系的主导，得到了较为广泛的认可。其原因可以归纳为两个方面，一是受国外教学体系的影响；二是基于当时的信息化应用环境。国外的会计信息系统作为企业信息系统中的一个子系统，其主要职责是从组织的 TPS（事务处理系统）中获取会计数据，并进行处理，提供有关会计信息的管理信息系统。国外的教学体系中大多是介绍系统逻辑模型的分析与建立，早期的国内教学大多沿袭了这一思路。同时，在我国会计信息化起步阶段，社会信息化程度较低，信息系统的使用绝大多数都停留在单项应用层面，而应用软件也大都通过自行开发获得，应用的主要目标在于编制程序，以实现某一计算过程的自动化。

随着信息技术的不断发展，这一教学体系的弊端也逐渐呈现。由于会计信息系统规模的不断扩大，会计信息系统的开发已演化为庞大的系统工程，应用软件的获取方式也逐渐由自行开发转向外购，对于会计专业学生而言，系统开发逐渐失去了应用的基础。另外，更重要的是，作为会计专业的学生，由于计算机相关专业知识的缺乏，使得他们很难理解和掌握系统开发的相关知识，会计电算化成为他们最听不懂的课程之一。

（二）应用类

应用类是伴随着商品化软件的出现，而逐渐进入会计信息化教学体系的。系统应用类以某一软件的应用为主线，分别讲述会计软件的初始化、账务、报表、工资、固定资产等模块的应用，以及会计软件运行维护和管理等相关内容。

在会计软件市场的日趋繁荣和软件公司的强力推进的共同作用下，这一教学体系在高职高专类院校中得到了较大范围的推广。同时，相当一部分本科院校也采纳了这一体系。学生可以通过实际应用训练，掌握会计软件的应用和管理，具有较强的实用性和针对性。在会计电算化发展的中期，会计软件设计的基本思路是通过标准化的流程和操作，规范会计业务处理，提高会计信息处理的准确性和实效性，以此为目标，会计软件应用逐渐成为会计信息化教学的主要内容。

然而，以系统应用为主要内容，并不符合市场对会计专业高级专门应用人才的要求，特别是在本科阶段，以软件操作为主要内容的教学体系，局限了学生的思维。

（三）管理类

在现代信息化环境下，企业信息系统的实施表现在两个方面，一是借助于信息化平台，优化企业流程，实现业务流程重组；二是在原有软件的基础上，进行二次开发，以满足企业个性化的需求，最终实现最佳的人机结合。这一过程，实质上是基于信息化平台的企业流程再造问题，是基于信息化平台下的管理问题。因此，在一些教材中，以企业会计信息化管理为主线，构建教学体系，适应了这一需求。

以信息化环境下的管理为教学主体，较为适应目前企业信息化建设的客观规律，也较好地满足了市场对该类人才的需求。特别是对于大学本科会计专业的学生而言，较为适合。相对于前两种类型，管理问题涉及的内容较为广泛，各院校教材内容差别较大。

二、大学本科会计学专业会计信息化教学体系重构面临的主要问题

（一）会计信息化理论体系的完善

从最初的会计电算化到现在的会计信息化，经历了近四十年的发展，但目前尚未形成较为公认的会计信息化理论框架，理论框架缺失是教学体系较为混乱的根本原因。在传统的研究过程中，往往将会计信息化与会计本身的研究割裂，造成了对会计信息化认识上的偏差。一种观点认为，信息化是工具，其价值在于实现处理手段的改进和效率的提高；一种观点认为，信息化是革命，它会摧毁原有的会计理论基石，实现会计理论的重构。两种观点都有失偏颇，信息化的发展趋势，已经使它对会计信息化的影响表现得更加明显。首先，信息化并没有改变传统的会计理论基石，会计目标、会计假设、会计确认和计量等基本问题并没有发生根本性的变革；其次，信息化扩展了会计研究的领域，传统的会计理论较多关注信息本身，关注如何识别、确认、计量和披露，而在信息化背景下，随着计

算机技术、人工智能等技术的逐渐引入，研究的内容更多地倾向于信息生产规则、控制规则和交换规则的制定和应用。会计信息化理论体系的完善从根本上讲，是要解决与会计本身的关系问题。实际上，会计信息化本身就是会计基于信息化环境逐渐发展演变的过程，会计信息化理论体系的完善过程就是会计理论体系的完善过程。在目前的理论研究、教学体系中，人为地将二者分割，造成了会计信息化定位的错乱。

（二）会计向管理活动本质的回归

在我国，特别是在改革开放初期，会计的本质究竟是信息系统还是管理活动成为争论的热点，其后，信息系统论逐渐被更多的人所接受。但随着信息化的普遍应用，会计正在向其管理的本质回归。首先，计算机技术和网络技术的迅猛发展，使得传统的以提供会计信息为主导的传统会计工作，逐步转向以提高企业经营效率，特别是资金运营效率为目标的管理工作上来。其次，将会计定位为信息系统，已经局限了会计本身的发展，信息系统是服务于用户需求的，用户需求的变化导致信息系统功能的转变。从传统的受托责任到现在公认的决策有用，会计的目标已经发展变化，受托责任更多强调对委托资源运行效能的如实反映，以确定相关利益者的责、权，更重要的是确定相关者的利益分配，决策有用则更多地强调对企业发展的趋势和成长能力进行研判，支持企业相关利益者的决策行为，其本身就是一个管理过程。再次，信息化技术的普遍应用，使业务处理、信息采集、信息反馈成为一个紧密联系的链条，在传统的以信息处理为主要职责的信息系统中，已经融入了大量的控制、反馈、执行能力，对信息系统研究的重点不再是如何提供信息，而是如何能够确保提供的信息的质量，传统的相互分离的会计、审计、内部控制职能在信息化的背景下，已经出现了逐步合一的趋势。

在目前的教学体系中，过多考虑了信息加工的过程，也就事实上造成了目前的会计信息化教学只能是手工会计的翻版，即局限了信息化环境下会计理论的发展，又限定了会计信息化教学始终停留在操作层面。

三、大学本科会计学专业会计信息化教学体系重构

（一）教学定位

针对大学本科会计专业的学生，会计信息化应属于一门管理课程。重点讲述基于信息化环境下的会计管理活动。这一定位既符合学科培养高素质应用人才的目标，又能够体现目前会计信息化应用的主流。单纯操作型的会计信息化课程已经不能满足企业强化管理、提高信息化效能的要求。

目前，企业获得会计信息系统的主要方式是外购软件，并通过对软件的合理设置和二次开发，满足企业个性化需求。同时，也要对企业管理流程进行识别和分析，基于信息化环境实现企业流程的优化和重组，并继而完成企业组织结构、岗位绩效考核、管理制度的改进和完善。在此过程中，既需要懂得企业管理，又需要熟悉信息化规律的复合型人才。大学本科会计学专业会计信息化课程应以此为出发点，构建教学体系。

（二）教学内容

会计信息化是企业信息化的主体之一，但不是全部。在目前的会计信息化教学内容安排上，突出的问题表现在主线不清、边界不明，盲目地扩大会计信息化的范畴。在早期，由于会计电算化软件是市场化程度较高的信息系统，随着会计软件模块的增加，会计信息化教学的内容已逐渐增加，从最初的账务、报表，到其后的工资、固定资产，再到其后的采购、库存、销售，内容实际上已超出了会计的范畴。而本属于财务方面的资金管理、预算、成本却被忽略。在企业信息化的背景下，会计信息化必须明确自身的边界，以及与其他信息系统诸如生产管理、供应链管理、市场营销等系统的边界。特别是在ERP环境下，现有会计信息化的相当一部分内容，应该逐渐回归其业务归属系统，例如，采购、库存、销售应归属于供应链管理，工资管理应回归人力资源管理系统，固定资产应归属于资产管理或设备管理系统，会计信息化的主要内容应集中在总账、报表、往来账管理、成本控制、资金结算、预算管理等，同时，应提供会计系统与其他系统的接口。在教学内容安排上，应着重于学生对信息化环境下企业管理的分析能力、设计能力、控制能力的培养和锻炼，熟练掌握各种分析和应用工具。

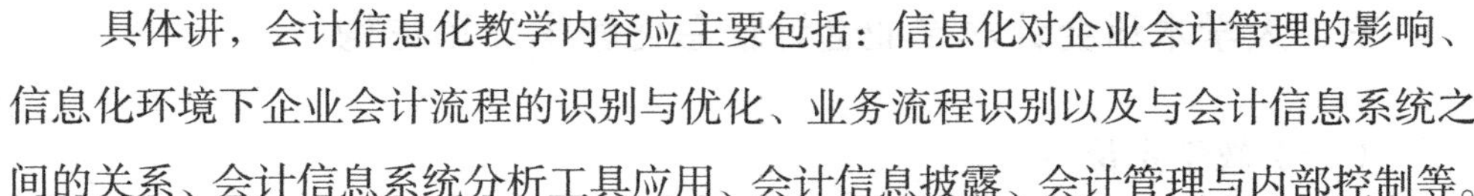

具体讲，会计信息化教学内容应主要包括：信息化对企业会计管理的影响、信息化环境下企业会计流程的识别与优化、业务流程识别以及与会计信息系统之间的关系、会计信息系统分析工具应用、会计信息披露、会计管理与内部控制等。

（三）教学方法

会计信息化教学中应采用理论教学、实验教学、案例教学相结合的方式进行。在本科阶段，尤其要注重实践能力的培养。因此，要高度重视实验教学和案例教学在这一过程中的作用。实验教学不仅仅是单纯的软件操作，更要理解和掌握软件设计的基本原理，明确企业管理流程和软件应用流程之间的差异，能够根据用户需求，合理配置软件，并结合软件流程，设计本企业适合的信息化环境的管理流程；要合理设计软件流程和手工流程的接口，消除流程中的薄弱环节，提高系统运行的安全性、稳定性和可靠性。同时，强化案例教学，通过实际案例，培养学生的分析能力，并可通过仿真模拟等手段，提高案例教学效率。

四、大学本科会计学专业会计信息化教学发展展望

实际上，大学本科会计学专业会计信息化教学的重构只是在现有环境下采取的权宜之计。正如前文所言，会计信息化的发展实际上就是会计自身的发展，只有当会计彻底实现了基于信息化环境下的调整和改造，会计信息化的教学体系自然就与会计的教学体系融为一体。

第二节　高校会计专业会计信息化人才培养模式的构建研究

本节对高校本科层次会计信息化人才培养模式的建构进行了研究，结合应用型本科的人才层次定位，从培养目标、课程体系、教学内容、教学方式等方面进行了分析，以培养既懂信息技术、又懂财会专业理论和实务实践，又能适应国内经济技术环境与管理要求的复合型会计信息化人才。

一、会计信息化人才的培养模式

“模式”一词是从一般科学方法或科学哲学中引用而来的。模式作为一种科学认识手段和思维方式，它是连接理论与实践的中介。在会计信息化教育研究中引入研究模式概念，主要是帮助我们透过教育现象，撇开教育中非本质、次要的属性和因素，以获得对会计信息化教育的更深刻、更本质认识，用于指导我们的教育实践。

人才培养模式是指在一定的教育思想和教育理论的指导下，为实现培养目标（含培养规格）而采取的教育教学组织样式和运行方式。会计信息化专业方向所涉及的专业培养目标、课程体系、教学内容、知识发展方式、教育计划模式、教学组织形式以及非教学或跨教学培养形式都是人才培养模式的各要素，它们都是培养过程中为实现培养目标而带方向性的管理内容，而且彼此之间存在着内在的逻辑关系。

教育随着人类社会的产生而产生，随着人类社会的发展变化而发展变化。随着经济全球化和我国社会主义市场经济的深入发展，以及信息技术、网络技术的快速发展和广泛应用，无论是会计审计准则、内部控制标准的贯彻实施，还是宏观经济决策与微观经营管理，都更加倚重于企业单位的信息化基础，会计信息化现已成为国家信息化的重要组成部分之一，自然对会计信息化教育提出了更高要求。因此，适应社会发展，加强高校本科层次会计信息化人才培养，变革现有人才培养的模式，构建动态的适应社会发展的会计信息化人才的培养模式，具有十分重要的现实意义。

二、高校本科层次会计信息化人才培养模式的改革取向

（一）培养目标从“简单应用与软件开发型”向“企业综合应用复合型”拓展

培养目标是高校本科会计信息化人才培养模式的第一要素，没有它，就没有培养模式的建构方向。目前，会计信息化人才培养目标，尚没有明确的标准。不同高校、不同教师都有自己的设计和培养目标。对高校本科会计信息化教学的培养目标主要有两种倾向。一种是软件“简单应用型”，即要求学生掌握简单的

财务软件，学会利用使用会计软件处理日常会计业务。另一种是“软件开发型”，即要求学生掌握会计信息系统软件的基本分析、开发与维护方法，学会软件设计与开发基本技能。

随着信息技术的不断深入发展，企业应用会计信息系统的规模不断扩大，会计信息系统的功能从简单核算处理向管理决策分析发展，会计信息系统的分析与开发已成为综合庞大的系统工程，企业自行开发会计信息系统的机会越来越少，企业不能负担其巨大的开发风险，企业越来越主动选择外购软件，对于会计专业学生而言，学习系统开发基本技术正逐渐失去了应用的空间。在软件公司的强大推动作用下，伴随着商品化会计信息化软件的不断完善，“简单应用型”培养正逐渐成为会计信息化人才体系的教学主流。“简单应用型”以某一软件的操作和基本应用为主线，分别讲述会计软件的基本功能以及会计软件维护和管理的相关内容。学生可以通过实际操作训练，掌握相关会计软件的应用和管理，具有较强的实用性和针对性。目前，国内相当一部分本科院校也采纳了该种做法，特别是在教育部加强本科学生实践能力，由于会计软件的操作具有较强的实验性，已成为财会专业本科学生主要学习内容。目前企业越来越需要大量的既懂信息技术、又懂财会专业理论实务实践，又能适应国内经济技术环境与管理要求的复合型会计信息化人才。因此，高校本科会计信息化人才的培养过程中，应以培养应用型人才为导向，使学生掌握当代管理思想，熟练掌握财会理论与实务，掌握科学的会计信息系统设计理念，对会计信息业务处理流程有一个完整理解，能结合具体企业实际业务情况，比较熟练地操作与应用主流的会计软件，运用信息化技术和方法解决财务业务的具体实际工作。从而，实现高校本科会计信息化人才培养目标从“简单应用与软件开发型”向“企业综合应用复合型”拓展。

（二）课程体系从“简单叠加型”向“综合型”拓展

课程体系是培养目标的具体化，也是高校本科会计信息化人才培养模式的核心要素，没有合理的课程体系就无法将培养目标落到实处，也无法培养出社会需要的人才。会计信息化教育模式中的课程体系设计与会计信息化的内容与目标密切相关，会计信息化就是要在会计行业或企业的会计活动中，普遍采用现代信息技术、有效开发和利用会计信息资源，使会计信息资源成为全社会的共享财富，以推动会计信息资源产业发展的过程。会计信息化的内容涉及多个学科，例如，自然科学与社会科学、信息技术与会计理论和实务等。会计信息化的战略目标是促进会计行业、组织或企业的会计管理活动和会计业务的变革，以推动会计事业的发展。目前大多数高校本科的课程设置中，主要开设三门左右的计算机基础课程（计算机文化基础、程序设计、数据库技术与应用等），另加两门会计信息化相关课程（会计电算化、会计信息系统），进行课程的叠加，形成会计信息化专业方向的课程体系。构建“综合型”的课程体系，要注重突破传统学科的界限，结合会计学、计算机技术、管理学等诸多课程中的基本理论和基本规律，及时总结会计信息化理论与实践的最新研究成果，总结企业会计信息化的典型案例，并引入课程体系之中，编写出反映当前会计信息化领域最新研究成果的理论与实践教材，实现将会计信息化所需要的理念、技术和方法等引入相关课程之中的目标，由过去独立的“叠加型”构建成树丛状的“综合型”课程体系。

（三）教学内容从“单一型”向“融合型”拓展

在高校本科会计信息化人才培养模式中，教学内容是课程体系的重要组成部分，教学内容主要从质与量两个角度决定。

从质的角度分析，新时期高校本科会计信息化人才的培养，要在原有教学时间数量不变的情况下，加入理论与实践相结合的教学力度，一方面，在加强学生对会计理论学习的前提下，加强财会手工实务实践方面的训练，使学生通过手工操作实践，深入理解财会基础业务原理；另一方面，通过学生校内社团活动形式，加强学生对会计信息化相关理论和实践方面训练，从而在最短的时间内将理论转化为学生的实践应用能力。

从量的角度分析，新时期高校本科会计信息化人才的培养，要在原有教学内容达到目标的情况下，将会计信息化所需要的理念、技术和方法等完全融合进入会计专业相关课程之中，建设与教学内容变革相适应的实践教学基地和实训基地，通过教师在岗进修或在企业实践等方式逐步更新全部财会专业教师的知识体系。

（四）教学方式从“传统封闭型”向“创新实践型”拓展

教学方式是把教学内容传递给学生的基本途径，不同的教学方式所达到的教学效果完全不同，因此，教学方式是高校本科会计信息化人才培养模式构建的必不可少的要素。

在大多数高校中，现行的教学方式仍是教授的口传身授式的教学方式，这种方式与信息时代高速发展的培养要求不相适应。一方面，从事会计信息化教育的教师，在讲好每节课的同时，还要充分利用现代网络教学技术的优势，提供给学生更多的网络教学资源，组织好学生通过创新课外科技活动充分利用好学校的各个实践资源；另一方面，校方要适当调整教学组织设计，为财会专业的学生提供考察会计软件生产企业、考察会计信息化应用典型企业的机会。从而探索出在较短的学习时间周期内，更好地培养适应企业需要的高级应用型人才。

总之，高校本科会计信息化人才的培养模式研究涉及内容较多，本节仅尝试从培养目标、课程体系、教学内容、教学方式等方面进行了分析，尚不能覆盖人才的培养模式所涉及的各个元素，仅作为抛砖引上的一点拙见，必有谬误之处，望各同仁们不吝赐教。

第三节　会计信息化背景下会计信息系统课程教学改革

“会计信息化”是在“会计电算化”应用的基础上提出并逐步发展的。“会计电算化”的概念从 1981 年 8 月首次提出后，被逐步向企业推广应用，会计电算化在市场经济发展中日益发挥着重要的作用。1999 年 4 月，在深圳举办的“会计信息化理论专家座谈会”上，会计信息化概念及其含义被正式提出。会计信息化理念被提出后，在企业管理中迅速风靡，会计信息化成为企业信息化的重要组成部分。理论界也开始积极进行信息化理论和应用标准规范研究，从 2002 年起，中国会计学会每年定期召开会计信息化年会。

2008 年 11 月 12 日，我国会计信息化委员会暨 XBRL 中国地区组织成立大会在北京举行。会计信息化委员会由财政部会同工业和信息化部、人民银行、审计署、国资委、国税总局、银监会、证监会、保监会九部委共同成立，同时发出通知选聘实务界和学术界的专家学者作为会计信息化委员会咨询专家，以加快我国会计信息化建设，促进我国会计信息化标准的制定与应用。财政部副部长王军在会上阐述了中国未来发展会计信息化的路线图——力争用 5 ~ 10 年时间建立国家会计信息化管理体系和综合信息平台，形成以 XBRL 国家分类标准为重要组成部分的会计信息技术标准体系，并加快培养复合型会计信息化人才和产业。

我国高校会计信息系统课程的建设发展一直与我国的会计信息化发展进程密不可分，会计信息系统课程的前身是电算化会计课程，从 80 年代初期开始为会计专业开设，会计信息化理念提出之后，从 2000 年开始，大多数院系将该课程更名为会计信息系统。会计信息系统是会计信息化人才所必须掌握的知识和技能培养课程体系中非常重要的一门课程。为了应对我国会计信息化建设需求，本节将针对会计信息化目标和实务工作需求来研究会计信息系统课程的教学，试图设定一个相对清晰合理的课程教学目标和教学内容，寻求创新有效的教学模式和教学方法，以培养满足会计信息化建设需求的会计信息化人才，推动会计信息化进程，实现会计信息化目标。

一、当前会计信息系统课程本科教学现状

已有文献研究表明，虽然我国该门课程建设至今已经超过 20 年的时间，但是仍然存在着不少问题，国外高等院校该门课程教学发展过程中也同样面临着类似的问题。S.Michael Groomer（1996 年）报告了一项关于会计信息系统课程的调查，结果显示教学过程中常用的教材是自编讲义，教师普遍认为会计信息系统课程比其他会计课程更难讲授；会计信息系统课程的教学内容基本涵盖 AIS 概念，内部控制、收入支出循环，重视软件设计和模块建立，很少教师讲授数据模型和数据库相关内容。David R.Fordham（2005 年）的研究表明随着会计人员对于会计信息系统熟悉程度的提高，各高校会计教育项目对 AIS 课程的重视程度也逐渐加强。但是对于 AIS 课程的核心概念和课程内容，大家仍旧缺乏共识。Frank（2008 年）建议 AIS 课程应侧重培训学生业务建模和设计能力、职业思考能力而不是操作技能。会计人员除了应用一系列实现设计好的流程来完成标准之外，还应该具备掌

握业务事件本质特征并能设计程序以获取这些财务事实数据的能力。

周齐武等（1997 年）调查了海外会计教授对我国会计教育在改善课程内容和会计教育品质方面的建议，多位被访者极力主张会计信息系统方面之教育应加强。韦沛文、覃杰宏（2003 年）收集了国内比较流行的有代表性的会计信息系统教材和美国的会计信息系统教材各 5 本，主要采用数据统计、比较分析的方法进行比较，结果发现美国会计信息系统教材形式比中国教材完美，篇幅和内容项目比中国教材丰富，资料来源广泛，大量运用图表说明和案例。美国教材把习题案例等、其他专题系统文档技术等、业务子系统、内部控制和新概念与知识等作为主要内容，中国教材把业务子系统、总账与报告、具体应用等作为主要内容。美国教材主要以系统流程的形式讲述具体应用系统，中国教材主要以系统分析、设计和编程的形式讲述具体应用系统。提出应从教育目标、国际化和前瞻性的角度，对我国会计信息系统教材的内容和结构进行改革和重新设计。狄湛（2007 年）的研究也指出目前在大部分的高等教育院校会计专业的教学计划中，会计信息系统课程一般是作为专业必修课，但是在会计信息系统课程教学目标、教学内容、教学方法等方面存在较多的问题。汤四新（2008 年）的研究指出在我国会计类课程中，恐怕会计信息化课程在内容上是最混乱的；在会计类教师中，会计信息化教师在素质与知识结构上是最参差不齐的。

由于信息技术发展、实务应用需求以及学生群体整体素质的变化，要求课程体系和教学也随之变化，因此我们对本科会计信息系统课程教学现状进行了分析。我们通过网络检索到了包括北京大学、上海财经大学、东北财经大学、西南财经大学、中山大学、哈尔滨工业大学、华东理工大学、中南大学、立信会计学院、浙江财经学院等 22 所院校开设的会计信息系统课程（或电算化会计课程、计算机会计信息系统课程）的教学大纲，分析发现如下。

（1）目前各高校院系对于会计信息系统课程的教学目标基本达成共识，将培养具有较强综合应用信息技术思考和解决会计专业问题能力的复合型会计信息化人才作为会计信息系统课程建设的主要目标。

（2）教学方法基本为理论课堂讲授和实验上机操作，教学考核也基本采取理论考核和上机实验考核相结合的方式。

（3）除了教学大纲的编写规范存在差异之外，课程的课时安排、课程内容安排及其课程教学的侧重点等方面也存在着较大的差异。

各院系的课时安排从 32 到 112 课时不等，安排 36 课时的院校有 7 所，安排 48 课时的有 4 所，安排 54 课时的有 4 所，安排 68 课时的有 3 所，安排 72 课时的有 2 所，其他安排 32 和 112 课时的各 1 所。

在课程内容方面，几乎所有的院系课程教学都包括了会计信息系统开发方法和会计软件操作方面的内容，更有 13 所院校几乎用了 2/3 甚至更多的课程时间讲授会计信息系统各子系统设计与开发（包括账务处理、工资管理、固定资产管理、成本核算等子系统的规划、分析、设计、实施、运行及控制、开发管理等），在大纲中仅有两所提及用于系统开发的平台 VB 和 Power builder。

除少数几所院校外，大多数院系课程教学中都涉及了 ERP 系统和会计信息系统安全控制方面的内容，不过教学深入程度不一。有的院校会计信息系统控制和审计方面的讲授内容仍旧局限于一般控制和应用控制的传统理论介绍，很少涉及最新的实务应用如信息系统的安全控制标准、信息系统审计标准和 COBIT 框架等方面的内容。

除上海财经大学外，几乎所有的院系教学大纲中都没有提及 XBRL 相关的教学内容，而我们已经知道，在会计信息化建设总体目标中，XBRL 建设是一个非常重要的子目标，将在会计信息披露及其监管方面发挥重要作用。XBRL 国际组织前主席 Kurt Ramin 认为 XBRL 堪称是复式记账法以来最重大的会计革命，目前 XBRL 在全球范围内已逐步成为上市公司会计信息披露必须编制报送的数据格式。会计信息披露是会计信息系统的主要功能，各高校会计信息系统课程内容应该及时跟进实际应用，进行更新完善。

很少有院系教学涉及电子商务和会计决策支持系统的相关内容，这与目前企业的会计信息化应用进程极不相符。因为目前企业的会计信息系统应用很多是基于网络和电子商务系统的应用，会计决策支持系统作为会计信息系统的更高层次的应用，也正在以商务智能系统的形式在企业中推广应用。

二、课程目标和课程内容的拓展

（一）课程目标

高校会计专业培养的学生如何适应社会需要，并在实践中发展会计事业，长期以来一直是会计学界研究探索的问题（傅磊，1994年）。在“会计教育改革委员会”（AECC）的倡导下，美国高等会计教育一直把将未来职业会计师所具备的知识传授给学生作为目标。然而，在经济发展过程中，各类会计实务日趋复杂。会计师的职责范围不断扩大，单纯强调知识传授将难以应付更多的新变化。因此，1989年AECC着手进行会计教育改革，AECC将会计教育的新目标重新表述为：“为日益拓展的会计职业界做准备”，并给“会计职业”下了一个较为宽泛的定义：即包括大中小型会计公司从业的会计工作，公司会计（包括财务管理、主计管理、财务分析、计划与预算、成本会计、内部审计、系统设计、税务及一般会计）和政府及非营利组织会计。AECC定义的新目标，对我们定位会计教育目标具有较好的参考价值和借鉴意义。会计工作是重要的经济管理工作，高等院校会计专业是为满足社会需要培养和输送会计和财务管理人才的（阎达五、王化成，1998年）。本科会计教育的功能应当定为应用型为主，应用型会计人才一般应当具备实用性、创造性、外向性、通用性等主要质量特征（李心合，1998年）。

在传统的会计信息系统中，会计多为人工作业，但是随着计算机及信息技术的发展，实务中的会计工作与计算机及信息技术的结合日趋紧密。会计部门是最早应用计算机系统来支持其工作的职能部门，信息技术的日新月异和管理思想、管理方式的巨大变化推动着会计信息系统和管理信息系统不断更新。计算机环境下的会计信息系统的功能和作用不断拓展的同时，以计算机环境为基础构建的各类信息系统在越来越多的企业得到广泛的应用，计算机化会计信息系统与其他信息系统之间的联系也越来越复杂。

虽然会计信息系统不必一定是计算机系统，但事实情况是会计信息系统软件产品的功能日益增强，当会计人员传统角色所负责的工作大部分必须借计算机系统完成甚至完全由计算机系统自动完成时，会计人员新的工作任务和业务职责对会计人员需要掌握的知识和技能提出了更高的要求，这也对会计信息系统课程的教学提出了挑战。为应对这些挑战，我们首先要确定的就是会计信息系统课程的教学目标。会计信息系统课程作为会计专业必修主干课程之一，其课程子目标应该满足会计教育整体目标的要求，在现阶段，就应该配合会计信息化建设，培养会计信息化需要的应用型人才。Elliott（1991年）指出，我们正面临着一个"信息时代"，其价值动因是"知识工作"，其刺激则来自"教育"，高等教育的功能是在创造"知识工作者"，教他们学习如何去学习，而不仅仅是掌握目前的知识而已。

我们在设定会计信息系统课程教学目标时参考这一观点，将会计信息系统课程的教学目标设定为：搭建并传授与会计信息系统有关的职业角色实务应用中需要掌握的理论知识体系，重点培养学生为履行这些职业角色所需要的实践工作能力，即在实务中应用所掌握的知识技能发现问题、分析问题，并有效解决问题的能力，培养学生的自我学习能力和创新能力。

（二）课程内容

虽然我们努力在会计信息系统的教学过程中尽可能设想可能的会计实务工作情形，为每种情形提供解决方案，并教会学生按照解决方案的指导应对这些情形，为其日后将要面临的工作做准备。但是通常会计信息系统课程只安排一个学期的课程，在迅速变化的复杂环境下，我们能否考虑到所有可能的情形；毕业后当技术、规则以及环境改变时，学生是否能随之调整并持续对其雇主产生附加价值。这些都是在确定课程教学内容时必须面对的重要问题，而问题的回答则要基于学生在日后实务应用中的职业角色来给出。

当前会计、审计、财务管理等实务工作岗位都不可避免地和会计信息系统有着千丝万缕的联系。在信息系统广泛应用后，美国管理会计学会曾对会计师及财务会计人员做了一项现在业务和未来业务的调查，调查结果发现在他们的工作内容中，顾客及产品获利分析、企业流程改善、绩效衡量与评估、信息系统的长期策略规划、信息系统的开发与维护等与信息系统关系极为密切的业务被认为最为重要。

我们对会计专业学生毕业后的岗位及其职责进行调查发现：会计专业学生在毕业后的实务应用中面对会计信息系统通常扮演着使用者、开发者、审计者和实施咨询者等职业角色，在这些不同的角色中，他们对会计信息系统的关注点有所不同。

（1）会计专业的学生是会计信息系统的必然使用者，作为使用者，应该掌握会计信息系统的基本操作步骤和操作技能，但是仅仅掌握会计信息系统的基本操作还不够，要想更好地应用会计信息系统，还需要理解会计信息系统与企业业务活动、企业价值和竞争力之间的关系，学会思考如何应用会计信息系统来为企业的长远战略和日常业务活动服务，提升自身的工作价值和企业价值。

（2）会计专业的学生作为开发者，主要是以业务分析员或是系统分析员的身份参与进去，不管是作为业务分析员还是系统分析员，都应该学习基本的软件开发方法和开发工具，掌握会计信息系统规划、系统分析、设计和实施过程中应该关注的事项，掌握信息系统开发项目管理的基本技能，学会如何通过参与分析和设计过程，充分提高会计信息系统的实施应用价值。

（3）会计专业的学生毕业之后，有相当一部分的同学会从事审计工作，不管是内部审计还是外部审计，财务报表审计是主要审计对象之一。现在被审计的财务报表都是从会计信息系统输出的，所以作为财务报表审计者，必须要理解财务报表反映的企业运营活动和运营成果与会计信息系统的处理逻辑、系统后台的数据库、运行环境、可能会面临的风险及其之间的关系，才能够对被审计的财务报表做出审计判断。毕业之后从事审计的同学的另一个审计对象就是会计信息系统本身，要想对会计信息系统做出审计判断，则应该在熟悉企业业务运营管理的核心要义的基础上，熟悉会计信息系统面临的风险，在掌握会计信息系统的软件、硬件、开发、运营、维护、管理和安全的基础上，能够利用规范和先进的信息技术工具，对会计信息系统的安全性、稳定性和有效性进行审计、检查、评价和改造。

（4）越来越多的会计专业的学生毕业之后从事与会计信息系统相关的应用、管理和实施咨询工作，要想能够胜任这一职业角色的要求，需要学习的内容包括使用者、开发者和审计者所有职业角色需要学习的内容。还会计信息系统课程内容的设计应紧紧围绕会计信息系统应用需求，根据会计信息系统相关职业角色的知识和技能需求来安排课程内容。我们给出的建议课程内容框架如下。

（1）会计信息系统、企业管理和业务循环——会计信息系统是服务于特殊领域、有着特定目标的信息系统。不管企业提供何种商品和服务，一般都需要完成收入、支出、生产、人力资源管理、财务管理五种类型的业务循环（商业企业不包括生产循环），各业务循环之间相互联系，任何一个循环出现问题都会影响企业整体经营目标的实现，会计信息系统收集、记录这些业务循环活动数据，并生成会计信息支持这些业务循环活动，要更好地应用会计信息系统，需要先了解会计信息系统、企业管理和业务循环子系统。本部分重点学习会计信息系统的相关概念和功能；分析会计信息系统和企业运营活动、管理活动、企业战略和企业决策之间的关系；学会思考如何利用会计信息系统提升企业价值；学习收入循环、支出循环、生产循环、人力资源循环和财务管理循环等企业主要业务循环过程及其主要决策信息需求。

（2）ERP 系统——ERP 系统在国内外企业中都已经得到了极为广泛的应用，作为集成化管理信息系统的代表，是会计信息系统新的发展方向，因此有必要全面系统地了解 ERP 系统。这部分重点学习传统会计信息系统的主要问题和 ERP 系统的主要功能，ERP 系统如何帮助解决企业业务循环中存在的问题，改进企业管理，提升企业决策水平。

（3）电子商务——电子商务是一种全新的商务模式，利用前所未有的网络方式将顾客、销售商、供货商和雇员联系在一起，将有价值的信息迅速传递给需要的人们。电子商务的应用发展对会计信息系统的影响不容忽视。本部分重点学习电子商务应用对会计审计的影响，学习电子商务系统和会计信息系统的关系。

（4）数据库——虽然会计信息系统不必一定是计算机系统，但是目前计算机化的会计信息系统已经在全球的企业范围内全面应用，数据库是数据处理的核心构件，数据库管理系统已成为会计信息系统、管理信息系统、办公自动化系统、决策支持系统等计算机应用系统不可或缺的重要组成部分。本部分重点学习会计信息系统环境下数据库文件的创建、增删改、读取和维护等相关的工作。

（5）网络财务报告——在会计信息化建设总体目标中，XBRL 建设是一个非常重要的子目标，将在会计信息披露及其监管方面发挥重要作用。目前 XBRL 在全球范围内已逐步成为上市公司会计信息披露必须编制报送的数据格式。本部分重点学习 XBRL 相关的知识概念，掌握编制、阅读 XBRL 标准报告的相关内容。

（6）会计信息系统开发——任何信息系统投入使用后一段时期内，可以在很大程度上满足企业管理者对信息的需求。但随着时间的推移，由于企业规模或信息应用范围的扩大或设备老化等原因，信息系统逐渐不能满足企业管理者对信息需求，这时企业对信息系统又会提出更高的要求。周而复始，循环不息，这就是信息系统开发周期。会计信息系统开发同样遵循这一周期理论。开发构建会计信息系统必须了解掌握相关信息系统开发方法和工具。本部分重点学习会计信息系统规划、分析、设计、实施、运行和维护等开发过程各阶段应该从事的具体任务和完成任务必须掌握的相关知识技能，具体包括系统规划方法、常用的系统分析方法、系统设计过程和内容、系统实施步骤、系统运行过程中的问题、系统维护类型和方法、系统开发存在的问题和风险、系统开发项目管理等内容。不侧重学习具体的会计信息系统特定子系统的分析设计过程，而是侧重介绍通用的会计信息系统开发各阶段方法、工具。

（7）会计信息系统安全管理——会计信息系统的工作任务以及计算机系统和通信设施的内在本质特征使得会计信息系统面临着各种风险。风险的存在威胁着会计信息系统的正常运行过程或是影响着会计信息系统的信息输出结果，因而要求企业加强对会计信息系统的控制。本部分重点学习会计信息系统的安全问题、会计信息系统的安全风险评估和管理、灾难恢复计划和业务持续计划、信息系统控制标准、IT 过程控制、业务过程控制、控制计划、信息系统控制标准、IT 过程控制。

（8）会计信息系统的控制和审计——为了确保会计信息系统的安全、可靠和有效，企业需要加强内部控制，同时开展由独立的具有资格的 IT 审计师对以计算机为核心的信息系统进行的 IT 审计。会计信息系统的控制和审计是当前环境下会计人员的一项重要职责。本部分重点学习信息系统审计的定义、目标和理论基础、信息系统控制和审计标准、会计信息系统的一般控制和审计、会计信息系统的应用控制和审计和会计信息系统测试。

三、设计持续创新的教学模式

为了培养学生毕业后在面对技术、规则以及环境改变时，能快速随之调整并持续对其雇主产生附加价值，我们的课程教学模式也需要持续创新。教学模式的持续创新用需要借助于教学活动的参与双方——教师和学生的共同参与、共同努力来实现。

1. 更多的增加体验式、互动式和创新型的教学模式，教学互动，鼓励引导并由学生参与主导课程教学内容的设计，完善和改进案例教学和实验教学。

周齐武等（1997 年）的调查早就指出在会计教学中应更开阔视野，采取更具观念性、分析性与批判性思考的教学方式，采用互动式、个案教学、座谈会及独立计划之方式来进行教学及与学生互动交流。狄湛（2007 年）也指出我国会计信息系统的传统教学模式存在问题，就我国目前传统的教学模式来看，教师授课方式单一，学生被动学习，上课抄笔记、下课看笔记、考试背笔记就是大学生学习的基本模式。这种模式着重传授和吸收知识，而忽视知识的运用，更不能锻炼和开发学生的判断能力和决策能力。

现在案例教学已经在很多会计课中采用，会计信息系统课程教师现在也都有在课堂教学中采用案例教学，但是这类案例教学仍旧更多的是教师灌输的方式，也就是说由教师选择案例公司、整理案例资料、由教师设计案例问题，然后还是由教师完成整个案例的讲解分析过程，在这个过程中学生虽然可以通过案例公司的实例和教师的讲解分析，能够增加对于相关知识点的感性认识，更容易理解相关的知识点，但是仍旧属于被动地接受，对于实务问题主动思考分析能力和相关知识技能的应用能力的培养还是十分欠缺。

在传统的会计信息系统教学过程中，我国大多数财经类高校普遍存在着实验教学环节薄弱的缺陷，由此引发的应用能力问题是明显的。即使是在教育部提出实验教学模式推广要求之后，很多高校开设了相关的实验教学课程或是在专业课程中增加了实验教学的内容，会计信息系统也不例外的引进了实验教学内容。当前的会计信息系统实验教学主要为验证性与操作性实验，不利于提高学生分析问题与解决问题的能力，存在诸多缺陷。目前不管是理论验证类实验还是操作性实验，基本上都是由老师来确定实验目的、设计实验方案。

我们认为除了案例分析讲授、理论验证性实验和操作性实验教学方式，我们在会计信息系统课程中还应该更多的增加体验式、互动式和创新型的教学模式。体验式、互动式和创新性教学模式应该赋给学生更多地主动权，让学生能够更主动地应用所学的课程理论，随时随地思考分析实际应用中存在的会计信息系统相关问题，并努力去寻找问题的解决方案。

现在学生的学习生活环境、社会实践环境、工作实习环境都是一个个功能特征明确的信息系统的应用环境，学生参与其中，往往因为个人认知差异和知识结构体系等方面的原因，面临的问题可能会比教师更多，而且在学生群体中更具有普遍性，因此如果能够强化学生的主动学习、创新思考意识，让学生来主导完成案例分析或实验目的、实验方案的设计，对课程教学的适用性和效果可能会比仅仅由任课教师设计更好。我们可以让学生把他们在实习和社会实践中遇见的问题，以及日常生活应用中思考的问题整理出来和大家一起讨论，群策群力思考寻找解决问题方案，所有的互动材料都必须整理成规范的教学资料，在共享的课程交流平台上提供给大家。需要特别指出的是：我们这里要求的学生参与，并不是指目前极少数一些研究生或是本科生参与的教材编写项目的一类参与，而是全部学生的共同参与。在这种教学模式下，问题是由某一个或是某几个学生发现识别出来的，分析问题的过程是由全班学生共同讨论完成的，解决方案也是由大家共同思考得出的，而解决方案的可行性和实际效果又可以由最初找出问题的同学到实习环境或者是社会实践活动中加以验证。

会计信息系统课程的所有教学内容都适合由学生自主设计实验教学环境加强改进课程教学，任课教师在此过程中只需要提供一些启发式、引导式的帮助，而不是像在理论验证和操作性实验中那样明确规范一步一步的实验步骤。因为对于教学而言，教师充分准备的讲课当然重要，但教学不只是传达知识，也应是知识的转化与扩充，启发式的教学能使教学过程变成一个充满活力的过程。这是一个双向的努力过程，包含了在教与学之间建立桥梁的所有教师和学生进行的动态活动，在这一过程中，教师和学生都能得到很大程度的提升，真正做到教学相长。

在学校教学体制和条件允许变革的情况下，教师甚至还可以根据学生个体的具体特征，来进行个案教学（即对参加同一门课程学习的不同学生设计不同的教学目标、教学内容和具体教学安排），不过这种教学方式对于教师的要求以及课程考核标准有着更高的要求。

2. 重视推广会计信息系统领域的研究和会计信息系统教学研究，以研究推动教学。

研究在教学中的功用是什么。Kinney（1989 年）的一项观察有助于对这问题的了解，他认为：“当教授们研究真实世界之会计时，他们尝试去了解既有的会计实务如何影响人的行为；当他们了解各项事实之间的关系后，将此教给学生，这种方式不只是教授原则，而是教授各原则之间因果关系的理论。通过对真实世界会计实务的了解，当学生面对社会、经济以及政治等多变的环境时，他们将有良好的准备去评估各种可行方案。”因此研究的主要功能是帮助老师发展并充实自身组织和了解分析复杂问题的能力，进而将这种能力传授给学生。我们认为学生在日后工作岗位上应用所学专业知识发现、分析和解决问题的过程本质上和教师从事研究的过程是相同的，教师熟悉研究过程之后才有可能去启发引导学生，培养学生主动、创新解决问题的能力。该观点与诺贝尔奖得主 Herbert Simon 的理念也是一致的，“当别人问为何要求教师一定要发表研究论文，以便获得职位提升或保有终身职位时，他的回答是若教师不做研究，他们将不能继续地保持智慧，他们的教学也将不能赶上学科知识的进步。我们所重视的不一定是他们的研究产物，而是他们致力于研究的过程，以确保他们能保持对现实及新知的认识（Simon，1991 年）”。Bell，Frecka 和 solomon（1993 年）曾搜集数百位美国会计教育者的教学效果及研究生产力的资料，发现两者为正相关。相关虽然不代表因果关系之存在，但至少暗示着研究与发表并不会导致教学效果之降低。

Boyer（1990 年）指出，学问的领域包含四个主要的层面：探索的学问、整合的学问、应用的学问以及教学。探索性的学问是知识的前进，这种研究不仅能促使人类知识的累积，也助长了大学或学院知性的思潮。整合的学问则强调知识的综合，以期能对分离的事实赋予正确的意义。知识的探索与整合反映了研究中的探究及综合的风格。应用的学问也提出许多重要的问题，知识的应用并不只是单行道，而是一个动态过程。对新知识的了解可来自应用的行为，在这些行为中，理论与实务积极地交互影响或互补，既应用了特定的知识，同时也促成知识的形成和发展。教学则是了解的极致，对于当前这个总是面临大量的、难以处理的问题而需要专家学者提供方法与见解的世界来说，教学是非常必要的。教学始于教师先知，在一个好的教学过程中，教师应该既是一个学者，也是一个学习者。不同类型的研究有助于把教师培养成为一个很好的学者和一个很好的学习者。

目前研究在会计信息系统教学中的作用还不是很明显，各高校负责会计信息系统课程教学的教师相对比例较小，会计信息系统相关主题为研究重点的教师就更少了，从现在国内学术期刊上关于会计信息系统研究方面论文的数目也很容易得出这一结论。S.Michael Groomer（1996 年）的调查也显示美国高校从事会计信息系统课程教学的教师一般较少从事会计信息系统研究。我们认为要改变这种状况，提高会计信息系统主讲教师的研究能力，进而提升课程教学效果，可以从两个方面入手。

一方面是应该在更广的范围内推广会计信息系统研究的相关主题和研究方向，让更多其他领域的研究人员了解会计信息系统领域的研究内容和研究趋势，以便寻找到所在领域和会计信息系统领域研究的结合点，通过更多更广泛的学术交流活动，呼吁鼓励更多的教师加入到会计信息系统领域的研究中来，研究的类型可以是探索、整合或是应用研究这些主流研究类型。

另一方面还应该从会计研究主流上加强对教学研究的重视，提升教学方面研究的学术地位。从目前权威期刊的选稿和高校教师绩效评价体系来看，教学方面的研究地位通常被定为在相对较低的层面，其实这是一种相对片面的观点。值得会计教师致力研究的题目，除了探索、整合及应用方面，也包含很多直接与教学效益有关的项目，例如，上课的形式、教材的拓展、如何增加学生对学习的兴趣及直接参与、如何改进教学内容和考核标准以提高学习效果等等，都是会计信息系统教学所应关注的问题。教师在进行此类教学研究选题时，如果能融入其他研究类型采用的研究方法和工具，得出具有同样也应该是值得学校考核重视以及权威期刊支持和推广的研究项目。来自学校和权威期刊的此类支持将大大激发任课教师结合课程教学展开教学研究的原动力，这将在很大程度上推动课程教学内容的拓展、教学模式的改进和教学效果的提升。

第四节　ERP环境下会计人才培养与教学体系的构建

一、ERP信息化环境下会计人才培养问题研究

会计人才，具有明显的专业技术特性和独立的职业背景，是经济、社会运行中一支不可缺少的专业技术人员队伍。随着我国社会主义市场经济的发展，不论国家对国民经济的宏观调控、优化社会资源配置，还是加强企业和事业单位管理、维护市场经济的正常方面，会计正扮演愈来愈重要的角色。作者对目前信息技术日益发达的ERP环境下高等院校会计专业学生培养出现的新问题的剖析，提出了针对性的改革方案和具体措施。

进入21世纪后，信息化对全球经济社会发展的影响愈加深刻，信息化与经济全球化相互交织，目前信息化水平已成为衡量一个国家和地区现代化水平的标志之一。党中央高度重视信息化工作，十六大以来党对信息化的认识不断深化，信息化在我国经济社会中的地位、作用也在不断提升。尤其十七大报告在论述深入贯彻落实科学发展观时强调，必须“全面认识工业化、信息化、城镇化、市场化、国际化深入发展的新形势新任务，深刻把握我国发展面临的新课题新矛盾，更加自觉地走科学发展道路，奋力开拓中国特色社会主义更为广阔的发展前景”。另外，在今年全国“两会”上，关于信息技术应用型人才的培养问题，引起了代表和委员的高度关注。我国正处在工业化中期，经济社会发展需要大批具有实际应用能力的大学毕业生。而从国家教育政策的角度看，目前比较强调高职学生要具有高技能，但对于大量本科学生却没有明确的应用型人才定位，大多数高校的人才培养模式依然偏重理论型，对动手和实践能力培养投入不够。这造成了高校人才培养与经济发展需求之间的部分脱节，满足不了企业对大量应用型人才的根本需求，一定程度上也导致相当数量的本科毕业生由于不能适应企业实际需要而就业难的现状。

（一）ERP 环境下我国高校会计人才培养中存在的问题

作为会计人才主要培养基地的高校一直在肩负着重要使命，培养社会需要的合格的高素质的会计专业人才。我们不可否认我国高校过去给国家输送了大批会计人才，为我国的四化建设起到了不可估量的作用。但最近时期，经调研发现，在目前信息化会计即将全面普及的形势下，我国大部分高校培养出来的会计人才与社会需求相矛盾，不能很好很快的服务于社会。分析原因主要有以下几个方面。

1. 高等院校普遍没有建立起与企业发展同步的教学环境

会计的产生和发展与其所处的环境有着密切关系，任何时候，经济环境、科技文化环境、法律环境等对会计理论与会计实务的存在和发展产生重大影响。企业正面临着所处环境的快速变化，企业以往的手工会计环境已纷纷转向部门级、企业级甚至集团级的信息化环境，以 ERP 为代表的企业信息化项目的实施令企业会计环境发生很大的改变。外部环境的变化要求会计教育与之相适应，以减少会计教育与环境的差距，但当前高等院校的会计教育仍停留在以往的教学环境，尽管大部分高校购买了 ERP 软件，构建了 ERP 实验室，但基本上停留在基础理论讲授和简单的模拟操作，没有真正建立起模拟企业的仿真的经营管理环境，教学环境与企业实际环境脱节。

2. 会计课程设置守旧，会计教育内容更新慢

ERP 的广泛应用使会计的管理职能得到强化，会计学作为一门独立的学科逐步向边缘学科转化。会计学作为管理学的分支，其内容将不断地扩大、延伸，其独立性相对缩小，而更体现出其与其他经济管理学科相互依赖、相互渗透、相互支持、相互影响、相互制约的关系。目前的会计教育虽然体系、结构完整，但会计课程设置守旧，会计教育内容更新缓慢。ERP 环境下会计处理技术的变化要求会计人员不仅要掌握会计专业知识，还要具备一定的管理和决策方面的知识，会计行业的专业知识也越来越宽，如注册会计师的业务已经由传统的报表验证过渡到环境、资产、商誉等的评估，但当前会计专业教育的目标仍较多地强调会计理论、专门人才等，会计课程设置仍以会计专业课为主，缺乏相应的企业管理、企业经营运作、管理决策等课程。

会计教育的内容过多地强调会计实务操作，以初级会计到高级会计、审计

为主线，会计的管理职能没有引起重视，这不利于培养学生的创造性思维和综合素质，使得学生知识面较窄，自我更新能力较差。

3. 会计教学方法单一，实验实践课时不足

目前高等院校会计专业占主导教学方法仍以传统班级为单位，以教师讲授为主，没有充分利用现代化的教学手段，也未能科学运用案例教学法，实验实践课时严重不足。在大多数院校，上课时以讲授代替了问题讨论，实验课以简单的模拟操作代替了岗位实践。这种单向式的教学方式不能充分调动学生的主动性，师生的创造力在课堂上得不到充分发挥，导致部分学生产生厌学情绪，不利于学生综合能力的培养。会计教学的目的不应只是限于现有知识的单纯传授，更重要的是使学生获得学习与创新能力，培养学生处理非确定局面时所需的思路和技巧。

4. 会计教育不能充分适应信息技术的发展

目前高等院校基本上仍沿袭长期以来的会计教育传统，以技能传授为主，教师将有关会计准则、会计制度、会计规范等讲授给学生，力争使其走上工作岗位时能够胜任会计工作。但在当今的信息时代，知识的更新速度加快，传统教学手段已不能适应，很多学生走上工作岗位后都发现所学知识不足以应付实际工作的需要。事实上学生对会计及有关知识的掌握不一定在课堂上，可以通过网络上生动的事例进行掌握，利用设计的程序对一些特定的经济业务自动完成，不再需要大量的反复记忆。面对会计行业涉及的广泛性，知识能力的综合性，会计学已经不再是一门以会计技能训练为主的学科，而是以计算机网络为主要工具，研究如何充分利用和分析会计信息，以提高逻辑分析能力和思考能力等基本素质为主的管理性质学科。信息技术与会计学科领域的整合是未来会计教育的主流，是培养会计专业人才的需要。

5. 会计专业教师的素养有待提高

目前我国高校会计教育教师队伍存在诸多问题，如知识结构不合理，缺乏信息时代教师所必需的一些相关学科知识，理论与实践脱节比较严重，教师自我更新知识的速度较慢等。特别是在企业信息化发展迅速的大环境下，面对不断出台的会计准则、会计制度，面对不断更新的信息技术和计算机知识，面对要求越来越高的会计学和相关的管理学等，高等院校会计专业教师的理论教学水平和指

导实践的能力等方面都必须跟上社会发展的速度，只有教师本人成为既掌握会计专业理论和实践技能，又熟悉信息技术、管理知识等的“会计通才”，才能更好地承担起新时期会计高等教育的教学任务。

（二）加强会计信息化课程，特别是ERP课程教学改革的现实意义

近年来ERP在中国获得了迅速的发展，众多的企业通过实施ERP收到了良好的成效，提高了管理水平，改善了业务流程，增强了企业竞争力，企业的ERP信息化建设工作被愈加重视起来。但是，随着ERP应用的推广普及，ERP专业人才的培养跟不上信息化的发展速度，已经成为企业发展中亟待解决的突出问题。如何让会计专业毕业的学生不仅掌握好会计专业知识，同时又能适应现代社会的要求，具有较强的信息技术应用能力是会计专业教学过程中一个非常值得研究的问题。我们可以断言会计从其载体的演变来看，它的生命历程肯定是手工会计到计算机会计，再到网络会计。加强会计专业教学中信息技术类课程改革与建设是信息技术发展的需要，是社会的需要，也是会计人才培养的需要。长期以来，信息技术类课程设置在会计专业教学中缺乏系统性、全面性和多元化，学生毕业后的信息技术应用能力较差。为了更好地让会计专业学生融入社会，服务于社会，提高毕业生就业率，我认为改革目前本科专业教学计划设置是势在必行，到了毫无退路的地步。

信息技术的发展与应用使得数据与信息的处理有了质的飞跃，会计数据与会计信息也不例外。现代信息社会对会计人才的要求不仅是会计专业知识本身，对计算机的操作能力、数据库的应用能力、计算机网络的了解、信息系统的分析设计与实施等相关技术的掌握也有了较高的要求。因此，对会计人才的培养需要从两方面着手，一方面是会计学科能力的培养，另一方面是加强信息技术应用能力的培养，尤其是与会计信息处理有关的计算机技术的培养。会计人才在信息社会应该包含新的含义，即会计信息化人才，是既懂会计专业知识又懂信息技术的人才。为了适应信息技术发展的需要，满足社会的需要，在高校会计专业的教学过程中要加强对信息技术类课程的改革与建设，提高相关课程的教学质量，培养社会需要的会计信息化人才。

（三）ERP 环境下高等院校会计人才培养策略

1. 建立起与企业发展同步的教学环境要加大实践教学的力度

将教学与实践紧密结合，加强校企联合，面向企业积极开展校外实习基地的建设等，是建立起与企业发展同步的教学环境的有效举措。一是加强实践教学。实践教学的目标是培养既具有理论水平又具备实践技能的高素质的会计专业人才。这些素质至少包括：严谨的工作态度，高度的责任感和一丝不苟的精神，与人合作的工作作风，善于发现问题、分析问题和解决实际问题的能力，良好的求知欲和应变能力等。实践教学不限于传统的实验与实习课，还包括校内的模拟训练及见习，参加企业财会人员的讲座等，这些内容都指向实际的会计职业界。二是校企合作，共同打造会计专业人才。由于会计工作涉及企业的实际财务状况等，长期以来会计专业学生实习难的问题一直存在，近年来一些高校与企业合作，开设 ERP 沙盘仿真模拟实践课程，共建 ERP 实验室和实训基地，为解决高校会计专业学生实习问题探索出了一条切实可行的思路和办法。ERP 实验室和实训基地可以为学生创建一个良好的ERP实践环境，有效地解决理论与实践相结合的问题，使学生将所学知识用于解决实际问题，提高了实验效果，学生的专业水平和实践能力得到提高。校企合作使会计教育成为一个开放的系统，学校成为企业的人才培养基地，企业成为学校的实习基地，学生走进企业，企业家走进课堂，达到学校和企业双赢的良好效果。近年来金蝶软件公司和用友软件公司等，都面向高校与高校联合共建 ERP 实验中心和 ERP 实训基地，举办沙盘模拟大赛等，不仅提升学生实际应用能力，还提高了高校的教学水平及科研能力，这种校企合作的思路值得学习和借鉴。三是广泛地建立起高校与税务、审计等部门的联系。会计专业学生不仅应掌握会计及相关专业知识和技能，还应熟悉会计工作的外部流程，熟悉会计单位与外部相关部门，如税务、审计、银行等部门的联系，这对提高学生对会计工作的兴趣，增强自信心和责任感具有重大意义。

2. 进行会计课程设置的改革，强化会计管理职能

一是进行会计课程设置的改革在保证专业课程教学数量和质量的前提下，高校可以根据会计学科的变化，开设一些相关课程，加强信息技术的应用，加强会计战略与策略的研究，经营风险与会计风险的研究等。具体可通过开设专业讲

座的形式来完成上述内容的学习。同时会计教学应做到与企业管理、企业经营运作、管理学等领域相结合，并将信息技术结合到相关课程中去，使学生具备科技整合的能力以适应会计发展的需要。

二是通过 ERP 课程实现跨专业教学，强化会计的管理职能。跨专业教学是指跨越专业界限进行会计教学的一种方式，是强化会计的管理职能，整合学生思维的一种有效途径，对培养学生的创新能力有着非常积极的意义。ERP 课程使跨专业教学更为真实、方便和易行。基于网络环境的 ERP 课程教学是建立在 ERP 软件操作之上，将管理、会计、物流等不同专业的学生结合组成学习小组，模拟企业团队人员根据不同角色分工协作，共同完成学习和实践任务。这种教学把会计问题置于更为宏观的各专业教学的视野下加以审视，使学生的整合思维能力得到发展，使其对会计专业和其他相关专业知识的认识和体验更为深刻。

三是将会计信息化内容渗透到会计其他专业课程的教学中。现行的会计教学内容体系基本采用了“双轨运行”的模式：一方面是会计专业课程，如基础会计、财务会计、成本会计、管理会计、财务管理等；另一方面是计算机应用的相关课程，如计算机基础、会计信息系统、会计软件应用等课程。在“双轨运行”的模式下，学生无法将二者有机结合起来，教学效果不突出，培养出来的学生难以适应会计信息化的要求。为了充分发挥会计信息化的特点，应尽量将会计信息化内容渗透到会计其他专业课程的教学中。在会计信息化环境下，要以信息化作为课程体系的灵魂，打破课程之间的传统界限，重新进行优化组合和课程设计，将会计信息化教学内容规范化，并渗透到会计相关的基础会计、管理会计等专业课程的教学中，这不仅有利于会计信息化学科建设，而且有利于保证会计信息化教学质量，培养出社会需求的高素质应用型会计人才。

3. 结合多种教学方法开展教学，提高教学效果

长期以来，会计教育以让学生听和看为主，练习为辅，比较忽略思考环节。今后的会计教学应强化学生练习和思考环节，教学方式应当由单一方式向多元方式转变，由单向交流向多向交流转化，由灌输式向启发式转化，变注重问题结论为注重解决过程，由记忆训练变为原理应用，结合多种教学方法开展教学，提高教学效果。笔者认为，以下两种教学方法对培养学生思考能力效果显著：一是问

题讨论和案例分析。很多高校的会计教学中过多地强调讲授和作业的重要性，这种教学方法着重于传授和吸收知识，而忽视应用知识，学生处于被动地位，只是单纯地接受和储存知识。将问题讨论和案例分析这种教学方法应用会计教学，有利于培养学生分析问题、解决问题的能力，有利于批判性思维的培养。二是任务驱动教学。任务驱动教学是就某一个问题教师发动学生网上共同参与、可以分组，组与组之间可以交流。任务驱动教学法要求在教学过程中，以完成具体任务为线索，把教学内容巧妙地隐含在每个任务之中，让学生自己提出问题，并经过思考和老师的点拨，自己解决问题。在完成任务的同时，学生培养了创新意识、创新能力以及自主学习的习惯，学会如何去发现问题、思考问题以及解决问题。任务驱动教学可以在一节课内完成，也可以在若干节内或课外活动中完成，要求学生带着要完成的“任务”，或者说带着要解决的问题去收集资料、阅读资料、进行实验或实践。由此看来，任务驱动教学必须使学生的学习活动与任务或问题挂钩，通过探索问题或完成任务激发学生的学习兴趣。教师要创建模拟真的教学环境，让学生感觉到任务的真实性，如网络的发展和普及使任务驱动教学成为可能。

4. 广泛运用现代信息技术，不断推动教学方法的改革

信息化时代的会计教育是运用计算机网络技术，将多种学习方法组合在一起，进行以自学为主的知识吸收、消化、创新过程。学生可以通过多媒体光盘提供的多媒体课件或直接从互联网上，浏览或下载与会计专业有关的互动式网络课程的网页开展自学，根据需要构建其知识结构。课堂教学可以在老师的指导下开展在线讨论，利用在线测试随时评价学生的学习效果，以便使学生随时掌握学习进度，课后学生可通过 E-mail 等方式与老师交流。由于知识更新速度加快，教师对学生“授之以渔”，加强学生信息素养的培养，是改进教学手段的重点。

5. 加强师资队伍的建设，不断提高教师的质量

教学质量的提高关键在教师，没有高素质的教师，就难有高素质的学生。高校教师应有不断学习、自觉更新知识的意识，对于新出台的会计准则等，对于不断更新的会计学、信息学、管理学等知识，不断提高自身知识文化素养。各高校应为教师提供发展的机会，如有针对性地对教师进行培训、继续教育，并完善考核和奖励机制，为保证师资队伍的高水准提供条件和保障。高校之间，高校与

企事业单位、科研单位之间等应加强沟通、联系，保持信息通畅和知识的交流。

总之，在目前信息技术日益发达的环境下，我们必须不断改革高等院校会计专业培养模式和培养方案，有针对性的培养会计专业应用型人才，这是学校立足之根本，也是社会发展之需求。

二、ERP 环境下会计信息系统课程内容体系构建

本节基于 ERP 环境下会计的工作模式及该模式对会计人才知识与能力的需求构建了一个会计信息系统课程内容体系框架。并就该内容体系框架的几个重要方面阐述了笔者的观点。

从 21 世纪初开始，企业信息化运动在我国各大中型企业迅速开展起来。企业信息化从形式上看就是在企业内实施 ERP 这样的大型的集成的一体化的管理软件。ERP 的实施改变了企业的业务流程和会计业务模式，会计再也不像从前那样。会计信息系统是高校会计专业的主干课程之一，承担着培养信息技术环境下新型会计人才的核心任务。为使该课程能够充分实现教学目标，为社会培养急需的合格的新型会计人才，迫切需要我们在了解 ERP 环境下会计的工作模式以及该环境下会计人才必备的知识与能力的基础上，重新构建会计信息系统课程的内容体系框架。

（一）ERP 环境下会计的工作模式

信息子系统，所有的业务、管理、财务都集成在一起，通过 ERP 实现物流、资金流、信息流的统一。会计和财务管理对象是企业的资金流，是企业运营效果和效率的衡量和表现，传统的会计信息系统属于会计 ERP 系统是集成了企业业务和财务的全系统。在企业内部，再也没有独立的分割的管理等式“资产 = 负债 + 所有者权益”的模式。ERP 系统则以企业业务为中心来组织，根据物流、资金流、信息流的连续运动和反馈来设计，它跨越了职能领域的边界，实现了整个企业信息的集成。会计信息系统已经融入了 ERP 成为其中的有机组成部分，不再作为一个独立的专门的信息子系统，而是与业务系统高度的融合与协同。由于业务与财务的集成，在处理每一笔业务时，相应的业务处理模块会自动生成会计凭证并将其写入相关的会计账目中，实现自动记账。不仅如此，在 ERP 环境下，企业

会计工作中常规的、可程序化的任务都将由各个业务功能模块自动处理，这就是所谓的业务财务一体化。因为ERP实现了实时的业务财务一体化，从会计角度看，可以实现事中的、实时的、动态的会计报告，所以会计才可以不分期而随便哪一天那一刻向信息需求者报告会计信息。

ERP系统中各业务功能模块一般都具有四部分功能：业务处理功能、会计处理功能、内部控制功能和审计线索收集功能。当业务人员运行业务模块处理其业务时，会同时自动完成模块所具有的其他几项功能，比如记账、收集审计线索等，当然也受到来自系统的控制而不能随心所欲。这就是ERP环境下系统高度融合、业务高度协同、会计数据实事采集、实时处理、系统自动控制能够得以实现的生动体现。

（二）ERP环境下会计人才必备的知识与能力

在ERP环境下，合格的会计人才除了要具备基础会计、成本会计、财务会计和管理会计的知识与技能以外，还要具备下述知识和能力。

1.ERP系统环境理解能力

ERP是以科学的管理思想为灵魂以信息技术为手段，为企业决策层及员工提供决策及运行手段的一个管理平台。对于企业来说，ERP，首先是管理思想，其次是管理手段与信息系统。管理思想是ERP的灵魂，不能正确认识和理解ERP的管理思想就不可能很好地去实施和应用ERP系统。

ERP系统整合了企业内部的各种资源，通过系统的最佳规划与配置来实现资源的有效利用，通过现场作业系统资料即时获得并进行分析，使得生产现场透明化与自动化。通过企业内部信息实时而畅通，提升了企业快速应变能力。

ERP系统的集成性、实时性、融合性和协同性特征，改变了包括财会人员在内的所有业务人员的作业模式和工作流程，对于其中的变化如果没有正确的理解和充分的认知，就不能做好会计工作。

2. 参与系统开发能力

这里所说的系统开发主要指系统的二次开发和日常维护开发。我们知道企业实施ERP，不管购买哪一家的ERP软件产品，都只能买其核心的、底层的和通用的软件模块，而由于企业千差万别，其前端的、应用部分的模块都须针对企业实际现场开发，即所谓的系统二次开发。又由于业务财务一体化，会计的许多处理功能已经融入了各业务工作模块，这就需要会计参与各业务模块的功能定义；还由于会计承担着大量的内部控制职能，在信息化环境下内部控制措施大部分要写入程序以实现系统的自动控制，这也需要会计人员在业务模块开发时予以定义。各业务模块的会计功能和内控功能，均为模块开发时会计人员参与确定的。鉴于此，在 ERP 环境下，会计人员必须掌握一定的系统开发知识与技能，如系统方法等开发工具。

3. 最终用户处理知识

在信息化工作中，最终用户这一术语是指要求信息系统实现的某种处理职能。比如，销售或营销职能（职位）是要求信息系统提供销售报告、市场分析、销售预测、销售预算的最终用户；会计职能（职位）是要求对日记账过账和提供报表处理的最终用户。最终用户处理是指最终用户亲自动手驾驭有权使用的一切资源完成本岗位的全部业务工作。出色的最终用户可利用企业提供的硬件、软件和有权使用的全部资源完成自己面临的一切业务处理任务。因为任何先进的信息系统（比如 ERP），其功能无论怎样丰富和强大，为每一职位上提供的业务处理功能都是常规的、有限的，对一些特殊的、突发的业务处理或信息需求，有时也是无能为力的，这就需要最终用户发挥主观能动性，即所谓的最终用户处理。一个常见的最终用户处理的应用实例是使用数据库管理系统提供的查询语言从企业的中央数据库中提取数据，然后利用表处理软件（如 Excel）对数据做进一步加工处理，获得信息提供给使用者。强大的最终用户处理能力，弥补了系统功能的缺陷和不足，提升了企业的应对能力。当然，对于会计而言，这就要求会计的最终用户具备一定的 IT 环境下的数据处理能力。

4. 系统内部控制知识

在 ERP 环境下，会计更突出的职能不再记账、算账与报账，而是控制与服务。在 ERP 环境下，控制问题变得异常严峻。因为传统的风险依然存在，同时信息化又带来了许多新的风险。风险是给企业带来经济损失的各种事件，为了使风险事件少发生或者不发生唯有加强控制。有效控制首先要知道风险在哪儿，风险有多大。谁最知道这些？当然是会计，所以会计承担内部控制职责责无旁贷。在信息化环境下，一切业务都是基于信息系统完成的，控制当然也要纳入信息系统，以实现信息系统实时的自动控制，这是企业信息化的一个努力方向。因此，只有会计人员掌握了大量的基于软件的控制理论和控制技能，才能实现系统的实时控制和有效控制。

5. 提供更多的信息服务能力

信息是企业经营、管理和决策的依据。尤其市场竞争如此激烈的今天，提供大量的有价值的信息支持企业的经营、管理与决策是必不可少的。信息主要是经济信息，谁来提供？当然还是财会。企业实施 ERP 后，业务与财务的集成，在处理每一笔业务时将自动生成会计凭证，由于数据共享，数据出错率大大降低，财务人员主要是根据预算和权限管理进行财务开支的审核，这样，原来大量从事数据输入和审核任务的财务人员工作量大大减少。原来的结账、对账、科目汇总、试算平衡、调账和出报表等，在 ERP 环境下都变得非常容易，原来的财务会计职能大大简化，而管理会计的职能将大大增强。财务分析与信息服务工作将占到财会工作的 30% ~ 40%，尤其信息服务将趋于职能化、专门化。这就需要财会人员具备较高的信息服务本领。

（三）会计信息系统课程内容体系框架

会计信息系统课程承担着培养信息技术环境下新型会计人才的核心任务。其课程体系建设、教学内容取舍关乎能否充分实现教学目标，培养社会急需的新型会计人才的大问题。笔者根据多年来的教学实践，试图构建一个合适而可行的会计信息系统课程内容体系框架。

会计信息系统课程内容包括三大板块：信息技术、业务处理和管理控制。

1. 信息技术

数据、信息等概念是现代管理工作者须臾也不能离开的基本概念，是信息化的基本素材，对其有正确而深刻的理解，才能更好地实现信息化；管理信息系统（ERP）、业务流程、业务循环、最终用户处理等是新型会计人才必须了解的基本内容，否则便无法建立和驾驭业务财务一体化的会计信息系统。系统方法是人们在生产生活实践中创造和积累起来的若干图形符号语言。会计人员与系统设计人员、业务人员交流应用系统设计思路；审计人员与会计人员交流内部控制效果；软件人员构造系统的逻辑模型、勾画模块的算法都要以系统方法为工具，掌握这一工具才能参加系统的开发与维护。系统开发主要阐述如何通过任务分解和人员分工，依靠群体的力量和智慧生产软件的基本技术和方法。网络技术部分阐述人们赖以工作的环境。需要讲述企业内部网、企业外部网和互联网的工作原理及其相互联系。加解密技术、数字签名技术和数字证书技术是管理应用层保证网络环境下信息安全的基本手段，是管理人员必备而且必用的基本技术。

2. 业务处理

业务处理概括描述制造业企业业务流程和数据处理流程，讨论信息化环境下业务过程的基本形式，描述账务系统的设计与实施流程，介绍会计科目列表以及表格设计与记录留存需要考虑的因素。销售与收款描述销售与收款业务处理流程，重点讨论销售与收款流程中的财务管理与系统控制。退货与折让和注销应收账款是销售与收款循环中最为敏感的业务，管理不好控制不严会给别有用心之人留有可乘之机，科学定义其流程、严密实施其内控显得异常重要。采购与付款描述采购与付款业务处理流程，重点讨论采购与付款流程中的管理控制。选择供应商是采购流程中最为炙手的活动，又十分难以控制，龌龊的不可告人的事情时有发生，借助信息技术实施这一环节的控制是内控的努力方向。生产管理在阐述生产计划、生产进度的基础上讨论生产控制、存货控制、成本会计、准时制生产、财产会计、快速反应制造系统、制造资源计划（MRP—Ⅱ）系统。提高生产效率、降低生产成本、增强企业竞争力是生产环节要考虑的重要问题，提倡精益生产、同步工程和敏捷制造是生产环节信息化的努力方向。

3. 管理控制

风险和企业与生俱来，所以企业内部控制是一个永恒的话题。企业由于实现信息化其面临的风险加入了而不是减少了。但又不能因此而废弃信息化，唯一的出路在于强化控制。可喜的是信息技术在实施内控活动中也可以大显身手，因此要在充分评估信息化环境下企业面临的种种风险的前提下，尽可能实现信息系统的自动业务控制，特别是应用控制部分。信息系统（ERP）是企业生产、管理和决策赖以依托的技术平台，它的平稳、可靠和安全必须得到保障，可信息系统却有着天然的脆弱性并面临着来自企业内外的各种各样的主动威胁或被动威胁。

这就需要建立一个有效而可靠的信息安全系统，当然还要考虑灾难风险管理。在大学里审计与会计已经合为一个专业，审计信息化也是会计信息系统课程的讲授内容。计算机审计就是所谓的审计信息化，即以信息技术为工具实施审计，当然要用到很多技术和方法。信息系统审计是审计的新领域，是审计对象的改变。信息系统审计的对象是被审单位的信息系统，是对其信息系统的安全性、可靠性、有效性和运行效率进行审查与评价。这项工作在世界范围内开展的时间还不长，我国甚至才刚刚起步，但实施信息系统审计是大势所趋。这项工作需要大量的技术与方法，需要人们去探索。

（四）关于会计信息系统课程的几点考虑

1. 关于课程讲授重心

笔者认为本课程应着重讲述信息技术应用于企业、应用于会计的思想和理念，其次才是相关的技术和方法。因为我们培养的会计是企业未来的管理人才，在企业信息化和会计信息化这个问题上属甲方的参与者，基于社会分工，信息系统开发与维护一般由电脑技术公司负责，其技术人员则是乙方参与者。我们知道，企业实现信息化首先要有针对企业资源和现实情况的科学而先进的管理思想（思路），基于这个思想才能打造出好用而有效的信息系统。可见应该是甲方出思想，乙方出技术。我国信息化进程缓慢，最重要的原因不是我们资金不足，也不是我们的信息技术落后，而是甲方人才太弱，对信息技术认知不足，对信息化缺乏理念。

2. 关于课程内容重心

本课程内容框架以企业业务处理流程和企业内部控制为重点。首先，企业实施 ERP 使得业务财务一体化，会计的许多处理功能已融入各个业务处理模块，以实现会计数据的实时采集、会计业务的实时处理，最终实现会计信息的实时报告。因此，会计人员必须非常了解企业业务处理流程，才能在参与定义各业务模块功能时做到正确无误；其次，企业实现信息化，内部控制措施也要融入信息系统，以实现系统的自动控制。控制无处不在，会计人员掌握内部控制的理念、技术和方法势在必行。再次，ERP 环境下会计本身的处理模式和方法并没有实质的改变，仍然采用借贷记账法，操作层面虽然变化很大，但驾驭并不十分困难，所以在这方面本课没必要过多着墨。

3. 关于选修课

会计信息系统课程应在讲授了基础会计、财务会计、成本会计、管理会计、审计学和程序设计语言、管理信息系统等课程之后开设为宜。在本科第六或第七学期讲授较为合适，最早也不应早于第五学期。

会计信息系统课程已在全国各高校会计专业普遍开设，其内容体系框架由于切入点不同而仁者见仁，智者见智，区别很大。笔者认为最根本的还是要针对社会发展进程及其对会计人才知识与技能的需求来选择和定位，否则便会脱离实际。

参考文献

[1] 李静 . 创新能力导向下的会计学专业课程体系构建 [J]. 新经济，2016（36）: 126–127.

[2] 程煜 . 会计专业创新创业课程与教学方法研究 [J]. 旅游纵览（下半月），2016（24）：246.

[3] 付光富 . 会计学专业转型发展模式创新与实效 [J]. 商业会计，2016（24）：124–125.

[4] 袁洁贞 . 基于业务素质培养的财务管理课程教学体系改革与创新 [J]. 佳木斯职业学院学报，2016（12）：215+217.

[5] 江明伟 . 会计学专业沙盘模拟实验教学的创新体系与实现 [J]. 南阳师范学院学报，2016（09）：76–78.

[6] 吴遴遴 . 生本理念下高校会计教学改革的研究 [J]. 企业导报，2016（18）：105–106.

[7] 覃娟 . 独立学院经管类专业“会计学”课程模块化教学改革研究 [J]. 时代金融，2016（24）：224–225.

[8] 杨帅 . 现代职业教育背景下会计技能教学改革与创新 [J]. 纳税，2017（26）: 155–156.

[9] 周红波 . 计课堂教学效果的提升途径 [J]. 当代教育实践与教学研究，2017（08）：87–88.

[10] 周红波 . 论会计教学专业实践教学模式的改革之路 [J]. 产业与科技论坛，2017（08）：159–160.

[11] 曹伟 . 会计学科的发展瓶颈和发展建议 [J]. 财会月刊，2017（01）：3–9.

[12] 梁秋露 . 会计学课程教学模式改革探究 [J]. 江西电力职业技术学院学报，2018（01）：28–29.

[13] 段晖 . 息化教学模式下会计信息系统课程改革的方式方法 [J]. 智富时代，

2018（01）：169.

[14]赵晖.计学专业“岗位化、阶梯式”实践教学模式[J].构建学园，2017（28）：40+44.

[15]武娜娜.计学专业实践教学体系建设研究[J].今日财富（中国知识产权），2018（11）：138.

[16]刘占双，陈桐.会计学专业三位一体实训教学改革[J].现代营销（创富信息版），2018（11）：111.

[17]刘香伶.工智能背景下的会计学本科生人才培养改革初探[J].教育信息化论坛，2018（07）：31–32.

[18]杨滨键，熊培志.基础会计学与税法交叉教学探究[J].课程教育研究，2018（27）：250.

[19]杨亮.校会计学目标导向型实验教学模式构建[J].教育教学论坛，2018（25）：272–273.

[20]张兴亮.工智能背景下会计学专业教学改革初探[J].商业会计，2018（11）：128–129.

[21]杨文江.谈信息技术在会计学科中的应用[J].读与写（教育教学刊），2018（05）：243.